Joseph Scipilliti

# Journal Indélicat

*Un avocat témoigne*

**JOSEPH SCIPILLITI** (1951-2015)

*Avocat au barreau de Melun*

# JOURNAL INDÉLICAT

*Un avocat témoigne*

*2015*

Publié par

OMNIA VERITAS LTD

OMNIA VERITAS

www.omnia-veritas.com

*C'est une expérience éternelle, que tout homme qui a du pouvoir est porté à en abuser ; il va jusqu'à ce qu'il trouve des limites.*
Montesquieu : « De l'esprit des lois »

*Il n'y a point de plus cruelle tyrannie que celle que l'on exerce à l'ombre des lois et avec les couleurs de la justice.*
Montesquieu : « Considérations sur les causes de la grandeur des Romains »

*Le raisonnement de l'humanité tient tout entier dans cette bassesse : « si je ne te crains pas, je me fous de toi »*
Georges COURTELINE : « l'article 330 »

*La démocratie c'est le pouvoir pour les poux de manger les lions.*
Georges CLEMENCEAU

# INTRODUCTION ... 11

# ÉTAT DE DROIT ... 25

## INSTANTANÉS DE LA VIE SOCIALE ... 25

### Un fabricant de trompettes criblé de dettes, faute d'être payé par l'armée ... 36

### Rodéo de deux-roues dans les quartiers : la police ne peut pas faire grand-chose ... 61

## PETITS ARRANGEMENTS ENTRE LE POUVOIR ET LES PERSONNALITÉS AU SUJET DE LEURS IMPÔTS. ... 71

### Jean-marie bigard au coeur d'une polemique, il s'excuse ! ... 71

### L'ex-sous-préfète de Grasse mise en examen pour corruption ... 73

### Autoroute A1 : la circulation interrompue toute la journée dans la Somme ... 75

### Blocage de l'A1 : reprise progressive du trafic ... 76

# VIE QUOTIDIENNE DE L'AVOCAT ... 81

## ...DE LA RÉALITÉ AU MYTHE ... 81

# CONSEIL DE L'ORDRE ... 115

## QUEL ORDRE ? ... 115

# LE BÂTONNIER MONARQUE EN SON ROYAUME ... 137

**LE JUGE, TROISIEME OU PREMIER POUVOIR ?** ............... **169**

   *Les magistrats ne doivent pas avoir de pouvoir sans contrepartie* ................................................................. *182*

   *Février-Juillet 2007 JEX VERSAILLES* ........................... *185*

**AIDE JURIDICTIONNELLE** ................................................. **193**

   Alibi des bonnes consciences ............................................. 193

**PERMANENCE PÉNALE** ..................................................... **215**

**PROCEDURE DISCIPLINAIRE** ........................................... **229**

   La discipline, pas la justice ................................................ 229

**L'ENTREPRISE AVOCAT** .................................................. **251**

   *Quand l'actualité illustre la vraie vie des professions indépendantes et/ou pretendument riches* ............... *281*

   *Liquidation judiciaire du restaurant de Marc Meneau (trois étoiles)* ................................................................. *287*

   *Pavarotti laisse 18 millions d'euros de dettes, révèle la presse* ................................................................................ *288*

   *Il se suicide en laissant une note: « Pardonnez moi de n'avoir pas pu sauver l'entreprise »* ........................... *290*

   *Comment la France a tué mon envie d'entreprendre* *292*

Ce père de famille s'est tiré une balle dans la tête après avoir laissé un mot à l'accueil du centre de Créteil. Il devait 26 000 € au fisc. ................................................ 297

A Gravigny, débordé par les charges sociales, un plombier jette l'éponge ............................................. 301

Un suicide d'agriculteur tous les deux jours en France ............................................................................... 302

Chaque année, 45 médecins se suicident ! ................ 304

Dieudonné : le fisc lui réclame plus de 880 000 euros ! ............................................................................... 307

Le fisc réclame plus d'un million d'euros à « Médiapart » ........................................................ 308

Un quart des Français tentés de frauder le fisc ......... 310

Faillite record d'un cabinet d'avocats aux États-Unis 311

L'Urssaf réclame une ardoise de 3,8 millions d'euros à Bernard Tapie ........................................................ 313

Gérard Lanvin n'a pas pu prendre sa retraite à cause des impôts .............................................................. 315

Nous sommes tous des harcelés fiscaux ................... 316

Après l'affaire Thévenoud, le coming-out des « phobiques administratifs » ...................................... 319

Daniel Guichard, le chanteur anar au camping-car... 321

*Avec l'URSSAF, rendre service peut coûter cher* ........ *323*

**ANNEXES** ................................................................ **327**

    *I.* ............................................................................ *327*

    *II.* ........................................................................... *328*

    *III* ............................................................................ *330*

    *IV* ............................................................................ *335*

    *V* .............................................................................. *336*

    *VI* ............................................................................ *337*

    *VII* ........................................................................... *338*

# INTRODUCTION

Ce journal faillit s'appeler « inachevé », plutôt que « indélicat ». Il est en effet constitué de notes prises pendant mon exercice professionnel à partir de la fin de l'année 1991, et dont j'ai sans cesse différé la mise en forme. Mon but était d'en faire un livre quand le moment serait venu, c'est-à-dire quand je quitterais la profession, volontairement ou contraint. Bien sûr j'aurais dû l'édulcorer car les éditeurs auraient reculé devant son contenu iconoclaste.

À partir de 2014 il devint clair que ce moment approchait. Je dérangeais trop d'intérêts depuis trop longtemps et l'heure était venue pour le système de sonner l'hallali. Le système s'est incarné en l'occurrence par le nouveau bâtonnier H. V., qui dès avant sa prise de fonction pour les années 2014-2015 avait fait connaître son intention d'en finir avec moi.

J'ai alors décidé de renoncer à l'édition pour une diffusion anticipée, plus large et gratuite par voie d'internet. Malheureusement le temps m'a manqué. Il fallait compléter les matériaux dont je disposais, les synthétiser, les structurer, tout en continuant de travailler dans un métier extrêmement prenant, et en continuant de me défendre contre les multiples turpitudes qu'on m'imposait, terriblement chronophages. Une fatigue générée depuis des années par des problèmes de santé non létaux mais gênants, une neurasthénie épisodique consécutive à ma situation, réduisaient encore mon temps disponible. Le moment vint où je dus me résoudre à utiliser ce dont je disposais.

Le résultat ne me satisfait que modérément. Je l'aurais voulu plus exhaustif, moins décousu, mieux structuré, avec de nombreuses pièces illustratives. Ce sont des briques en nombre insuffisant, liées par un ciment lui-même limité, mais il y a au moins un édifice partiel.

Ce journal décrit une imposture enseignée dans nos écoles et universités, claironnée par nos responsables politiques, pratiquée avec naïveté par les uns, avec hypocrisie par les autres : l'État de Droit, et plus précisément ses effets dans la vie quotidienne des avocats.

N'est-ce pas beau une société où le droit prime la force, un droit soucieux de justice c'est-à-dire d'équité, malgré la relativité de cette notion ?

C'est le monde dans lequel nous sommes censés vivre. Des gens vertueux font des lois inspirées par leur souci de justice, qui s'appliquent à tous. Il en résulte notamment que l'arbitraire n'existe pas car toute forme de pouvoir est limitée par un contre-pouvoir, ou la possibilité de poursuivre un abus pour qui le subit.

Cette fable, j'y ai cru peu ou prou jusqu'à mon entrée au Barreau, malgré quelques expériences qui m'avaient troublé sans que j'en saisisse alors clairement le sens. En 1989, je quittai l'enseignement secondaire pour revêtir définitivement la robe, après une première et brève expérience à mi-temps entre fin 1981 et début 1983. Mes goûts me poussaient vers un exercice « à l'ancienne », artisanal bien qu'avec les outils technologiques modernes. Rien ne me fait plus horreur que ces usines à avocats que sont les gros cabinets de groupe.

Je devais alors découvrir ce qu'est vraiment notre société, à travers le prisme d'un milieu judiciaire lui-même bien éloigné de l'image qu'il cherche à se donner dans le public.

Avocat. Un mot qui inspire considération, respect, voire admiration chez toute personne extérieure à ce milieu, notamment les catégories sociales modestes. Peu de professions souffrent d'un tel décalage entre l'image et la réalité. Les avocats sont trop souvent vus à travers le prisme déformant du cinéma, de la littérature, de la télévision, ou d'une actualité mettant en vedette une poignée d'avocats pénalistes, (moins d'une dizaine, sur environ soixante mille praticiens) qui ne se font pas prier pour alimenter les stéréotypes.

Pouvoir, argent, relations, célébrité, que ne leur prête-t-on pas ? La croissance exponentielle du Barreau français ces dernières décennies témoigne de la fascination qu'il exerce sur les jeunes diplômés en droit : 20 000 avocats en 1985, plus de 60 000 en 2015. A Paris, 5000 en 1975, plus de 27 000 aujourd'hui. À Lyon, 400 en 1987, 2800 en 2015.

Ceux qui ne sont pas issus du sérail, n'ayant pas un parent ou une relation personnelle au Barreau, sont les moins informés, et y arrivent parfois avec des attentes à la hauteur du mythe. Certes pendant leur formation ils ont été en contact avec des avocats, mais ceux-ci n'ont pas eu le mauvais goût de les éclairer sur certains aspects du métier au risque de les décourager, et de se dévaloriser eux-mêmes. Il leur faudra découvrir seuls des réalités quotidiennes souvent bien éloignées de leurs rêves.

Pourtant le métier est en soi passionnant, abstraction faite du statut qui en découle. Si on aime le droit, la rencontre avec des situations concrètes dont la diversité est infinie, la contribution à des solutions qui peuvent apporter aux gens un peu de bien-être et parfois de bonheur, on doit en principe pleinement s'y épanouir. Mais voilà, deux ombres ternissent cette image lumineuse.

La première, qui ne constitue pas l'essentiel de mon propos, est économique. La légende imbécile de l'avocat riche, héritée d'une époque révolue, s'estompe très vite pour 95 % des praticiens (statistique évidemment empirique, portant sur une notion - la richesse - elle-même imprécise). Pour le pourcentage restant, les moyens d'acquisition de cette aisance nécessiteraient des développements qui n'ont pas leur place ici.

La seconde est relationnelle : l'avocat n'a aucun pouvoir. L'important personnage qui a « le bras long » et balaye d'un discours « brillant » tout obstacle, appartient à l'imaginaire d'un public nourri de fictions à bon marché. L'avocat est un technicien du droit qui résout des problèmes juridiques comme le médecin traite des maladies. Il écoute, fait un diagnostic, et s'il y a lieu propose une solution. Celle-ci n'existe que dans la limite du droit en vigueur, de même qu'un traitement ne peut être prescrit qu'avec les connaissances médicales du moment et les lois de la nature. Il y a des situations juridiques irrémédiables comme il y a des maladies incurables.

Si solution il y a, elle sera neuf fois sur dix judiciaire. L'avocat engagera donc une procédure dans laquelle c'est un autre qui prend les décisions : le juge. Et c'est alors qu'une découverte l'attend : s'il n'a aucun pouvoir, d'autres en ont sur lui. Non seulement le juge, mais tous les acteurs de la vie judiciaire sont placés dans une situation leur donnant au quotidien un pouvoir de fait sur l'avocat, sans réciprocité et pratiquement sans recours. Un juge, un huissier, un greffier, voire un simple employé du tribunal dans certains cas, et surtout le bâtonnier, peuvent le traiter comme un laquais et influer défavorablement sur son exercice professionnel, ponctuellement ou durablement, voire définitivement.

Pourtant nous sommes censés avoir une profession… indépendante. Aucune profession libérale ne l'est moins, mais aucun étudiant en droit ne le saura avant de s'inscrire au barreau et d'y exercer quelques années au moins.

Il lui faudra donc admettre ce paradoxe : lui qui a pour métier de défendre les autres, ne peut se défendre contre les actes d'arbitraire répétés dont il est victime. Face à ce déni de justice permanent, l'immense majorité des avocats fait preuve d'une passivité qui m'a tout de suite paru incompréhensible. Beaucoup en souffrent, s'en plaignent (entre avocats s'entend), d'autres font partie de l'éternel troupeau de l'indifférence, qui fait le dos rond en soupirant des *« bof, qu'es'tu veux faire… »*. Tous ou presque s'accordent… pour se résigner. Pas moi.

Je n'ai jamais pu supporter l'injustice. Très tôt j'ai rejeté les préceptes tels que : « la vie est une jungle », « l'homme est un loup pour l'homme », « dans la vie il faut être bourreau ou victime », censés légitimer le rapport de force comme règle de base de la vie en société.

L'injustice, ce n'est pas seulement celle spectaculaire, qui intéresse les journalistes ni celle hémiplégique, inspirée par l'idéologie ; mais aussi celle discrète, neutre et banale, que chacun peut subir au quotidien avec une fréquence et une intensité inversement proportionnelle au pouvoir de nuisance dont il dispose, et qui s'appelle : mépris de l'autre, goût de la domination, amoralisme, et presque toujours bêtise.

Le découvrir et le subir au quotidien en tant qu'avocat fut pour moi un choc. Il n'est point d'église où le diable n'ait sa chapelle dit-on. Qui croirait que même dans ces cathédrales du droit que sont les palais de justice, les démons de l'arbitraire ont leur autel ?

J'ai d'abord cru possible de provoquer une réaction collective, et je me suis intéressé au syndicalisme. Peine perdue. Les syndicats et associations d'avocats sont pleinement dans le système. Pour lutter contre le statut de soumission de l'avocat, il faudrait d'abord le reconnaître, au risque de le faire connaître. Or l'obsession de la profession, c'est « l'image ». Cette image faussement flatteuse décrite plus haut, et au nom de laquelle sont acceptés tous les abaissements, toutes les humiliations, pourvu qu'ils ne soient pas connus au dehors.

J'ai alors essayé de provoquer une réaction collective ponctuelle chaque fois que c'était nécessaire, et le résultat fut tout aussi infructueux, même si on reconnaissait que j'avais raison. Routine, pusillanimité, peur des conséquences....

Que faire ? Quitter un métier que j'aimais parce que je refusais de courber l'échine ? Je m'y refusai. Je ne tenterais plus rien pour changer notre statut, mais je refuserais l'arbitraire chaque fois que j'en serais victime moi-même, libre aux autres de l'accepter. Il me fallut peu de temps pour comprendre que cette démarche me conduisait dans le mur. S'opposer seul à l'arbitraire exercé par tous ceux qui détiennent une parcelle de pouvoir, c'était attirer sur moi les inimitiés, les représailles sournoises, les vengeances minables. Et surtout, chose inattendue, la jalousie.

Ce fut une nouvelle surprise. Je devais découvrir que quand on fait preuve dans une situation donnée de courage, de dignité, on se met à dos non seulement ceux à qui on résiste (c'est bien normal) mais aussi ceux qui placés dans la même situation, se sont soumis. C'est ainsi que nombre de mes confrères se mirent à m'en vouloir parce que ma résistance faisait ressortir par contraste leur propre passivité. Je les mettais dans la pénible obligation pour se justifier, de nier la situation de domination qu'ils vivaient, et dont parfois ils s'étaient plaints auprès de moi. Alors, c'est moi qui étais excessif, trop réactif, manquant de souplesse... En langage barreau, cela s'appelle « manque de délicatesse ».

Rapidement je compris qu'à terme mon exercice professionnel pouvait être compromis, même si le temps passant, je retrouvais périodiquement espoir de poursuivre ma route jusqu'au bout, cahin caha.

Par réflexe j'entrepris la rédaction du présent journal de façon sommaire, notant les épisodes marquants que je me réservais de développer plus tard, ce que je faisais quand le temps me le permettait. Sans but précis à l'origine, il devint ensuite la trame d'une éventuelle publication.

◆

Les années passèrent. Ceux dont je contestais les abus de pouvoir, comme ceux que je renvoyais involontairement à leur faiblesse, se protégèrent en me faisant une réputation d'acariâtre, de bas du front, de pachyderme égaré dans ce magasin de porcelaine qu'est le barreau. Les premiers multiplièrent les représailles sous toutes leurs formes, que je devais également combattre pour ne pas sombrer, perdant ainsi un temps précieux au préjudice de mon exercice professionnel.

Cette réputation se transmettait auprès de tout nouveau venu au barreau. Quand un confrère se présentait et qu'à mon tour je donnais mon nom, il n'était pas rare qu'il réponde un « *ah...* » parfaitement significatif. C'était d'autant plus irritant que je me battais contre des gens souvent primaires sur le plan intellectuel. À cet égard une bonne partie du barreau usurpe sa réputation, comme je l'expose dans un passage de ce journal. « *Passer pour un idiot aux yeux d'un imbécile est une volupté de fin gourmet* » disait Courteline. Je ne suis pas d'accord. C'est au contraire particulièrement énervant.

J'avais périodiquement des accès de découragement qui me démobilisaient jusque dans mon travail. En temps normal le métier d'avocat implique déjà une énorme pression psychologique. Nous sommes dépositaires de centaines de problèmes personnels plus ou moins angoissants, parfois dramatiques. Chaque dossier est un problème existentiel dont nous devons gérer les aspects non seulement juridiques mais également psychologiques, humains, sociaux. Il y faut un grand équilibre de la personnalité. Qu'on imagine alors la force mentale nécessaire pour exercer dans le climat qui m'était imposé. J'ai connu des insomnies répétitives, des accès de lassitude, des épisodes de réelle dépression.

Je ne pouvais me confier à personne. Le caractère récurrent des problèmes qui m'étaient posés aurait fini par lasser mes interlocuteurs qui au surplus étaient gênés par leur propre inaction, comme je l'ai dit.

À deux reprises, entre 1999 et 2003, puis à partir de 2011 des problèmes de santé s'ajoutèrent à cette tension nerveuse pour entraver encore ma capacité de travail.

La conséquence en fut à chaque fois une baisse d'activité, puis de revenu. Par manque de temps je dus négliger (involontairement cela va de soi) la partie comptable de mon activité, n'effectuant pas certaines déclarations fiscales ou sociales, sans cesse remises au lendemain. Je fis alors connaissance avec un autre domaine où l'État de droit joie sa comédie : les relations avec les organismes fiscaux et sociaux (URSSAF, CNBF…). Le professionnel indépendant en difficulté est un objet dont ils peuvent faire ce qu'ils veulent. Non seulement les sanctions légales sont tellement lourdes qu'il est impossible d'y faire face (ce dont tout le monde se moque) mais ceux qui les appliquent ou en gèrent les conséquences peuvent y ajouter leur propre arbitraire, sans réelle parade car les recours sont illusoires.

En 2005 une réforme législative applicable au 1er janvier 2006 a étendu aux professions libérales les règles applicables aux entreprises « en difficulté », et notamment le redressement et la liquidation judiciaires. Dès le début 2006 des milliers de professionnels, parmi lesquels nombre d'avocats et de médecins furent ainsi assignés devant les tribunaux à cette fin. Au barreau de Paris on les compta par centaines puis par milliers. À Melun il y eu une première fournée dont je fis partie.

En juin 2007 je fus placé en liquidation judiciaire mais je m'y étais préparé. Un confrère accepta de me prendre comme avocat salarié dans son cabinet pendant le temps de la procédure qui dans mon cas fut brève, notamment parce que je n'avais pas de bien immobilier. En janvier 2008 elle fut clôturée avec extinction du passif car ce dernier était tellement exorbitant (taxations d'office + majorations + intérêts de retard + frais…) qu'il n'y avait aucun espoir d'y faire face. En application de la loi, je retrouvais donc le droit de me réinstaller, ce que je fis.

Pendant toute la procédure, ceux qui rêvaient de me voir partir s'étaient montrés étonnamment agréables avec moi. C'est qu'ils étaient satisfaits : dans leur esprit, soit je restais salarié, et je rentrais ainsi dans le rang puisque mes manifestations d'indépendance auraient mis en difficulté mon employeur, soit je quittais le barreau, je me demande bien pourquoi. La reprise de mon activité libérale après extinction de mon passif fut pour eux une déception et une frustration intolérables.

Le bâtonnier H.V. qui exerçait son premier mandat, sonna l'attaque. B.J.D.,[1] mon confrère ex employeur, ainsi

---

[1] Les noms ou abréviations utilisés ici sont tantôt authentiques, tantôt changés. Cette incertitude protège les personnes sans donner au récit un caractère fictif. Il n'est

que moi-même, fûmes convoqués devant le Conseil de l'Ordre en vue d'éventuelles poursuites disciplinaires. En réalité c'est moi seul qui étais visé, mais ils voulaient lancer un message au barreau : tout confrère qui m'aiderait sous une forme ou sous une autre subirait des représailles, qu'on se le dise.

L'aide de B.J.D. en l'occurrence était toute relative tant les contreparties étaient lourdes. Il est tout sauf philanthrope. Pendant ces mois il me fit plaider ses dossiers les plus ingrats, assurer ses permanences de week-end, n'était jamais disponible pour me voir… Surtout il se dispensa de faire toutes les déclarations nécessaires à mon égard sur le plan administratif, ce qui n'était tout de même pas de ma faute. Ils prétendirent pourtant qu'il y avait eu collusion en vue d'un contrat de travail fictif, alors que c'est lui seul qui aurait dû être inquiété. Mais comme je l'ai dit, c'est moi seul qui importais.

J'ignore ce que décida ensuite le Conseil de l'Ordre, mais à titre préventif je fis savoir au bâtonnier Vannier que si poursuites il y avait, je me réservais de saisir le Parquet Général de certaines pratiques douteuses qui avaient eu cours au barreau. Il n'y eut pas de poursuites, mais comme on le verra ce n'était que partie remise.

♦

En 2008-2009 tout se passa bien. En 2010 le ciel me tomba sur la tête. Je me mis à recevoir de la part de certains organismes sociaux et fiscaux des demandes de payement

---

cependant pas toujours possible de cacher les véritables identités, notamment quand des documents sont reproduits.

relatives... aux années d'avant ma liquidation (CNBF, Trésor ), ou calculées sur les revenus de ces années, qui avaient été taxés d'office (URSSAF, CNBF ). Or économiquement et juridiquement j'étais une nouvelle entreprise, et je devais donc être traité comme telle, la preuve en est qu'on ne m'avait rien réclamé pendant deux ans. Mes protestations restèrent vaines et je compris que là encore on se vengeait. Mon passif était effacé d'une manière parfaitement légale, comme pour des millions d'autres professionnels indépendants avant 2006, et sans que j'y sois pour rien puisque ce n'était tout de même pas moi qui avais étendu cette loi aux professions libérales, ni avais demandé ensuite à ce qu'on me l'applique.

Qu'importe. Dans notre prétendu État de droit, ceux qui ont le pouvoir sans contre-pouvoir décident eux-mêmes s'ils doivent respecter la loi. J'eus beau protester, par téléphone, par lettre, rien n'y fit, sauf avec le Trésor qui accepta de renoncer. A la CNBF et à l'URSSAF, on me dit que si je n'étais pas satisfait, je n'avais qu'à engager les recours nécessaires. Encore. Bien sûr je pouvais théoriquement le faire, mais c'est un dilemme sur lequel comptent les racketteurs légaux : l'énorme perte de temps que cela induit (outre le discrédit pour un avocat, car cela se passe devant des tribunaux où on le connait) m'obligerait à négliger mes dossiers, surtout si on envisage les recours consécutifs au jugement : appel, éventuellement pourvoi en cassation... Sans compter les inévitables représailles indirectes. J'en étais fatigué d'avance. Et ne pas engager de recours, c'est rendre la somme réclamée même indue, exigible au bout d'un certain délai. Ce dilemme est constant vis à vis de tous ceux qui ont un pouvoir sur l'avocat.

À terme cela ne pouvait conduire qu'à une nouvelle liquidation, ce que recherchaient évidemment les racketteurs. Et ce jour là tous les imbéciles au barreau et ailleurs, qui ne connaissent pas les circonstances ci-dessus (ou qui s'en moquent car cela leur fait plaisir), me regarderaient avec un mépris satisfait. Tant d'efforts, d'espoirs, d'obstacles franchis, pour revenir au point de départ. Je sombrai dans le découragement, la démotivation, avec des accès de léthargie de plusieurs heures à quelques jours.

C'est le moment où apparurent de nouveaux problèmes de santé (pathologie de la prostate). Un état semi-dépressif s'installa.

Bien évidemment les répercussions professionnelles de cette situation furent désastreuses. Ma capacité de travail étant réduite d'une bonne moitié le retard s'accumulait, le mécontentement d'une partie de la clientèle aussi. À nouveau l'absence de déclarations administratives, à nouveau les taxations d'office. Je devais donner des explications dilatoires à ce retard, dans l'espoir qu'il serait comblé ensuite.

Bien sûr les bonnes âmes que j'avais contre moi depuis toujours s'en réjouissaient. Quel nul ! Que faisais-je encore au barreau ? D'autant que je continuais à justifier ma réputation d'insoumis, contestant l'inacceptable, exigeant que l'avocat soit traité avec dignité. Un comble. Et les représailles que cela me valait étaient une cause supplémentaire de temps perdu.

◆

En 2014 je sus qu'on approchait probablement de l'épilogue. En janvier le nouveau bâtonnier élu, H. V. me fit comprendre qu'il ferait tout pour cela. Je m'en doutais déjà, pour avoir pu le connaître au cours de son premier mandat en 2008-2009 ; en outre il s'en était ouvert au sein du barreau… et au dehors. Il incarnait à lui seul tout ce que je combattais depuis le début de ma carrière. On n'aurait pu me donner de meilleur interlocuteur pour que je puisse exprimer comme j'allais le faire ce que je préparais et retenais depuis longtemps avant de partir. Il était le candidat idéal.

Il engagea au bout de quelques mois une procédure disciplinaire mijotée de longue date et ficelée de telle manière que j'avais le choix entre ne pas me défendre, ou le faire en négligeant tellement mon activité que cela équivaudrait à un point final.

A la même époque l'inéluctable deuxième procédure en liquidation fut engagée par l'URSAFF d'un côté, la CNBF de l'autre, soit les deux organismes qui au mépris de la loi avaient refusé de tenir compte de l'issue de la première. Comme prévu, les crétins autour de moi hochaient la tête sans savoir (ou sans en tenir compte) que c'était la suite du film de 2007, dont le clap final n'avait été qu'un entracte. H.V. lui, jubilait.

Tout ce que je fis alors ne consistait qu'à gagner du temps. Il fallait travailler pour ne pas léser les clients et gagner ma vie, tout en préparant ma sortie car cette fois je savais que j'étais au bout du chemin. Le tout dans un état d'épuisement alimenté par des insomnies bien compréhensives, ou des produits d'endormissement à doses massives laissant leurs séquelles la journée.

Ce journal qui avait été tenu en pointillé devait être complété pour être rendu public, et je n'en eus pas le temps comme je l'aurais voulu.

Qu'on ne se méprenne pas. On ne lira ici rien de sensationnel. Pas de cadavre (ou presque), dans les placards, de détournement de fonds colossal et habituel, d'erreur judiciaire dramatique, rien qui alimente habituellement les titres des journaux. Chaque évènement rapporté pourrait, séparément de l'ensemble, sembler banal. Ce qui me parait digne d'intérêt, c'est l'accumulation, la mise en perspective d'une réalité inconnue sur la vie des avocats, qui n'est que l'un des aspects d'une société encore trop régie par les rapports de force.

En outre je ne prétends pas que l'État de droit est totalement absent. Je dis qu'il l'est dans bien des domaines, notamment quand on est assez fort pour lui résister.

Me voilà donc sur le point de satisfaire ceux qui pour justifier leur domination ou leur soumission m'ont fait une réputation de cosaque. Pour une fois, je vais vraiment manquer de délicatesse.

Melun le 27 octobre 2015

# ÉTAT DE DROIT

## INSTANTANÉS DE LA VIE SOCIALE

### Août 1991

Je m'installe en région parisienne venant de la région Rhône Alpes, et je vais m'inscrire au barreau de Melun comme collaborateur dans un cabinet, avant de m'installer peu après à mon compte. J'ai vendu mon appartement avant mon départ et je recherche un logement à louer, ce qui en plein mois d'août est encore plus difficile que d'habitude. Coup de chance : une annonce dans le journal local m'amène à visiter un appartement qui me convient parfaitement. Un deux pièces coquet dans un petit immeuble neuf au calme, pas trop loin de mon futur cabinet, le loyer dans la limite de mon budget, décidément il ne faut jamais désespérer.

C'est une agence immobilière qui gère ce bien, et en cette période estivale le gérant est semble-t-il seul, c'est lui en tout cas qui est mon interlocuteur. Comme locataire (je l'avais été avant d'acheter le bien que j'ai revendu) j'ai toujours ressenti un certain agacement dans mes rapports avec les agents immobiliers à cause de leur insupportable condescendance. Ils ne doivent rien au locataire car leur client est le propriétaire, lequel est en situation dominante puisque l'offre locative est toujours très inférieure à la demande. Dès lors l'agent immobilier ne prend jamais de gants avec le locataire, et souvent on n'est pas loin du mépris. Mais cette fois la distance sera franchie, avant même que j'aie signé le bail.

D'emblée l'agent me pose des questions d'une brutale indiscrétion, par exemple : *« qu'êtes-vous venu faire à Melun ? »*. Puis, lui ayant donné les renseignements bancaires qu'il m'a demandés, j'assiste à une scène stupéfiante.

Sans me prévenir, encore moins me demander mon avis, il décroche son téléphone et appelle ma banque. Il se présente, explique que je suis aspirant locataire, et d'un ton parfaitement détaché, demande après avoir donné mon numéro de compte, *« s'il n'y a pas de problème »*. Un temps de silence correspondant à la courte recherche de son interlocuteur, qui le rassure, et il raccroche après avoir remercié.

Je suis estomaqué. Devant moi s'est déroulée une violation de secret bancaire à mon détriment, et d'une manière naturelle indiquant que c'est une pratique courante. Je ne sais ce qui est le plus révoltant, de cet agent immobilier qui méprise suffisamment un futur locataire pour faire cela sous ses yeux, ou de ma banque qui ne se fait pas prier pour commettre un délit pénal à mon préjudice. Et encore je m'en tire bien puisque l'avis donné a été positif.

Que puis-je faire en retour ? Rien bien sûr. Outre le fait que je n'ai aucune preuve, je subis le rapport de forces : si je ne suis pas content, on me priera d'aller voir ailleurs. Je ne réagis donc pas, malgré l'envie qui me démange de lui dire son fait, et je signe mon bail.

### 29 septembre 2004

Au journal télévisé ce soir. En Corse, des nationalistes trouvent qu'il y a trop de Pieds Noirs, arrivés après l'indépendance de l'Algérie en 1962, et qui pour certains ont acquis des terres dans l'île. Ils ont donc décidé de pratiquer l'expropriation gratuite. Un jour, un groupe d'autochtones arrive sur le terrain d'un Pied-Noir, et l'informe que dorénavant ce terrain appartient à l'un d'entre eux. Le propriétaire est sommé de déguerpir sur-le-champ.

La plupart du temps l'exproprié se tait, sous la menace de représailles physiques sur lui et sa famille. Il continue d'être le propriétaire légal et donc de payer les impôts et taxes afférents à un bien qui de fait n'est plus le sien.

L'un d'entre eux a eu le courage d'aller en justice, et le tribunal a ordonné l'expulsion de l'occupant. Belle victoire de la justice n'est-ce pas ? Ne t'enthousiasme pas trop vite, lecteur naïf. Car ce jugement n'est qu'un bout de papier sans valeur. L'occupant refuse évidemment de partir, et pour l'y contraindre, il faut le concours de la force publique, c'est à dire que la police ou la gendarmerie doit procéder à l'expulsion manu militari. Or la loi prévoit que quand l'expulsion risque de provoquer un « trouble à l'ordre public », le Préfet peut refuser de fournir les forces de l'ordre nécessaires, et le jugement n'est donc pas appliqué.

Dans le cas présent, le Préfet concerné, certain d'avance que les nationalistes vont s'opposer par la force à l'expulsion, considère qu'il y a risque de « trouble à l'ordre public ». Il a donc ordonné à la gendarmerie... de ne pas répondre à la demande du propriétaire légal. Interrogé par le journaliste, il dit sans la moindre gêne : *« je ne prendrai pas le risque de faire tuer un gendarme »*.

Cela est parfaitement légal : la loi prévoit qu'une décision de justice peut ne pas être appliquée... mais par l'État seulement. Cela s'appelle un État de Droit.

Oui, objecteront les juristes étroits, mais le propriétaire peut à présent se retourner contre l'État pour demander à être indemnisé de ce refus. Cela aussi est prévu par la loi.

Belle consolation. Après une première procédure probablement longue et coûteuse, le propriétaire doit maintenant en introduire une autre devant les juridictions administratives, connues pour leur lenteur. Il va lui falloir prouver la valeur de son bien, laquelle ne peut résulter que d'une expertise judiciaire. Or l'occupant bien évidemment va s'opposer à ce que l'expert désigné par le juge pénètre sur le terrain pour l'évaluer. Donc le tribunal répondra au demandeur que l'indemnité réclamée, censée être égale à la valeur alléguée du bien, ne repose sur aucun élément concret, et soit la refusera, soit la réduira fortement.

Dans le meilleur des cas, notre courageux plaideur, dix ou quinze ans après son expropriation physique, percevra une indemnité le dédommageant partiellement. Il ne sera indemnisé ni pour la valeur réelle du bien, ni pour le temps consacré à ces longs procès, ni pour le préjudice moral d'avoir été traité comme on l'était au Far West. En outre, l'occupant aura ainsi acquis un terrain par la force, le prix (même partiel) étant payé… par le contribuable.

Pendant ce temps, partout en France, on expulse sans état d'âme des locataires qui ne peuvent plus payer leur loyer. À condition qu'ils soient isolés. Car s'ils sont soutenus par un comité d'action quelconque qui menace de s'opposer à l'expulsion, si des élus s'en mêlent, si la presse couvre l'évènement le Préfet capitule comme ci-dessus, et la force l'emportera comme d'habitude.

Bienvenue en France, État de Droit.

### 3 avril 2005

Cette brève information dans le Nouvel Observateur de cette semaine (N° 2108 p. 48) que je veux transcrire telle quelle. « *Le Ministère de la Justice ne respecte pas la loi commune et emploie* **au noir** *bon nombre de collaborateurs occasionnels. Cette* *information n'a pas été contestée par le Ministère. En janvier 2000 Martine Aubry avait tenté de mettre fin à cette situation par un décret que la chancellerie juge aujourd'hui « inapplicable ».*

Il y a quelques années déjà, j'avais tiqué en entendant cette information à la radio : dans une grande ville du sud (je crois qu'il s'agit de Montpellier) on avait appris après que la construction du nouveau Palais de Justice fût terminée, qu'une ou plusieurs entreprises qui avaient été choisies pour le chantier avaient employé des travailleurs au noir. Cette fois c'est le ministère lui-même.

Tous les jours en France, les parquets sous l'autorité du Ministère de la Justice engagent des poursuites contre des employeurs pour travail clandestin. Pendant ce temps le ministère, à l'abri de son impunité, se comporte comme ceux qu'il fait poursuivre.

<u>*Mise à jour : Dalloz Actualités 7 octobre 2014*</u>

La Chancellerie est-elle en règle avec le Trésor et l'URSSAF ?

Les collaborateurs occasionnels du service public de la justice ne sont pas déclarés par la Chancellerie et la plupart n'effectuent pas les démarches sociales et fiscales qui s'imposeraient.

Madeleine est retraitée depuis quelques années. Ancienne fonctionnaire travaillant dans le monde judiciaire, elle est appelée il y a cinq ans par un vice-procureur pour devenir déléguée du procureur, un métier qui consiste à assister les magistrats du parquet et à mettre en œuvre les mesures dites alternatives aux poursuites pénales. Rappels à la loi, réparations pénales, compositions pénales, etc. Bref, un nombre non négligeable de missions qui permettent de décharger les tribunaux de France.

L'offre est tentante, elle aime ce milieu – la justice – et elle arrondirait bien ses fins de mois. Elle accepte. « J'ai six audiences par mois environ, sans compter le temps de préparation, qui se font sur réquisitions du procureur. Je partage mon temps entre le tribunal et la Maison de la justice et du droit (MJD). Cela équivaut à un mi-temps ». En tout, cela peut rapporter entre 300 € et 1 000 € au gré des paiements des régies des tribunaux, sur les frais de justice, après remise d'un mémoire de frais. Mais voilà, cet argent est versé sans bulletin de paie, sans facture, sans rien. En somme, aucune charge sociale n'est payée, aucun impôt non plus. « C'est hyper pratique pour la justice. On la soulage et on gagne un peu plus à la fin du mois.

Tout le monde y gagne », sourit Madeleine. « L'indemnisation des délégués du procureur permet à quelques-uns, si leur procureur les chouchoute, de se faire d'agréables compléments de leur retraite », souffle une magistrate.

La situation n'est pas franchement nouvelle et elle dépasse largement les mille délégués du procureur – tous des retraités issus de la police, de la gendarmerie, de l'enseignement ou encore de la fonction publique - que comptent les tribunaux en France. *Le Canard enchaîné*, *Le Figaro*, *Libération* avaient déjà révélé ces « travailleurs au noir plein les palais de justice ». Les députés également, qui ont, à plusieurs reprises, interpellé le ministère de la justice sur la situation de ceux qui sont appelés les collaborateurs occasionnels du service public de la justice (COSP). Une « nébuleuse », comme le dit Madeleine, de personnes qui travaillent pour la justice mais dont le statut est à ce point compliqué que la Chancellerie, elle-même, avoue son incapacité à régulariser la situation sociale et fiscale.

Jusqu'en 2000, on peut parler de *no man's land* concernant les « bénévoles indemnisés ». Que sont-ils ? Des salariés ? Des travailleurs indépendants ? En 1994, la Cour de cassation, saisie du cas d'une psychologue experte judiciaire, est claire : il s'agit d'une activité libérale1. Puis, plus rien. Il faut attendre un décret du 17 janvier 20002 pour que toutes ces personnes soient finalement rattachées au régime général. Experts, enquêteurs sociaux, médiateurs civils, administrateurs *ad hoc*, médecins experts, délégués du procureur, etc. se retrouvent alors soumis aux règles du régime général. « Les cotisations de sécurité sociale dues au titre des assurances sociales, des accidents du travail et des allocations familiales, [...] sont calculées sur les rémunérations versées mensuellement ou pour chaque acte ou mission, le cas échéant, par patient suivi annuellement », précise l'article 2 du décret.

Un texte qui est resté lettre-morte. En 2013, le ministre de la justice, dans une réponse ministérielle3, le reconnaissait : « Ce régime s'applique à une grande diversité de situations, allant du concours ponctuel, voire exceptionnel, d'une personne à l'administration, à une activité régulière pour le compte du service public, pouvant même constituer l'intégralité de l'activité professionnelle des personnes en question ». Pis, selon la Chancellerie, la situation est trop « complexe » pour la résoudre. « Au ministère de la justice, la mise en œuvre de ce dispositif s'avère particulièrement complexe en raison du volume des mémoires traités, du nombre de prestataires concernés et de la diversité de leur situation ».

Il est vrai qu'entre-temps, en 2012, Bercy a décidé que tous ces collaborateurs occasionnels devaient être assujettis à la TVA et qu'ils n'avaient aucun rapport avec le statut de salarié. Un peu plus de complication en vue. Sans compter – décidément – qu'aucun logiciel n'est actuellement en capacité de traiter à la fois des prélèvements sociaux et l'application de la TVA ». Contrairement à bon nombre d'entreprises du secteur privé, il semblerait.

Dans une circulaire du 8 octobre 2013 de la direction des services judiciaires et de la direction de la législation fiscale, les collaborateurs occasionnels sont donc finalement soumis à la TVA. Reste que personne ne sait si cela est fait partiellement, en totalité ou pas du tout. Le trésor français continue à ne recevoir ni TVA ni impôt sur le revenu. L'URSSAF continue à ne pas recevoir de cotisations sociales sur ces montants. Madeleine, elle, ne déclare toujours pas les revenus de son travail et le tribunal non plus, d'ailleurs. Une situation quelque peu cocasse de la part d'un ministère dont l'une des missions est notamment de lutter contre le travail illégal. Il suffit de jeter un œil au *Bulletin officiel du ministère de la justice* pour retrouver les circulaires – adressées notamment aux procureurs – relatives à la mise en œuvre du plan national de coordination de la lutte contre la fraude pour 2011 (7 juin 2011) ou relative au plan national de lutte contre le travail illégal (5 févr. 2013).

La Cour des comptes s'est également penchée sur la question. Dans un rapport de 2012 sur les frais de justice, les magistrats s'interrogent sur certains facteurs de l'augmentation des frais de justice en prix et en volume. Le décret de 2000 « prévoit ainsi en application de cette loi le calcul de la part employeur des cotisations sociales des COSP. Le coût de cette mesure, qui n'a encore reçu aucune application, est estimé à 30 millions d'euros dans le dernier budget triennal. L'application des prélèvements sociaux apparaît pourtant difficilement compatible avec l'assujettissement à la TVA – cette taxe ayant vocation à s'appliquer à une activité économique exercée sans lien de subordination ». La Cour ajoute qu'il est « urgent d'examiner la combinaison des règles sociales et fiscales applicables aux rémunérations des expertises judiciaires au risque de créer des difficultés de financement budgétaire ». Et d'ajouter que, « selon l'estimation de la Chancellerie, l'application cumulée des charges patronales et de la TVA aurait pour effet d'augmenter la dépense en matière d'expertises judiciaires de plus de 40 % ». Une évaluation qui ne prend en compte que les experts judiciaires. Et sachant que, « selon l'estimation de la Chancellerie, seuls 53 % des mémoires de frais sont payés dans l'année au cours de laquelle l'expertise a été effectuée »4.

L'urgence… il n'y en a pas, pour l'instant. Les gardes des Sceaux successifs ont été alertés. Rachida Dati, en 2008, dans un courrier adressé à Dominique Balmary, président de l'UNIOPSS5, était très claire : « Je souhaite vous assurer de ma volonté de voir enfin aboutir sous mon ministère les négociations permettant l'application d'une méthode simple qui amène les professionnels concernés à cotiser effectivement aux régimes sociaux sur les sommes qu'ils perçoivent ». L'ancienne ministre cite un décret du 18 mars 2008 qui permet à l'employeur de retenir une rémunération à l'acte ou à la mission comme assiette de calcul de cotisations. Sauf que, quelques lignes plus tard, Rachida Dati conditionne la mise en application de ce texte au développement de moyens techniques et budgétaires.

Le sénateur Jean-Pierre Sueur, président de la commission des lois, s'est également fendu d'une lettre à l'actuelle garde des Sceaux. Christiane Taubira lui répond par écrit le 20 août 2013. Selon le ministre, « la mise en œuvre de ce dispositif s'avère particulièrement complexe en raison du volume de mémoires traités, du nombre de prestataires concernés et de la diversité de leur situation ». Des actions ont néanmoins été entreprises : le ministère a obtenu « des modalités de calcul simplifiées pour les cotisations à verser à l'URSSAF, il a rationalisé le circuit de traitement des mémoires de frais et a prévu la modification du logiciel implanté dans les juridictions pour réaliser le calcul des prélèvements sociaux ». Sauf que, encore une fois, « la modification du prologiciel n'a pu aboutir et les évolutions ont été reportées à la réalisation du nouveau logiciel

« webisé » de gestion des frais de justice interfacé avec Cœur Chrorus ». Pas simple, effectivement.

Alors, le 21 janvier 2014, la Chancellerie, le ministère des affaires sociales et Bercy ont missionné l'Inspection générale des services judiciaires « sur le régime social et fiscal des collaborateurs occasionnels du service public et leurs modalités de gestion ». La lettre de mission précise bien que « l'application concrète de la réglementation en vigueur est toutefois partielle et très disparate [...]. Cette situation est porteuse de risques juridiques : le non- paiement des cotisations sociales a donné lieu à des condamnations de l'administration par les juridictions administratives, en raison du préjudice crée par l'absence de droits à retraite. L'absence de déclarations sociales de la part des administrations a, en outre, facilité l'occultation de ces sommes à l'impôt sur le revenu par certains professionnels, tandis que l'absence de facturation de la TVA pour certaines activités pourrait être susceptible d'entraîner des procédures d'infraction de la part des instances européennes ». Le rapport a été rendu en juillet à la Chancellerie. Depuis, chut. « Les conditions et difficultés de mise en œuvre des règles du régime social COSP sont connues et font régulièrement l'objet de discussions au plan interministériel [...]. Les recommandations du rapport sont actuellement à l'étude afin de faire évoluer la situation », a répondu la Chancellerie. Contactée également, la Caisse nationale du réseau des URSSAF (ACCOS) n'a pu « apporter les éléments de réponse requis ».

À Martigues, Christiane Taubira tacle les associations socio-judiciaires

Ce sont d'abord les associations socio-judiciaires qui se sont plaintes de la situation « inégalitaire » entre collaborateurs occasionnels, personnes physiques, et collaborateurs travaillant au sein d'association. Les 19 et 20 juin dernier, lors du congrès national des fédérations

Citoyens et Justice et INAVEM, Thierry Lebéhot, président de Citoyens et Justice, est revenu à la charge sur ce sujet, devant le garde des Sceaux. « Nos associations demeurent une variable d'ajustement tandis que prospèrent des personnes physiques, il faut que je vous le dise aussi, délégué du médiateur du procureur que je continue de qualifier de travailleur au noir au ministère de la justice, ce qui est quand même une situation délicate pour un ministère chargé de poursuivre les délinquants ». Christiane Taubira répond d'un seul trait. « Nous veillerons à ce que de telles situations, en tous les cas qu'il y ait des raisons – il peut y avoir des raisons objectives, hein, n'ayons pas un préjugé de fantaisie de la part du parquet qui décide d'interrompre le travail avec une association. Ceci étant, il peut y avoir une difficulté ponctuelle, il faut la regarder, faire en sorte qu'on y apporte des correctifs, que ces difficultés ponctuelles n'aient pas pour conséquence un sort fatal à l'association […] Je me suis permise de regarder vos résultats financiers [s'adressant à Thierry Lebéhot, ndlr], je me suis rendue compte que vous avez une très bonne gestion [rires dans la salle, ndlr] et que nous avons quand même maintenu le niveau d'intervention du ministère auprès de votre association et vous avez de beaux résultats. Donc, je vous fais mes compliments et ça nuance le sentiment de catastrophe que j'ai eu un peu à un certain moment en vous écoutant ». Le président de Citoyens et justice tente d'intervenir. Christiane Taubira cingle, en souriant. « Vous n'avez pas la parole ».

<u>15 Août 2014</u>

## UN FABRICANT DE TROMPETTES CRIBLÉ DE DETTES, FAUTE D'ÊTRE PAYÉ PAR L'ARMÉE[2]

*Par France tv info 15 août 2014*

En quatre ans, il a fourni 400 instruments de musique à l'armée. Mais depuis la dernière livraison, en juin, la Grande Muette fait silence radio. Un commerçant de Lille (Nord) est criblé de dettes à cause des retards de paiement de l'armée, révèle Mediapart, jeudi 14 août.

Alors que l'État lui devrait plus de 240 000 euros, l'entreprise Cuivre et bois est désormais dans une situation critique, puisque ses créanciers l'ont assigné au tribunal. *« Si l'armée ne paye pas, clairement, on sera KO »*, résume Pierre Vicogne, interrogé par France Inter.

### D'autres PME souffrent de retards de paiement de l'armée

L'armée s'est refusée à tout commentaire. Mais selon Mediapart, des sources auraient évoqué des livraisons incomplètes ou en mauvais état pour justifier des non-paiements.

Au total, quelque 3600 PME sous contrat avec le ministère de la Défense souffrent de retards de paiement, selon la députée de Moselle Anne Grommerch. Pierre Vicogne n'est, semble-t-il, pas le seul à se plaindre.

---

[2] https://fr.news.yahoo.com/fabricant-trompettes-cribl%C3%A9-dettes-faute-d%C3%AAtre-pay%C3%A9-larm%C3%A9e-141234638.html

*Des trois choses l'une. Soit l'État a des difficultés et ne peut régler ses fournisseurs. On voit alors que l'État, qui détruit les vies de ceux qui ont une dette envers lui (même quand cette dette est le résultat de son racket) se comporte ensuite comme eux quand il est dans le même cas, car comment faire autrement ? Pas plus que nous, il ne fait pousser de l'argent dans des pots de fleur.*

*Soit il s'agit de négligences, et là encore il y a une différence de traitement injustifiable entre l'État et nous. Lui n'est pas sanctionné, même s'il accule à la faillite des centaines d'entreprises. Par contre le particulier ou l'entreprise négligents le paie d'une vie gâchée, et parfois perdue.*

*Soit le retard est volontaire, justifié par des choix de gestion. On est alors dans le mépris absolu des citoyens, qui eux ne peuvent se permettre une telle facilité.*

## 6 avril 2005

En rangeant quelques affaires au grenier, j'aperçois au fond d'un carton deux billets de théâtre jaunis et déchirés. Et je me souviens. C'était au printemps 1990, j'habitais Lyon. Le Théâtre des Célestins, géré par la commune, donnait la pièce « Roméo et Juliette ». J'y invite une amie, et je prends à l'avance deux billets. Le soir du spectacle, nous nous y rendons avec mon véhicule. Arrivés sur place, impossible de se garer : à un kilomètre à la ronde, la moindre place de stationnement est occupée (probablement par les spectateurs puisque dans ce secteur, il n'y a rien d'autre que le théâtre).

Après avoir tourné un long moment, je finis par dénicher une place assez éloignée. Je me gare, et nous filons au pas de course vers le théâtre. Nous sommes en retard, alors que nous étions partis largement à l'avance.

Qui pouvait prévoir un tel encombrement ? Arrivés à la caisse, nous donnons nos billets qu'on nous rend poinçonnés. Nous pouvons aller nous installer.

Il s'agit d'un amphithéâtre en plein air. Nous devons parcourir quelques dizaines de mètres à partir de la caisse pour y arriver. La pièce est déjà commencée et nous entendons les acteurs déclamer. Vite, essayons de ne pas manquer tout le début.

Nous voilà au sommet de l'amphithéâtre. En face de nous là-bas, la scène et les acteurs qui nous font face. À nos pieds, nous tournant le dos, les spectateurs sur leurs gradins. Est-ce possible ? *Il n'y a pas une place libre.* Pas une. Impossible de s'y tromper : cette fin de journée est encore ensoleillée et on y voit parfaitement. Les spectateurs sont serrés comme des sardines dans leur boîte et on ne pourrait même pas poser une fesse sur le bout d'un banc. Nous voyons sur les côtés d'autres attardés qui semblent aussi désemparés que nous.

Il faut nous rendre à l'évidence : la direction du théâtre a fait du « surbooking ». Elle a vendu plus de billets qu'il n'y a de places disponibles. Je sens la colère me gagner. Tout ce temps perdu, pour aller chercher les billets au centre de Lyon en plein après-midi plusieurs jours à l'avance, prendre mon amie en voiture ce soir de l'autre côté de la ville, chercher une place, remonter à pied la longue distance nous séparant du théâtre. Le projet de passer une bonne soirée. Tout ça pour ça.

Il y a non loin de nous deux employés municipaux chargés de canaliser les spectateurs, auxquels un couple est allé demander des explications, à mi-voix pour ne pas perturber le spectacle. Nous nous approchons, et entendons le mépris des deux grouillots : il fallait arriver à l'heure disent-ils en substance. Une telle bêtise nous met hors de nous. Dès lors qu'il n'y a pas assez de places, il devait nécessairement y avoir des gens debout. Le ton monte. En ce lieu conçu selon les lois de l'acoustique, les éclats de voix arrivent jusque sur la scène où les acteurs s'interrompent et lèvent leurs regards vers nous, imités par les spectateurs qui se retournent. Gênés, les deux sots nous disent à voix basse et l'air soudain radouci : « venez, on va vous rembourser », et nous ramènent vers le guichet.

A une dizaine de mètres de celui-ci ils s'arrêtent, le visage à nouveau fermé, et nous font signe de nous adresser à la guichetière. Laquelle, visiblement habituée à ce stratagème, refuse tout remboursement avec la même arrogance que ses deux collègues. Nous avons été joués : le but des deux larrons était de nous éloigner des gradins et nous empêcher d'y retourner.

C'en est trop. Il y a devant le guichet un groupe d'une dizaine de personnes furieuses, tandis que d'autres reviennent du haut de l'amphithéâtre dans les mêmes dispositions. L'ambiance devient électrique, ce que voyant, le personnel va chercher les policiers de faction à l'extérieur. Nous leur exposons la situation, qui ne semble guère les intéresser. Eux, leur seul problème c'est l'ordre. J'essaye de calmer les esprits et propose à celui qui semble leur chef de bien vouloir monter jusqu'au sommet de l'amphi, afin de constater qu'il n'existe pas une seule place libre. Il refuse : ce n'est pas une infraction pénale dit-il, ce qui est (en principe) vrai. J'essaye d'argumenter : si les choses dégénèrent il y aura bien délit de notre part et c'est d'ailleurs pour cela que la police vient d'être sollicitée. Dès lors elle peut constater l'état de fait susceptible de provoquer ce délit, d'autant qu'elle est sur place. Peine perdue, c'est un raisonnement trop compliqué pour ce gardien de la paix, qui nous propose, afin de se débarrasser de nous, de déposer une main courante au commissariat le lendemain, formalité parfaitement inutile en l'espèce.

Constatant que la tension a baissé d'un cran, les policiers s'écartent mais restent non loin du guichet, l'œil sur nous. Je tente alors de convaincre les autres pigeons d'échanger nos coordonnées afin de déposer une réclamation collective auprès du théâtre ou de la mairie, voire une action en justice, leur précisant que je suis avocat. Une action en justice ? C'est comme si je leur avais proposé de jouer dans un film porno. Un seul accepte de me donner ses nom et adresse. L'éternelle lâcheté, le fatalisme, les *« bof, ils sont plus forts que nous… »*.

Nous partons. Dans la voiture, Léa qui ne décolère pas, me dit : *« ils ne savent pas sur qui ils sont tombés »* faisant allusion à mes mystérieux pouvoirs d'avocat. Je m'abstiens de la détromper, n'étant que trop conscient de mon impuissance. Dès lors que nous ne sommes que trois, sans preuve, aucune action judiciaire n'a de chance d'aboutir.

Le lendemain je m'assois à mon clavier et écris une belle lettre à la direction du théâtre avec copie à la mairie, dans laquelle je relate les faits, et demande le remboursement des trois billets. Je suis aussi aimable que possible, soulignant notre intérêt pour les activités culturelles de la Ville, notre certitude (inexistante cela va de soi) qu'il y a là une bévue ponctuelle dans la gestion des places. Bien entendu j'écris comme particulier, et ne fais aucune allusion à une action en justice que je sais vouée à l'échec.

Je ne recevrai jamais la moindre réponse.

Combien de centaines, de milliers de personnes ont-elles été ainsi grugées sans recours possible par une personne publique, sous la protection de la police ?

<u>23 avril 2005</u>

Un journaliste du Parisien relate brièvement dans l'édition de ce jour la scène anodine dont il a été témoin sur la route. Alors qu'il roulait à la vitesse limite autorisée sur cet axe, soit 110 km/h, l'œil rivé au compteur pour ne pas la dépasser, il se fait doubler par une voiture de gendarmerie.

Ni gyrophare ni sirène, donc pas d'urgence. Du coup le conducteur derrière le journaliste, enhardi par cet exemple en fait autant. Un peu plus loin notre journaliste voit la voiture de gendarmerie arrêtée et leurs occupants discuter tranquillement devant le véhicule : c'est la confirmation qu'ils n'étaient pas pressés.

Et le rédacteur de faire un commentaire amer : ainsi ceux qui représentent la loi…

Je n'ai pu m'empêcher de sourire avec attendrissement devant cette indignation pure et saine. C'est exactement ce que je ressentais autrefois, avant d'être déniaisé par tout ce que je raconte ici, et le reste.

<u>20 septembre 2005</u>

Le Tribunal Correctionnel de BOBIGNY devait juger un Camerounais de 19 ans en situation irrégulière qui avait refusé de s'embarquer dans l'avion devant le ramener chez lui après un arrêté d'expulsion.

Chaque semaine ce tribunal juge des fournées d'étrangers dans cette situation. Ils sont condamnés à une peine de prison et après l'avoir purgée, sont à nouveau conduits dans l'avion où en principe tout peut recommencer ; cependant en pratique les forces de l'ordre, lors de ce deuxième embarquement, utilisent la contrainte physique adéquate. Et personne n'en entend parler.

Mais cette fois, l'homme bénéficiait d'un comité de soutien constitué par l'extrême gauche et les organisations de défense des immigrés.

L'avant-veille, soit dimanche 18 septembre, plusieurs dizaines de ses sympathisants l'avaient attendu à l'aéroport et soutenu physiquement, provoquant des échauffourées avec les forces de l'ordre. Celles-ci ont donc renoncé à l'embarquer et l'ont présenté au Parquet, qui l'a renvoyé en correctionnelle à l'audience d'aujourd'hui.

Quatre cents immigrés et militants manifestaient avant l'audience dans la cour du tribunal. Entre-temps la presse avait largement couvert l'évènement : ce jeune homme avait un enfant, il préparait son bac…

Alors l'État a capitulé. Le Ministère Public a renoncé aux poursuites et l'homme ne sera pas jugé. En outre le ministère de l'intérieur lui délivre un titre de séjour provisoire d'un an, dont le caractère définitif n'a échappé à personne.

Le ministre de l'intérieur Sarkozy, qui se présente comme le champion de la fermeté face à la délinquance sous toutes ses formes, et donc l'immigration clandestine, a fait comme les autres avant lui et après lui : il a montré que l'État de Droit est le cache-sexe de l'État de Force.

Si cet homme avait été seul, on lui aurait appliqué la loi dans toute sa rigueur, comme on le fait régulièrement pour ses coreligionnaires. On aurait même violé la loi pour être plus sévère si tel avait été le bon plaisir des décideurs. L'homme isolé a toujours tort, le nombre l'emporte toujours.

Si l'audience du Tribunal s'était tenue, les magistrats, qui jugent souvent en faveur de ceux qui font le plus de bruit, auraient probablement rendu une décision indulgente.

J'ai assisté il y a une douzaine d'années à ma première audience devant le Tribunal Correctionnel de BOBIGNY. Une salle bondée où s'entasse une faune à forte proportion de jeunes immigrés venus soutenir leurs copains qui comparaissent pour des larcins, des violences, des outrages. Et plusieurs étrangers expulsés ayant refusé d'embarquer.

L'ambiance est celle d'une classe indisciplinée face à un professeur dépassé. Une présidente blasée qui ne cherche même plus à faire cesser le brouhaha. Des quolibets qui fusent çà et là. Un seul policier de faction avec un air de brave père de famille qui se demande ce qu'il fait là.

Et la peur. Tacite. Latente. Pas celle des prévenus qui doivent être jugés : ils la cachent. Pas celle de leurs proches qui sont dans le public et qui font de même. Non, la peur des victimes, de leurs proches qui sont là aussi, des témoins. Et des juges, qui s'efforcent de donner une image impassible, mais qui n'osent faire taire les perturbateurs, encore moins les faire expulser.

Certes des condamnations sont prononcées. Mais qui peut jurer que dans cette ambiance, les juges ont tranché comme ils l'ont voulu ? Même si c'est le cas, la suspicion planera toujours.

Le rapport de force, encore et toujours.

## 10 octobre 2005

La presse rapporte que le nouveau Ministre de la Justice, Pascal Clément, issu du Barreau, a présenté devant les députés un projet de loi portant aggravation des peines de la récidive. Il s'agit donc de faire en sorte qu'un délinquant récidiviste soit puni plus sévèrement qu'il ne l'est actuellement : pourtant depuis toujours la récidive est sanctionnée plus durement que le délit initial, mais le gouvernement ne sait comment faire pour montrer à l'opinion qu'il se préoccupe de la délinquance, alors il s'agite comme une mouche dans un bocal.

Et voilà la proposition du ministre-avocat. En ce qui concerne les délinquants sexuels récidivistes, le projet prévoit qu'après leur sortie de prison, ils seront placés sous surveillance électronique permanente grâce à un bracelet électronique qu'on leur imposera de porter.

Quoi qu'on pense de la mesure, l'essentiel n'est pas là mais dans la suite. Car le ministre veut que la mesure s'applique aux délinquants qui ont été condamnés avant l'adoption de la loi. Autrement dit celle-ci serait *rétroactive*. Or la non rétroactivité des lois est inscrite dans la Déclaration des Droits de l'Homme (art.8) dont la France est si fière, et à laquelle le préambule de notre constitution fait explicitement référence.

Notre ancien protecteur des droits de l'homme devenu ministre veut donc violer ouvertement ces deux textes fondamentaux de la République. Sachant que le Conseil constitutionnel annulerait la loi à coup sûr, que fait-il ? *Il demande aux députés, après avoir reconnu que son projet n'est pas conforme à la Constitution, de ne pas saisir le Conseil Constitutionnel.*

Un évènement aussi inouï a dû rarement se présenter dans la vie parlementaire, en tout cas sous la Vè République.

Le tollé est tel, dans la presse notamment, que l'avocat-ministre doit retirer son projet pour le transformer en lui donnant un air plus convenable.

Dans un véritable État de Droit, ce ministre, à supposer qu'il puisse avoir une idée aussi choquante, devrait démissionner. Mais non. Le gouvernement perçoit cela comme une gaffe, qu'il demande à l'imprudent de réparer.

Nous avons là une partie visible de l'iceberg. Ce Garde de Sceaux, comment se comporte-t-il dans l'exercice de son ministère ? Cet « avocat-gardien-des-libertés », qui aurait été scandalisé si un autre avait fait une telle proposition, combien d'indélicatesses a-t-il commis lorsqu'il était au barreau, sans conséquences dès lors qu'il était docile avec les détenteurs du pouvoir ? Et combien y a-t-il de comportements attentatoires au droit, à la morale, chez ceux qui sont censés les incarner, sans que l'opinion en soit informée car ce n'est pas assez spectaculaire ?

<u>2 novembre 2005</u>

La banlieue parisienne est en feu. Il y a quelques jours trois adolescents de CLICHY SOUS BOIS (93), poursuivis ou non par la police (le fait n'est pas clairement établi mais n'a aucune importance) s'étaient réfugiés dans un transformateur E.D.F. malgré l'avertissement bien visible qui s'y trouvait placé. Deux sont morts électrocutés, l'autre a survécu avec de sérieuses blessures.

Aussitôt un scénario bien rôdé depuis des années a été rejoué. Un « jeune » d'un « quartier difficile » ne doit pas mourir de mort violente quelle qu'en soit la cause (bagarre entre deux bandes rivales, poursuite avec la police...) sans que la collectivité en fasse les frais. Voitures brûlées, abris-bus détruits, pompiers recevant des jets de pierre alors qu'ils ne font que porter secours aux blessés, et éteindre les incendies, sont la réponse automatique à tout décès brutal.

À chaque fois, les sociologues en chaise longue, les hommes politiques démagogues et irresponsables, certains journalistes, aucun n'ayant jamais approché un seul de ces « jeunes », se penchent gravement sur le phénomène et donnent leur diagnostic. Il faut comprendre ces « jeunes ». Ils mènent une vie difficile. Sont victimes de racisme. N'ont pas d'avenir. Et on ne leur propose que la répression, qui ne résout rien. Alors quand au surplus l'un d'eux meurt violemment, c'est trop, c'est l'explosion. Il faut « s'occuper d'eux », les prendre en charge, leur fournir du travail, des loisirs…

Les pouvoirs publics, interpellés par l'opposition ou certains groupes de pression, cherchent à « calmer le jeu ». Pas question de punir sévèrement les auteurs de toutes ces dégradations, souvent ruineuses, qui seront payées par le contribuable. On en arrête quelques-uns, on les relâche presque tous sans poursuites, et les deux ou trois qui sont trop compromis passent tout de même en jugement (il faut bien garder la fiction d'un État de droit). Les magistrats, qui comprennent ce qu'on attend d'eux, leur infligent une peine légère, afin de ne pas attiser les braises.

Les parents des « victimes » deviennent pour quelques jours les vedettes des médias. Ils lancent un appel au calme, disent qu'il « faut avoir confiance en la justice » (et les juges comprennent parfaitement le message). Demandent à être reçus par les autorités, qui bien entendu s'exécutent : préfet, ministre, voire premier ministre, promettent que « toute la lumière sera faite sur ce drame ». À la sortie de l'entretien, les journalistes les assaillent comme des personnalités de premier plan.

Dans les jours qui suivent, les journaux et magazines font leurs choux gras de l'évènement, avec interview du sociologue de service, reportage dans le quartier chaud concerné ou dans un autre identique. Et toujours le même esprit : il faut traiter la désespérance de ces quartiers, sinon cela va recommencer.

Pendant ce temps, dans la modeste chambre d'un foyer ou dans un appartement d'où il est menacé d'expulsion, un chômeur honnête et anonyme rumine sa rancœur. Lui, personne ne lui demandera rien et ne fera rien pour lui, car il ne fait pas de bruit.

Pendant ce temps, des millions de français qui connaissent ces « jeunes » mieux que ceux qui en parlent, enragent. Ils savent que ce sont pour l'essentiel des êtres décervelés, avec qui aucun dialogue n'est possible. Que leur « désespérance » n'est pas pire que celle d'autres catégories de la population, qui ont le tort de ne rien brûler. Que la casse est pour eux un jeu excitant, comme on le voit chaque année à Strasbourg, où les voitures incendiées à Noël sont une tradition locale au même titre que la Feria de Nîmes ou la braderie de Lille.

Faut-il être stupide pour s'en prendre à des pompiers ou leur caserne parce que dans le cerveau atrophié de ces demeurés, ceux qui portent un uniforme, ont un véhicule avec gyrophare et sirène, représentent l'Autorité, comme la police ?

Je suis avocat et j'ai souvent approché ces individus en tant que commis d'office. Je les connais mieux que n'importe quel universitaire perché sur son nuage. Je n'ai presque jamais pu avoir un échange cohérent avec eux.

Quel que soit leur âge, ils ont dix ans. Comme pour un gosse, il est inutile d'essayer de leur faire prendre conscience de ce qu'ils ont fait. Il faut seulement qu'ils sachent que leur acte a un prix, et le leur faire payer. Alors la peur de le payer à nouveau les retiendra dans l'avenir.

Cela n'empêche évidemment pas une politique intelligente de prévention, et de réinsertion après la prison, quand cela est possible. Mais les intellectuels brumeux pour qui « la répression ne résout rien » sont aussi dangereux que ceux qu'ils défendent.

J'ai entendu un jour à la télévision un avocat pénaliste tenir un discours hallucinant. Un pénaliste ne pratique que le droit pénal, et a donc essentiellement pour clientèle des délinquants, petits et grands (il préfère bien sûr les grands, c'est plus valorisant).

A un certain moment il a dit : « il faut fermer toutes les prisons. Elles ne servent à rien ». Question (logique) du journaliste : « par quoi les remplacer ? ». Réponse (consternante) : « ce n'est pas mon problème. Je ne suis pas un constructeur, je suis un dénonciateur. ».

Je suis resté bouche bée. Qu'ajouter à cela sinon que sous la même robe, nous ne faisons pas tous le même métier ? Qu'il peut y avoir autant de différence entre deux avocats qu'entre deux citoyens *lambda* ? Contrairement à ce que pense l'opinion, tous les avocats n'ont pas d'empathie avec les voyous.

Alors aujourd'hui, une nouvelle fois, l'État de Droit cède devant l'état de force. Le premier ministre annule son voyage au Canada et promet qu'on va résoudre les problèmes sociaux qui se posent à ces « jeunes ». Car bien sûr ce sont les problèmes sociaux qui ont tout cassé, non les « jeunes ».

Et ceux qui comme moi sont seuls, anonymes, impuissants face à l'arbitraire de l'État et de tous les détenteurs du pouvoir, s'aigrissent un peu plus. Car c'est un exemple supplémentaire de ce que la loi masque les rapports de force.. Les « jeunes » et leurs groupes de pression sont plus forts que l'État.

<u>5 décembre 2005</u>

« Le Monde » daté d'aujourd'hui publie un article sur l'application des lois en France. D'après un rapport alarmiste du Sénat, depuis 1981 une loi sur cinq votée par le Parlement n'a jamais été appliquée parce que le décret nécessaire à son application n'a pas été pris par le gouvernement.

N'est-ce pas beau l'État de Droit ? On élit des députés et des sénateurs qui conformément à la Constitution, votent des lois. Quand l'une d'elle ne plait pas au gouvernement et qu'un décret d'application est nécessaire (ce qui n'est pas toujours le cas), il suffit au gouvernement de ne rien faire : enterrement de première classe.

Ainsi l'Administration ne viole pas seulement le droit, mais aussi la démocratie. Vive l'État de Force.

### 16 janvier 2006

« L'Express » du 12 au 18 janvier enquête sur l'insécurité dans les trains, après deux épisodes récents qui ont particulièrement choqué l'opinion. En région parisienne sur la ligne allant de Mantes-la-Jolie à Conflans-Sainte-Honorine, les loubards ne paient plus le transport, avec l'assentiment tacite des pouvoirs publics. Voilà ce que dit un conducteur (P. 52) : « *pour ces jeunes, la gare et le train sont le prolongement de leur territoire. Certains trains sont les leurs, ils ont leur voiture, - souvent la dernière. Il y a un semblant de compromis : s'ils ne font pas le bazar, on les laisse tranquilles, on ne vient pas les « chercher ». On ne leur demande même pas d'avoir un billet, mais juste d'avoir un comportement qui ne soit pas trop dérangeant. Sinon tous les samedi après-midi ce serait la bagarre.* »

Un autre : « *je me rappelle qu'un jour les contrôleurs avaient bloqué des jeunes sans billet. Le maire de Mantes-la-Jolie lui-même est descendu en gare pour demander qu'on les laisse prendre le train : il ne voulait pas les garder parce qu'ils cassaient tout en ville* ».

C'est beau l'État de Droit, n'est-ce pas ? Un individu isolé n'a pas de billet. Il représente une force de nuisance nulle, on lui appliquera la loi dans toute sa rigueur. Vingt voyous n'ont pas de billet et menacent de tout casser si on leur en demande un : *« ne vous fâchez pas, ce n'est pas si grave. »*

La farce de l'État de Droit, l'omniprésence de l'État de Force, l'inexistence de l'individu face aux pouvoirs et aux groupes de pression. Voilà ce qu'est notre belle société.

### 20 janvier 2006

« L'express » de cette semaine en page 20. Sous le titre « petits arrangements » sont relatés les passe-droits dont bénéficient quelques célébrités, sur le dos de l'État de Droit.

Il y a le cinéaste Luc Besson *« qui obtient de la Préfecture de Police de Paris que l'on bloque une rue pour une soirée entre amis ou des travaux à son domicile »*.

Il y a Catherine Deneuve *« qui exige que l'on vide de ses convives la salle de certains restaurants qu'elle fréquente, afin que soit préservée sa tranquillité »* (encore que là les pouvoirs publics ne soient pas en cause).

Il y a Nathalie Baye, *« dont la voiture, stationnée depuis plusieurs semaines au même endroit à Paris, n'a pas eu le moindre P.V., les pervenches de son quartier ayant appliqué la consigne : pas de prune pour l'actrice. »*

Dans un numéro précédent, le même journal (semaine du 1er au 7 décembre 2005) évoquait (P. 24) l'incarcération de l'acteur Samy Nacery après qu'il ait sauvagement agressé et défiguré un pauvre bougre qui venait lui livrer des tee-shirts avec un peu de retard. L'acteur, ancien détenu, bagarreur impénitent et dangereux, avait lui aussi bénéficié jusqu'à ce moment de la compréhension sélective et sélecte de la haute administration. Le cabinet de M. Sarkozy a certes estimé cette fois que le personnage était trop gravement impliqué. Mais l'article rapporte avec beaucoup de circonlocutions que *« même ses plus proches amis – tel Jean Reno- ont renoncé à solliciter le ministre de l'intérieur – comme ils ont parfois été tentés de le faire, par le passé… ».*

Vous qui avez lu ce journal jusque-là, cela vous étonne encore ?

*Mise à jour du <u>20/3/2014 : article ci-dessous</u>*

La femme de Manuel Valls prise en flagrant délit de passe-droit

Le Point.fr- Publié le 19/03/2014 à 10:31

<u>Anne Gravoin a usé de ses relations pour faire sauter le P-V de stationnement d'une amie mal garée dans la rue du 11e arrondissement où vit le couple.</u>

Les passe-droits dans la police sont une tradition… républicaine. Ce n'est pas Anne Gravoin, l'épouse violoniste du ministre de l'Intérieur, qui dira le contraire. Le 28 janvier dernier, à 10 h 30, un agent de surveillance de la voie publique (ASVP) verbalisait les véhicules démunis de ticket de stationnement ou gênant la circulation dans la rue où résident les époux Valls, située dans le 11e arrondissement de Paris. La pervenche s'en tient au règlement et aligne ses amendes dans la plus stricte égalité des conditions. Lorsqu'elle appose sa contravention sur une voiture de marque Toyota garée sur un bateau pavé, un gardien de la paix lui ordonne de ne pas la verbaliser. « Trop tard, c'est déjà fait ! » lui lance-t-elle. Le policier n'était pas là par hasard. Le matin même, il avait reçu un appel d'Anne Gravoin « via le téléphone de service » pour le prévenir qu'une amie venait lui rendre « une visite strictement privée » en Toyota, comme il est écrit dans son rapport « pour verbalisation intempestive » destiné à sa hiérarchie que Le Point.fr a pu consulter. Dans ce cadre, elle réclamait l'indulgence des forces de l'ordre pour son amie éventuellement mal garée.

### SDF déplacés

Lorsque l'épouse du ministre de l'Intérieur sort de chez elle vers 12 h 30, le gardien de la paix lui narre sa mésaventure, insistant sur le fait qu'il a « tout fait pour empêcher cela », c'est-à-dire la verbalisation de l'automobile de son amie. « J'appelle immédiatement Manuel », s'énerve la musicienne préférée de Manuel Valls. Deux heures plus tard, un commandant du groupe de sécurité du ministre de l'Intérieur (GSMI), qui dépend de l'ex-Service de protection des hautes personnalités (SPHP devenu Service de la protection), prend contact avec le gardien de la paix pour lui dire « qu'il s'occupait de faire le nécessaire ».

Ce n'est pas la première fois que l'épouse de l'ex-ministre le plus populaire du gouvernement Ayrault use de ses relations pour obtenir des faveurs de la part de la police. Agacée par le nombre de SDF qui fréquentent son quartier, elle avait demandé aux îlotiers de les déplacer. Le ministre de l'Intérieur avait démenti l'intervention de sa femme.

Mais parfois, ce sont les policiers qui font preuve d'un zèle certain auprès des proches du titulaire actuel de la Place Beauvau. Ainsi, lorsque son ex-femme, mère de ses quatre enfants, s'est fait voler son sac à main en février 2013 à Évry (Essonne), la hiérarchie a mobilisé la police technique et scientifique pour retrouver les auteurs du larcin. Délesté de son argent et de ses cartes bancaires, l'objet avait été retrouvé à Corbeil-Essonnes dans le quartier sensible des Tarterêts. C'est le commissaire en personne qui était venu rapporter le sac à main au domicile de sa propriétaire. Les prélèvements ADN pour confondre les coupables ont fait moins de bruit que ceux effectués pour arrêter les voleurs du scooter du fils de Nicolas Sarkozy en janvier 2007.

## 2 novembre 2006

En prenant mon café ce matin j'écoute France-Infos. L'État de Force vient une nouvelle fois de se montrer avec une lumineuse clarté. À Roubaix les gendarmes ont voulu perquisitionner chez un gros trafiquant de stupéfiants, habitant dans un quartier « sensible ». Comprenez un endroit où les voyous font la loi, interdisant l'entrée à tous ceux qui ne leur plaisent pas, à commencer par les représentants de l'ordre.

Le Préfet, afin d'éviter un « trouble à l'ordre public » a interdit aux gendarmes de faire leur perquisition. Bien évidemment le trafiquant alerté, a eu tout le loisir de prendre ses dispositions, voire de disparaître. Le Préfet est satisfait : l'ordre règne. C'est celui des voyous ? Peu importe.

L'État vient de se comporter exactement comme un État mafieux, la motivation en moins : il ne s'agit certes pas de partager l'argent de la drogue, mais dans les deux cas le banditisme dicte sa loi, et celle de l'État s'efface de façon officielle, assumée, dans un partage implicite du pouvoir.

Si les bandes qui mettent ce quartier en coupe réglée n'avaient pas été assez fortes pour faire planer une menace d'émeute, si le trafiquant avait habité un quartier tranquille, si l'individu impliqué n'avait eu aucun pouvoir de nuisance, la justice eût suivi son cours.

« *Selon que vous serez puissant ou misérable...* ». Toutes les formes de pouvoir permettent de piétiner la loi, y compris la puissance primitive que confère la force physique. Le misérable, c'est celui qui n'a aucun pouvoir, quel que soit son statut social.

### 11 septembre 2007

France info ce matin. Un des fils Sarkozy est poursuivi en correctionnelle pour délit de fuite après qu'il ait accroché avec son scooter un automobiliste. Ce dernier ayant relevé le numéro du deux- roues avait porté plainte.

J'ai commencé par réagir négativement vis-à-vis de cette nouvelle : qu'on fiche la paix aux familles des célébrités. Mais ce qui m'a intéressé c'est la suite. Après que les policiers aient retrouvé le propriétaire du scooter, et constatant à qui ils avaient à faire, ils n'ont engagé aucune poursuite. Donc l'automobiliste comme c'est son droit, va voir un avocat pour lui demander de le faire. Toute victime peut en effet faire délivrer à l'auteur supposé de l'infraction une « citation directe » à comparaître devant le tribunal.. Et là à nouveau, le mur. Deux avocats successivement contactés refusent d'intervenir, pour « ne pas avoir d'ennuis ». Le troisième a accepté.

Bilan. D'un côté, le parquet qui a pour mission de poursuivre les auteurs d'infraction aurait protégé le fils du Président de la République, et deux avocats ont eu peur d'intervenir. D'un autre côté, un troisième a eu le courage de le faire, et la procédure pénale française permet à toute victime de contourner l'inertie du Parquet.

La bouteille de l'État de Droit est-elle à moitié vide ou à moitié pleine ?

### 1er octobre 2007

Quand on habite certains quartiers, on vit la peur au ventre. Depuis longtemps R. me disait son appréhension de rentrer chez elle le soir, de passer devant des groupes d'adolescents et jeunes adultes à l'air désœuvré, la provocation aux lèvres et dans les yeux, semblant guetter le moindre prétexte de violence. Les bagarres et déprédations de toute sorte sont courantes.

Dans l'association où elle travaille et dont je suis l'avocat, je la rassurais comme je pouvais, mais je savais bien que ses craintes n'étaient pas excessives. J'ai vu trop de cas semblables dans des quartiers semblables. Une femme contrainte de déménager parce qu'elle avait osé protester poliment contre l'encombrement de l'escalier qui l'empêchait de passer. Un homme menacé de mort, dont on avait incendié nuitamment la porte d'entrée de l'appartement parce qu'il avait témoigné contre l'un de ces loubards. Lui aussi obligé de déménager sous la protection de la police. Un père de famille battu à mort pour avoir voulu reprendre un vélo volé à son fils. Et tant d'autres.

Mais quand on a un petit salaire, on loge où l'on peut, c'est-à-dire souvent dans un logement social fréquenté de la sorte.

Ce soir-là elle rentre de son travail, et dans l'escalier elle trouve un groupe fumant un narguilé. Elle demande poliment le passage. Pas de réponse. Elle insiste, et reçoit en pleine figure le narguilé, accompagné d'une bordée d'injures. Elle s'enfuit en hurlant, réussit à se réfugier chez elle, où les voyous essayent de pénétrer avec une barre métallique. Terrorisée elle appelle la police, mais à son arrivée ils se sont volatilisés. Ils ne sont pas de cette montée d'escalier et elle ne les connaît pas, en outre ils avaient tous une capuche, étaient noirs et dans le demi-jour, impossible de repérer un trait particulier.

Les policiers eurent beau lui montrer des photos de personnes connues de leurs services et ayant les mêmes caractéristiques physiques, elle ne put en reconnaître aucun.

Deux semaines d'arrêt de travail. Dépression et angoisse créant l'insomnie. Insomnie aggravant la dépression et l'angoisse. Il lui fallut recourir aux pilules du bonheur, qui furent avares de leurs bienfaits. Les jours suivants, les jeunes-en-difficulté-dans-des-quartiers-sensibles sont revenus. Ils tenaient une proie, ils ne la lâcheraient plus jusqu'à ce qu'elle s'enfuie pour toujours.

Ils lancent des pierres contre sa fenêtre au deuxième étage, puis s'enfuient avant l'arrivée de la police. Elle n'ose plus se montrer, la police lui dit qu'elle ne peut la protéger en permanence. Au cours d'une de ses rares sorties, elle a croisé deux ou trois de ces vauriens qui ont proféré des menaces dans son dos sans insister : pas assez nombreux cette fois-là.

Elle est allée voir le maire de la commune pour demander à être relogée. On lui a fait de vagues promesses, et comment pourrait-on aller plus loin ? Si les services municipaux satisfaisaient toutes les demandes identiques, ils seraient rapidement submergés. En outre ce serait reconnaître le problème, que les élus locaux minimisent toujours pour préserver l'image de leur commune. A-t- on déjà vu un élu reconnaître qu'il y a chez lui une délinquance galopante, des zones de non-droit, des gens terrorisés ? Ces informations sont toujours « exagérées », « alarmistes », voire « provocantes ». Il faut empêcher la chute des prix de l'immobilier.

Un adjoint du maire a dit à quelqu'un qu'à son avis certains exagéraient voire inventaient l'agression subie pour pouvoir être relogés. Le propos est maladroit car c'est reconnaître qu'on veut partir de certains quartiers...

Petit à petit, partout les quartiers concernés se vident de leurs habitants socialisés, chassés par les populations marginalisées. C'est alors que les sociologues en chaise longue s'indignent : on a fabriqué des ghettos. Et de réclamer la mixité sociale pour éviter une communautarisation de la société. Bien entendu ils se gardent de donner l'exemple.

Devant le harcèlement quasi-quotidien qu'elle subit, et dans la mesure où elle ne peut pas donner d'éléments permettant d'identifier les auteurs, les policiers ne prennent même plus ses plaintes.

Elle m'a appelé pour savoir ce que je pouvais faire pour elle. Je n'ai pu qu'avouer mon impuissance, mais révolté par cette situation dont je sais qu'elle n'est pas isolée, j'ai appelé la rédaction régionale du Parisien où je me suis trouvé toute de suite en contact avec la rédactrice en chef.

Après avoir relaté les faits, et rappelé à quel point ils sont fréquents, j'ai demandé pourquoi la presse n'en parle jamais, pourquoi une chape de plomb recouvre tant de terreur, d'impunité, pourquoi la loi de la jungle règne dans tout un secteur de la société sans que les journalistes, si prompts à dénoncer les scandales, s'en émeuvent.

Réponse : on n'en parle pas parce que personne ne dit rien à la presse. Il faut des informations pour faire des articles. Or tout le monde se tait. Je suis le premier avocat à révéler ces faits. Soit dis-je, acceptez-vous de traiter le sujet avec mes informations et celles plus ponctuelles de ma cliente ? Cette dernière réclame l'anonymat, quant à moi cela m'est égal.

Oui me dit la journaliste, cela m'intéresse. Donnez-moi votre numéro de téléphone et celui de la victime, nous vous rappellerons.

Est-ce possible ? Un journal osera-t-il dire qu'il fait jour à midi, quitte à braver le courroux des voyous, des élus, des idéologues ? Oui. L'article paraîtra début 2008 sur presque une page, avec photo de dos de ma cliente, son prénom changé. Entre temps elle aura déménagé, tenaillée par la peur. La force aura eu le dernier mot, et continuera de l'avoir, comme le relatera l'article ci-après sept ans plus tard, dans un cas voisin.

<u>*Mise à jour du 11/5/2015* :*article ci-dessous*</u>

**L'enfer de la famille de Roubaix victime de harcèlement continue : elle a dormi à l'hôtel dimanche soir**

Publié le 11/05/2015 PAR CÉCILE VIZIER[3]

L'enfer continue pour la famille Godefroy, au quartier du Pile à Roubaix. Pour avoir dénoncé les actes dont ils sont victimes au quotidien, leur véhicule a été incendié partiellement dans la nuit de samedi à dimanche. Ils ont accepté un relogement d'urgence.

Leur sort a ému toute la région. Victimes de la délinquance ordinaire à 300 m seulement d'un commissariat, Philippe Godefroy, Vanessa et leurs enfants n'avaient qu'une hâte : quitter le quartier du Pile et la ville de Roubaix. Après un nouvel incident dans la nuit de samedi à dimanche, la mairie a proposé de les reloger à l'hôtel dimanche soir.

Barricadés chez eux, dans leur maison de la rue Desaix, ils ont ouvert la porte, ce dimanche matin, à Milouda

---

[3] http://www.lavoixdunord.fr/region/l-enfer-de-la-famille-de-roubaix-victime-de-harcelement- ia24b58797n2818580

Ala. L'adjointe au maire chargée des quartiers est et du logement est venue annoncer à la famille qu'elle pouvait bénéficier d'une solution de relogement, dans un hôtel, le soir même.

L'élue, en contact régulier avec ces habitants du Pile, se dit outrée par ce qui pourrait être des représailles. Samedi, vers 2 h 20 du matin, le véhicule familial, une Renault Clio en location, a été incendié partiellement. Un voisin serait intervenu, permettant de limiter les dégâts (le feu est parti d'un pneu, les flammes ont fait fondre une partie du pare-chocs arrière).

Ce n'est que vers 7 h 30 que Philippe Godefroy s'en est aperçu. « *J'étais descendu pour donner le biberon à mon fils de 16 mois*, indique-t-il. *Un voisin a alors frappé à ma porte pour me prévenir.* » À bout de nerfs, l'homme s'est une nouvelle fois rendu au commissariat pour déposer plainte. Ce dimanche midi, il a accepté de fuir une situation qu'il avait osé dénoncer en manifestant avec sa famille mardi dans l'hôtel de ville de Roubaix.

La municipalité s'est engagée à financer les nuitées d'hôtel, dans l'attente d'une solution pérenne. Mardi, la famille Godefroy doit rencontrer Guillaume Delbar, le maire UMP de Roubaix.

### 4 août 2015

Sur_France Bleu, un reportage sur l'enfer que vivent les habitants honnêtes des quartiers « sensibles ». Les rodéos incessants des voyous en motos et quads jusqu'au milieu de la nuit, les autres sources de tapage nocturne, ne font l'objet d'aucune intervention policière, et ce de façon parfaitement revendiquée de la part des autorités. Le Directeur Territorial de la Sécurité Publique estime que tout vaut mieux qu'un affrontement avec les « jeunes ». C'est ainsi que les habitants, à bout de nerfs, ont beau appeler la police, celle-ci ne bouge pas.

Vous habitez un quartier sans histoire, et vous fêtez votre anniversaire, un peu bruyamment au-delà de 22 h. Un voisin excédé appelle la police. Celle-ci se déplacera, pourra verbaliser, et vous pouvez vous retrouver devant un tribunal de police pour tapage nocturne. C'est suffisamment grave pour qu'en 2007, la loi ait donné aux policiers municipaux et mêmes aux gardes champêtres, la possibilité de verbaliser. Normal : la société n'a rien a à craindre de vous.

Vous habitez un quartier sensible, vous appelez la police parce qu'une d'une bande de voyous pourrit la vie des habitants par ses rodéos motocyclistes, les empêche de dormir tandis qu'eux dormiront paisiblement le lendemain jusqu'à midi : la police a reçu instruction de ne pas bouger. Normal, elle a tout à craindre des suites de son intervention : poursuites, possible accident, émeutes, exploitation politique….

Bien sûr les responsables de l'ordre pour se donner une contenance prétendent que les individus « identifiés » (comment ?) sont convoqués ensuite au commissariat. C'est une sinistre plaisanterie. D'abord ce genre de comportement doit être interrompu immédiatement, comme on le fait pour les honnêtes citoyens dans le même cas, ou alors la loi n'est pas la même pour tous. Ensuite l'identification est pratiquement impossible sans appréhension physique. Enfin les loubards ne répondent pas aux convocations, et la police n'ira pas les chercher pour ne pas déclencher d'émeutes. Et quand bien même ? Il n'y a pas de poursuites, et la convocation se termine par une simple mise en garde.

État de droit ?

*(Article ci-dessous)*

Mardi 04 août 2015 à 05h30

## RODÉO DE DEUX-ROUES DANS LES QUARTIERS : LA POLICE NE PEUT PAS FAIRE GRAND-CHOSE

par France Bleu 107.1, Martine Bréson[4]

Avec l'été et le retour des beaux jours, dans des quartiers de banlieues, certains conducteurs de motos et de scooters s'amusent à rouler n'importe comment dans les rues et sur les trottoirs, parfois jusqu'à 03h00 du matin. Face à ces « rodéo », les riverains et les élus sont démunis. Une note interdit à la police de tenter des pourchasser ces chauffards.

*Rodéo de motos et quads (illustration)* © *Maxppp Claire Guédon*

---

[4] http://www.francebleu.fr/infos/rodeo/rodeo-de-deux-roues-dans-les-quartiers-la-police-ne-peut-pas-faire-grand-chose-2514129

Il y a quelques jours, Michel Vialay, maire UMP de Mantes-la-Jolie dans les Yvelines, a piqué un coup de colère après un énième rodéo. L'élu a mis en cause le ministère de l'Intérieur. Il évoque une « *note* » qui interdit aux policiers de « *poursuivre ces voyous* ».

La préfecture des Hauts-de-Seine confirme qu'il y a une consigne et qu'**il n'est pas question que des policiers pourchassent des deux-roues**. « *Nous appelons nos policiers à ne pas créer des incidents dont le trouble pourrait être supérieur au trouble initial* », explique Jean-Paul Pecquet, le directeur territorial de la sécurité dans les 92. Mais contrairement aux reproches qui sont faits, pour lui, il n'y pas d'inactions. « *Après identification nous procédons à des verbalisations et des convocations dans les services de police* ».

La mairie de Bagneux réagit. Elle estime que depuis le renforcement du dispositif Vigipirate la police est moins présente qu'avant. Elle demande un renforcement des moyens.

« *Ça ne sert à rien d'appeler la police* » : un habitant de Bagneux

Les habitants des quartiers où ont lieu ces rodéos se sentent totalement démunis. Hosman Ba et sa femme habitent à Bagneux depuis 20 ans. Ils sont retraités. Ils vivent au rez-de-chaussée dans une cité de la ville et l'été, leurs nuits tournent vite au cauchemar avec des rodéos quotidiens. « *Ça fait beaucoup de bruit même en pleine nuit. Ça nous empêche de dormir même quand on ferme les fenêtres* ».

Pour les riverains, **faire intervenir la police semble une mission impossible**. Taissa Kitousse n'y croit plus « *Ça ne sert à rien d'appeler la police* ». Elle l'a quand même fait. Des dizaines de fois. Sans succès. « *Ils disent oui, on va vous envoyer une voiture, mais voilà, on ne peut pas, on n'a plus de voiture.*

*Plein de gens font le 17 et on s'aperçoit que les policiers ne viennent pas puisque les rodéos n'arrêtent pas ».*

*Les rodéos empoisonnent la vie des habitants de Bagneux et la police semble impuissante : le reportage de Mariam El Kurdi de France Bleu 107.1. (01'18 »)*

*« On se sent seuls et impuissants » : une habitante de Bagneux*

« Disons que les rodéos viennent en plus de tout le reste » explique Taissa Kitousse, une habitant du quartier qui fait partie d'un collectif qui dénonce les rodéos. « *Entre les dégradations des appartements, le manque d'entretien, tous les encombrants qui ne sont pas ramassés, ces halls qui sont délabrés, ces taches d'essence, on se sent pas respecté ni pris en compte alors que nous payons tous les loyers et des charges. Et en plus il y a un certain nombre de gens qui nous font la misère quotidienne par leurs incivilités. On appelle la police puisque les rodéos de motos il y en a tout le temps. Il y en a jusqu'à deux trois heures du matin, en plus des gens qui sont assis sur les bancs qui se disputent qui s'alpaguent, des entrées qui sont squattées, on se sent vraiment abandonnés. On se sent seuls et impuissants à changer notre condition de vie* ».

<u>2 octobre 2007</u>

Aujourd'hui des députés ont publiquement parrainé à l'Assemblée Nationale des « sans papiers ». Cela veut dire que des élus de la république, ceux-là même qui élaborent la loi, la piétinent ouvertement et le revendiquent. Ils ont fait venir dans l'enceinte de l'assemblée des étrangers en situation irrégulière qui normalement devraient être interpellés par la police et expulsés. Ils leur ont exprimé leur soutien chaleureux et leur ont remis un certificat de parrainage portant le nom de leur parrain-député en leur disant : « si vous avez le moindre problème avec la police, appelez-moi, j'interviendrai ».

L'information n'a été rapportée que de façon discrète par les médias, et elle n'a soulevé aucun tollé d'un bord à l'autre de l'échiquier politique, pas plus qu'au gouvernement.

Un bras d'honneur à l'État de droit donné par ceux qui l'incarnent.

Cérémonie de parrainages de sans-papiers à l'Assemblée nationale

02 octobre 19:32 - PARIS (AFP) - Émus et un peu craintifs, une dizaine de sans-papiers ont reçu mardi le parrainage de députés de gauche à l'Assemblée nationale, dont c'était le jour de rentrée, à l'initiative de Patrick Braouzec (PCF, Seine-Saint-Denis) et du Réseau éducation sans frontières (RESF).

Venus pour la plupart avec leurs enfants, bébés ou adolescents scolarisés, et accompagnés des associatifs qui les soutiennent au quotidien, ces Chinois, Sri Lankais, Maliens... quelque peu intimidés par la solennité du lieu, ont reçu un « certificat » portant la mention de leur parrain ou marraine, élus PS ou PCF.

« S'il se passe quelque chose, vous me faites signe et on fera toutes les démarches avec vous », affirme la députée George Pau-Langevin (PS, Paris) à Aminata Diallo, venue avec sa fille de 9 mois, dont le mari a été expulsé après avoir été arrêté sur son lieu de travail sur dénonciation de son employeur.

« Je m'engage pour aider Mme Diallo à faire revenir son mari et qu'elle reste ici avec ses quatre enfants dont deux sont nés en France », assure la marraine.

« On va se battre pour toi et tes filles », promet pour sa part Michel Françaix (PS, Oise) à Nelly Kalukemba, une femme arrivée en France en octobre 2003 avec ses deux filles, Perside et Tania, scolarisées à Chambly.

A l'issue de la cérémonie, Mme Kalukemba, très émue, confie à la presse : « Je suis vraiment contente, ça me rassure ».

« Vous allez rester dans ce pays », assure Bruno Le Roux (PS, Seine-Saint-Denis) à Navaratnam Anuraj, un tamoul qui, avec sa femme Manogary, ont été arrêtés et torturés au Sri Lanka. « On se bat pour ceux qui veulent rester en France pour étudier mais aussi pour ceux qui veulent rester en vie », explique-t-il tandis que M. Anuraj dit combien la démarche lui « donne confiance dans le fait d'obtenir ces papiers » de réfugiés.

M. Braouzec a souligné la « nécessité d'accompagner ces familles dans des situations très difficiles » malgré « les pressions du ministère de l'Intérieur sur les maires pour les intimer à arrêter toute manifestation de solidarité avec des familles sans papiers ».

Jacqueline Fraysse (PCF, Hauts-de-Seine) a d'ailleurs lu un extrait d'une lettre de mi- septembre du préfet des Hauts-de-Seine, Pierre Bousquet de Florian, à Patrick Jarry, maire PCF de Nanterre, qui avait parrainé des sans-papiers: « vous contrevenez directement à la loi concernant l'entrée et le séjour des étrangers en France et vous devenez pénalement responsable ».

« Préfets ou pas, Hortefeux (ministre de l'Immigration) ou pas, les parrainages continueront », a clamé Richard Moyen de RESF tandis que Claude Bartolone (PS, Seine-Saint-Denis) a dénoncé « la tentation qui pourrait exister de camoufler l'échec d'une politique faite d'inégalités (...) par les chiffres de reconduite à la frontière ».

Jean-Pierre Dubois, président de la Ligue des droits de l'Homme, a vilipendé le texte sur l'immigration examiné au même moment par le Sénat dont certaines dispositions sont, a-t-il dit, « une tâche pour notre pays »

<u>9 mars 2014</u>

Je fais le tri dans mes papiers personnels pour jeter ceux, parfois très anciens, devenus sans utilité. C'est toujours une plongée dans le passé, parfois un bain de nostalgie, avant le coup d'éponge sur la mémoire. Des lettres intimes, de vieilles factures, des bulletins de salaire antédiluviens. Parmi ces derniers, ceux que j'ai perçus comme professeur dans un lycée de la région Rhône-Alpes pendant trois ans, entre 1983 et 1986. Je m'étais trouvé en conflit avec la proviseure qui m'avait fait payer (déjà) ma résistance à l'arbitraire, tandis que mes collègues m'en voulaient parce que ma dignité détonait sur leur passivité (déjà).

Cette année là une grève nationale des lycéens entendait exprimer leur protestation contre un projet de réforme des études. Dans ce lycée, pas de grève encore mais une pétition, des hésitations, y va-t-on, n'y va-t-on pas ? Au début d'un cours dans une classe terminale, deux élèves viennent me voir.

Ils voudraient prendre la parole pour engager un débat sur le projet gouvernemental. Je refuse. Je suis tenu à un devoir de neutralité que j'ai toujours scrupuleusement respecté, et il est exclu qu'un de mes cours soit transformé en assemblée générale. Le lundi 11 mai 1981 au matin, Mitterrand ayant été élu la veille, j'avais pareillement refusé de faire le moindre commentaire devant une classe terminale qui me le demandait, et j'avais fait cours imperturbablement, bien qu'ayant veillé jusqu'au milieu de la nuit, rivé à mon téléviseur puis ma radio, avant de me lever aux aurores pour lire les journaux. Jamais un seul de mes élèves en douze ans d'enseignement n'a pu deviner mes opinions politiques, alors que la vie de la Cité m'a toujours passionné et que j'ai milité une partie de ma jeunesse.

Peu après, la proviseure entre en salle des professeurs et nous apprend que le ministère a envoyé via les rectorats à tous les établissements scolaires, un texte expliquant et justifiant la réforme projetée, les enseignants étant chargés de le lire en classe à leurs élèves ; elle nous remettra donc le lendemain le dit texte.

Ni elle ni aucun des professeurs présents ne voit l'illégalité d'une telle exigence, car contraire au devoir de neutralité évoqué ci-dessus. Je suis le seul à réagir, nettement : il est hors de question que je lise ce texte, d'autant plus après mon refus de donner la parole à ceux qui y sont opposés. La neutralité à sens unique est un oxymore moral, et je ne me déjugerai pas ainsi.

Coup de froid dans la salle. Aucun des présents n'ose me contredire, ni m'approuver. La proviseure, décontenancée et cachant mal son irritation, répond qu'elle applique une circulaire. Certes dis-je, mais elle est illégale et je me fais fort le cas échéant de le démontrer, fût-ce devant une juridiction administrative. Bon, fait-elle, avant de se retirer fort courroucée.

Elle m'en veut parce que j'ai osé dire que je n'appliquerais pas une de ses consignes, même si elle n'en est pas l'auteure directe, et parce que j'ai mis en évidence publiquement (mais le contexte m'a été imposé) sa soumission à une initiative abusive du ministère. Mes collègues eux, m'en veulent parce que j'ai eu le courage qui leur a fait défaut.

Le texte ne sera pas distribué dans ce lycée, la proviseure n'ayant pas osé le faire après notre échange. Cela m'étonne puisque elle nous avait affirmé que cela émanait du rectorat. S'agissait-il en réalité d'une initiative plus informelle d'origine douteuse ? Je ne devais jamais le savoir, mais je n'allais pas tarder à connaître les conséquences de ma résistance.

Quelques jours plus tard, j'apprends que certains de mes collègues qui avaient assisté penauds à la scène, (et qui grâce à moi n'auront pas à se déshonorer devant leurs élèves) racontent que j'ai eu une attitude « primaire ». Exactement ce que diront plus tard mes confrères du barreau placés dans des situations identiques. Je venais de découvrir que le mouton de panurge se drape toujours dans la cape de l'intelligence, de la finesse, de la psychologie, tandis que celui qui lui tend (involontairement) un miroir se voit affublé du bleu de chauffe de la grossièreté.

Quant à la proviseure, elle attendait la rentrée suivante pour exercer ses représailles, surtout après l'autre acte de résistance dont j'allais me rendre coupable, et que voici relaté.

Nous sommes en plein hiver et il gèle. Dans les salles de classe, les radiateurs sont inexplicablement tièdes, et nous devons tous rester habillés comme à l'extérieur. Allez donc enseigner dans ces conditions, et essayer de motiver des élèves dont la capacité d'attention doit être constamment nourrie. Je m'informe : la direction du lycée a décidé de chauffer le moins possible pour économiser l'énergie. À ce point c'est inacceptable. Je propose à mes collègues d'aller voir la proviseure pour protester. Ils tergiversent : une réunion syndicale est prévue dans quelques jours, on va en parler. Quoi ? Attendre une hypothétique réunion, des palabres, des précautions partisanes (la proviseure étant réputée proche de ce syndicat) pour résoudre un petit problème concret, urgent, qui pourrait être traité dans l'heure ? Je demande à plusieurs d'entre eux s'ils sont prêts à se rendre avec moi dans le bureau directorial, tous regardent ailleurs. Soit, j'agirai donc seul.

Le lendemain matin j'arrive en cours avec un thermomètre et je le pose pendant ma première heure de cours ; il fait 14 °. Puis je me rends au secrétariat (où il fait bon) et demande à voir la proviseure. Elle est absente me dit-on, que peut-on faire pour moi ? J'expose le problème, et la secrétaire me demande de repasser en fin de matinée, ce que je fais. L'important personnage me fait attendre un temps suffisant pour marquer la prétendue hiérarchie qui nous sépare, puis me reçoit fraîchement si j'ose dire.

D'emblée elle semble mal à l'aise. La secrétaire lui a exposé l'objet de ma demande et elle se sait difficilement défendable, mais elle fait mine de me prendre de haut. Elle n'a pas oublié la rebuffade subie (à mon corps défendant) à propos de sa circulaire, et voilà le même insolent qui voudrait lui en infliger une autre. Telle n'est pas mon intention, mais devant son attitude obtuse je dois menacer : si le chauffage n'est pas rapidement rétabli, je ferai appel à un huissier pour faire un constat, et donnerai à l'affaire la suite qu'elle mérite. Elle sait que de par ma formation les arcanes de la justice n'en sont pas pour moi, et je la vois ébranlée. Je vais voir dit-elle, du ton qu'on a quand on est contraint d'aller à Canossa.

L'après-midi même il faisait chaud partout. Certains m'en surent gré, mais ceux qui s'étaient défilés me haïrent un peu plus. Et la proviseure peaufinait sa mesquine vengeance.

Rentrée scolaire suivante. Tous les enseignants prennent connaissance de leur emploi du temps, préparé pendant l'été par le proviseur et son adjoint, le censeur. Parmi les différents impératifs qu'ils prennent en compte habituellement (nécessités pédagogiques, disponibilité des salles…) il y le souci de ne pas trop étaler le temps d'enseignement hebdomadaire du professeur. Ce dernier est ravi quand il a des horaires groupés, par exemple quatre heures de cours le matin et rien l'après- midi, ou encore toute une journée sans cours. Bien entendu cela ne peut pas être là la préoccupation majeure guidant l'établissement de l'emploi du temps, mais quand elle est totalement absente, cela se voit.

Justement. Le mien, pour la première fois est une véritable horreur. La proviseure a fait en sorte que je sois obligé de venir tous les jours de la semaine, et de rester dans l'établissement pratiquement toute la journée. Par exemple j'ai une heure le matin à 8h 30, une heure l'après-midi à 13h 30, puis une autre à 16 h30, la proviseure sachant que j'habite à 60 kms de là et que je ne peux donc pas bouger. Et cela tous les jours de la semaine.

Jamais en douze ans je n'aurai eu un tel emploi du temps. Il est tellement caricatural que je l'affiche en salle des professeurs, où tout le monde admet d'une manière ou d'une autre que l'intention de son auteure est patente. Toute l'année je vais en subir les conséquences. Trajet de 120 kms tous les jours. Difficulté à travailler entre les cours car il n'y a pas toujours une salle disponible pour s'installer, ou alors provisoirement, et la salle des profs avec son va et vient incessant ne le permet pas.

Rentrée le soir dans les bouchons, coucher tard le soir pour préparer les cours, d'où épuisement physique rapide, avec dégradation subséquente de la qualité du travail. Qu'importe à la médiocre fonctionnaire qui en est responsable, du moment qu'elle tient sa vengeance.

Je découvrais avec une dizaine d'années d'avance ce qui m'attendait au barreau.

◆

Mai 2014

# Petits arrangements entre le pouvoir et les personnalités au sujet de leurs impôts.

## Jean-Marie Bigard au cœur d'une polémique, il s'excuse ![5]

Vendredi 02 Mai 2014

Jean-Marie Bigard s'est retrouvé au cœur d'une polémique ce jeudi 1er mai. L'humoriste a expliqué avoir eu un traitement de faveur quant à ses impôts lorsque Michel Charasse était encore Ministre. Une information que Jean-Marie Bigard a fini par démentir et a tenu à s'excuser. Non-Stop People fait le point sur l'affaire.

Jean-Marie Bigard a créé la polémique en dévoilant sur France Inter, jeudi 1er mai, qu'il avait eu droit à un traitement de faveur concernant les impôts. Il a expliqué qu'en échange de représentations dans 'un truc socialiste', Michel Charasse, ancien ministre du Budget, pouvait arranger les artistes. *« Charasse était plutôt assez sympa avec les artistes. Il disait, si vous avez un problème d'impôt : « Vous pouvez jouer au truc socialiste ? Quand il y a une réunion de machin... Et ça aussi vous pouvez le faire ? » Et puis il prenait la feuille et la*

---

[5] http://www.non-stop-people.com/actu/politique/jean-marie-bigard-au-coeur-dune-polemique-il-sexcuse-video-59061

*déchirait »* explique Jean-Marie Bigard. Le journaliste Philippe Vandel étonné lui demande alors *« Non, Michel Charasse réglait les problèmes d'impôts des artistes ? »* Ce à quoi répond l'humoriste *« Mais bien sûr, c'est très connu. Mais cela n'existe plus maintenant »*.

Ces propos auront mis seulement quelques minutes à faire le tour de la toile. Jean-Marie Bigard, joint par nos confrères du journal Le Parisien, a démenti ses propos. *« Charasse n'a jamais déchiré ma feuille d'impôt puisque ça remonte à trente-cinq ans et qu'à l'époque, je débutais seulement ma carrière. C'est une anecdote qui circule dans le métier et qu'on m'a racontée, mais je ne l'ai pas vécue personnellement. Et ne comptez pas sur moi pour balancer : je ne vous dirai pas quels artistes cette pratique a concernés »* rapporte le journal. L'ancien ministre du Budget et maintenant membre du Conseil Constitutionnel, Michel Charasse a démenti avoir déchiré la feuille d'impôts mais explique quels types d'arrangements avaient lieu à l'époque. *« C'est totalement faux. Ce type de pratiques n'a jamais existé »*. *« Un traitement de faveur pour les personnalités, artistes mais aussi sportifs ou syndicalistes, souvent négligentes avec leurs déclarations de revenus »*.

Michel Charasse a ensuite expliqué *« J'avais donc demandé à mes services de ne rien faire sans m'en parler. Je convoquais alors directement l'intéressé pour trouver un arrangement, un délai de paiement supplémentaire, une remise de pénalité. Je n'ai jamais reçu d'instructions de François Mitterrand ou de Jack Lang. C'est moi qui ai mis en place ce système. Je ne voulais surtout pas de scandale public »* précise France Inter.

Plus tard dans la journée, Jean-Marie Bigard a adressé ses excuses à l'AFP. Il explique *« Je regrette d'avoir dit que Michel Charasse déchirait les feuilles d'impôt. Je n'aurais pas dû colporter cette rumeur qui se racontait à l'époque. Je présente vraiment mes excuses sur ce point à Michel Charasse. Il a bien raison de dire que c'est faux et con. Je n'ai jamais dit que Charasse avait traité un de mes dossiers. Simplement évoqué ce que Michel Charasse reconnaît : il y a 35 ans, il y avait effectivement des vedettes très connues qui pouvaient arranger leurs problèmes d'impôts, notamment en obtenant des délais ».* Jean-Marie Bigard devrait réfléchir à deux fois avant de faire une nouvelle fois ce genre de blague à l'antenne.

Par hinde

◆

## L'EX-SOUS-PRÉFÈTE DE GRASSE MISE EN EXAMEN POUR CORRUPTION

Par 20minutes.fr : 2013-10-10[6]

**SOCIÉTÉ - Tout comme son mari...**

L'ancienne sous-préfète de Grasse (Alpes-Maritimes), Dominique-Claire Mallemanche, et son mari ont été mis en examen jeudi pour « corruption passive » et « trafic d'influence », a indiqué le procureur de Nice, Éric Bedos.

Une troisième personne était encore entendue par une juge d'instruction en fin de journée dans le cadre de la même affaire, a ajouté le procureur.

**Interdit d'entrer en contact avec son époux**

Dominique-Claire Mallemanche, une énarque de 56 ans, a occupé le poste de sous-préfète à Grasse entre mars 2011 et février 2013.

---

[6] http://fr.news.yahoo.com/lex-pr%C3%A9f%C3%A8te-grasse-mise-examen-corruption- 152621882.html

Elle est sortie libre du tribunal sous un contrôle judiciaire strict, avec interdiction d'entrer en contact avec son mari ou avec la troisième personne impliquée.

### 29 août 2015

Fusillade dans la « communauté des gens du voyage » comme dit la presse. Quatre morts, trois blessés, dont un nourrisson. Plusieurs personnes impliquées sont placées en détention provisoire. Parmi celles-ci, le fils de l'une des victimes, qui pour assister aux funérailles de son père, fait une demande de liberté provisoire, ainsi que son cousin, liberté refusée par le juge, hier vendredi 28.

Aussitôt la communauté, sachant par expérience que la force paye, bloque dans les deux sens l'autoroute A1, l'une des plus fréquentées d'Europe, en une période cruciale : fin de semaine, fin août. Si elle se maintient, ce sera l'asphyxie du trafic sur des dizaines de kms. Les contestataires n'ont pas lésiné sur les moyens : arbres tronçonnés, incendies sur les voies.

Un état de droit aurait aussitôt dégagé les lieux par la force, et la justice serait restée inflexible. Or que voit-on ? Un préfet qui sans doute sur ordre « engage le dialogue » pendant que la Cour d'Appel se réunit pour examiner en urgence l'appel formé par le détenu, comme si l'indulgence de celle-ci ne faisait aucun doute, et qu'il s'agissait donc uniquement de contenir quelques heures les mécontents.

Pendant ce temps, la circulation est détournée, des milliers d'automobilistes français et étrangers se perdent dans la nuit, et les forces de l'ordre observent passivement le spectacle. Belle image que donne la France aux touristes qui veulent rentrer chez eux.

Ce matin samedi, comme prévu l'état cède. La Cour d'Appel infirme la décision précédente, et autorise la sortie provisoire du détenu. Si l'ordre public avait été rétabli auparavant, cet arrêt aurait été moins suspect. Dans les circonstances actuelles, c'est une capitulation en rase campagne de l'état, dit de droit. La force a encore fait sa loi.

*(Articles ci-dessous)*

## Autoroute A1 : la circulation interrompue toute la journée dans la Somme

Par lefigaro.fr[7]

Publié le 29/08/2015 à 09:22

Des manifestants ont bloqué à partir de vendredi soir cet axe important pour lever leur barrage peu avant midi samedi. La chaussée restera cependant impraticable jusqu'à dimanche. Ils réclamaient la libération temporaire d'un homme pour que celui-ci assiste à l'enterrement de son père, abattu dans la fusillade de mardi, à Roye.

Une scène surréaliste. L'autoroute A1, l'une des plus fréquentées d'Europe, surtout en cette période de retour de vacances, est restée bloquée pendant de longues heures, de vendredi soir à samedi midi, moment où le barrage commençait à être levé. L'axe était occupé, dans les deux sens au niveau de Roye, dans la Somme, par une soixantaine de manifestants issus de la communauté des gens du voyage. Cependant, à cause des dégâts sur la chaussée, l'autoroute

---

[7] http://www.lefigaro.fr/actualite-france/2015/08/29/01016-20150829ARTFIG00021-l- autoroute-a1-bloquee-par-les-gens-du-voyage.php

devrait rester bloquée toute la journée, selon la Gendarmerie nationale.

Les gens du voyage réclamaient qu'un homme, actuellement en prison, puisse assister aux funérailles de son père, abattu lors de la fusillade de mardi qui a fait quatre morts et trois blessés. La cour d'appel d'Amiens lui a autorisé cette sortie, prévue pour le 31 août.

La situation est restée « tendue » tout au long de l'occupation de l'autoroute, selon la préfecture de la Somme. Les forces de l'ordre ne sont pas intervenues. « On essaye d'être pragmatiques pour éviter un effet boule de neige […] Le but est de contenir les manifestants sur l'autoroute et au niveau du rond-point » devant le camp, confiait un porte-parole. La préfecture préférait « poursuivre le dialogue » avec les manifestants.

Ces derniers ont pourtant agi depuis vendredi soir avec la manière forte. Outre les feux de pneus et de poubelles, ils ont amené des tronçonneuses, coupant des arbres pour alimenter les feux qui barrent l'autoroute. Le tout sous le regard médusé de touristes.

Des déviations avaient été mises en place pour désengorger le trafic. Du fait de ces déviations, une grande partie du réseau secondaire a été également saturé durant la nuit, laissant de nombreux touristes livrés à eux-mêmes en pleine campagne.

## BLOCAGE DE L'A1 : REPRISE PROGRESSIVE DU TRAFIC[8]

---

[8] http://www.lesechos.fr/politique-societe/societe/021289114064-la1-bloquee-par-des-gens-du-voyage-apres-la-fusillade-de-roye-1148665.php

La circulation s'acheminait vers un retour à la normale sur l'autoroute A1 samedi soir, après avoir été fortement bloquée par des gens du voyage.

Samedi soir, la circulation était presque revenue à la normale après avoir été fortement perturbée en raison des dégâts provoqués par des barrages érigés par des gens du voyage au niveau de Roye dans la Somme.

Dans le sens Lille-Paris, vers 14h30, une voie « a été rendue à la circulation, ensuite (une) entreprise extérieure a raboté et balayé les chaussées (les deux autres voies) avant d'y appliquer un nouvel enrobé », a expliqué la Sanef, gestionnaire de l'autoroute, ajoutant que vers 21h00, « les deux dernières voies seront rendues à la circulation également ».

Vers 20h00, on comptait un embouteillage de 2 km environ là où la chaussée a été endommagée par les gens du voyage, a fait savoir le CRICR (Centre Régional d'informations et de coordination routière). Dans le sens

Paris-Lille, les trois voies ont été rouvertes « vers 19h30 », a indiqué la Sanef.

## **Blocage de vendredi soir à samedi midi**

À midi, les membres de la communauté des gens du voyage avaient quitté les lieux, laissant la place aux pompiers qui aspergeaient de la mousse sur la chaussée, très dégradée, sur les six voies de l'une des autoroutes les plus fréquentées d'Europe, en cette journée rouge de retour de vacances.

Vendredi soir, la soixantaine de manifestants avaient commencé à ériger des barrages au niveau du péage de Roye en brûlant sur la chaussée, puis aux alentours de l'A1, des pneus et des palettes avant d'alimenter le feu avec des poubelles ou des arbres qu'ils avaient tronçonnés.

## **Décision de justice favorable**

Cette manifestation survient quatre jours après qu'une fusillade a éclaté dans un camp voisin faisant quatre morts, dont un gendarme et un bébé, et trois blessés. Les gens du voyage ont décidé cette action spectaculaire pour contraindre les autorités à accepter que le fils d'une des victimes de la fusillade, actuellement incarcéré à la maison d'arrêt d'Amiens puisse assister aux funérailles de son père, lundi.

Samedi dans la matinée, la Cour d'appel d'Amiens avait infirmé la décision prise la veille par le juge d'application des peines qui avait refusé une sortie provisoire du détenu âgé 26 ans. « La Cour a finalement autorisé la sortie sous escorte de 08h00 à 18h30 » du fils incarcéré, ainsi que de son cousin, incarcéré « pour les mêmes faits », a affirmé le secrétaire général du parquet général.

## **Critiques politiques**

Dans un courrier envoyé à Manuel Valls et aux médias, Xavier Bertrand, candidat Les Républicains pour les régionales en Nord-Pas-de-Calais/Picardie, a demandé au Premier ministre de « rendre toutes les dispositions pour que des sanctions exemplaires soient prises à l'encontre des auteurs de ce blocage ».

« Autoroute A1 bloquée : une fois de plus un gouvernement dépassé, impuissant, indigne ! », a écrit Marine Le Pen sur son compte twitter, également candidate à la région.

Source AFP.

# VIE QUOTIDIENNE DE L'AVOCAT

## ...DE LA RÉALITE AU MYTHE

### Avril 1991

Nous nous étions perdus de vue depuis 20 ans. Il m'a appelé un jour pendant que je travaillais à mon cabinet : « c'est Michel Z... tu te souviens de moi ? ». Michel Z ! Et comment que je m'en souviens. Une bouffée d'adolescence venait de surgir du téléphone. Notre bande de copains du « Spécial », le bistrot de quartier où nous nous retrouvions à toute heure. Nos virées dans les discothèques de la région, qui n'étaient pas encore des usines à danser avec D.J. professionnels. Nos premiers émois, avant la pilule et l'avortement , la pornographie et le sida. Nos petites querelles. Les mensonges que nous préparions ensemble à l'intention de nos parents, quand nous avions dépassé la permission de 22 h, ou de minuit.

Michel Z.

Chacun avait fait sa vie. J'étais parti m'installer à LYON, et lui-même y avait été muté depuis peu par sa compagnie d'assurance où il avait une fonction commerciale. Ayant appris que nous étions dans la même ville, il avait cherché mon numéro sur l'annuaire et me proposait de dîner ensemble. Comment résister ?

A la terrasse de ce petit restaurant du vieux quartier Saint Jean, celui que je préfère, l'air est doux et les bruits de la ville nous parviennent étouffés... Les premières phrases ont été laborieuses, comme toujours en pareil cas. Tu n'as pas changé, toi non plus. Ça me fait sacrément plaisir de te revoir, moi aussi. Puis très vite, nous nous sommes retrouvés, et nous sommes intarissables. As-tu eu des nouvelles de Pierre X ? Qu'est devenue Myriam Y ? Et te rappelles-tu ce fameux jour où...

Rires et nostalgie, vin blanc et parfums printaniers se conjuguent pour faire de ces retrouvailles un des bons moments de l'existence.

C'est au café qu'il aborda le sujet. Nous avions bien sûr évoqué nos situations professionnelles et il m'avait fait parler de mon activité au barreau, l'air de ne pas y toucher. Après un silence, il osa une proposition dans notre intérêt commun. En tant que commercial, il recherchait tous les moyens de contact auprès d'une clientèle potentielle. Et toi en tant qu'avocat tu as beaucoup de relations n'est-ce pas ? Tu me donnerais donc les nom, adresse et téléphone de chacun de tes clients afin que je les démarche en me recommandant de toi, et à chaque souscription de contrat, je te verserais un pourcentage.

Il me fallut quelques secondes pour me remettre. Il me considérait comme un commerçant, ayant en stock des clients-marchandises dont je pouvais disposer à ma guise. Je dus lui expliquer qu'un avocat a une déontologie. Que si je faisais cela, je me retrouverais en peu de temps devant un Conseil de discipline. Que le revenu qu'il me proposait serait totalement illégal pour moi. comme pour lui. Qu'en outre mes clients n'apprécieraient évidemment pas d'être importunés, (je n'employai pas le mot) par un démarcheur grâce à mes bons soins. Et enfin je choisis mes mots pour lui faire comprendre combien une telle proposition était absurde autant qu'immorale.

Quelque chose s'est éteint dans ses yeux. , et je réalise quel était le véritable but de cette soirée. Nous changeons de sujet, mais le cœur n'y est plus. Nous cherchons de part et d'autre à masquer notre déception sous des propos légers, mais les blancs entre deux phrases se prolongent. Il est temps de partir. Il m'invite bien sûr, le contraire serait encore plus gênant pour lui. C'est promis, on se rappelle. Je ne l'ai jamais revu.

### Décembre 1991

Élection Bâtonnier M. contre R.

Ce soir, élection du prochain bâtonnier de MELUN, qui prendra ses fonctions en janvier prochain. « L'assemblée générale élective » a lieu à la Maison de l'Avocat, et c'est dans un petit barreau comme le nôtre un moment à la fois sérieux et convivial. Il est de tradition qu'après la proclamation du résultat, tous les confrères se retrouvent autour d'un buffet, une poignée d'irréductibles allant parfois prolonger la soirée au restaurant, voire en discothèque pour les plus jeunes.

Deux candidats sont en lice pour succéder à J.P.F. qui termine son premier mandat. À ma droite, Jean M. Notable de la ville dont il fut maire, il est aussi un ancien Avoué. Son fils et sa fille sont ses associés, et leur cabinet est l'un des premiers du barreau, tant historiquement que par le chiffre d'affaires.

À ma gauche Gilles R. Titulaire d'un cabinet individuel, lui aussi installé depuis longtemps et proche de la retraite comme son concurrent. Franc-maçon et « progressiste », raide de tempérament et de maintien. D'une susceptibilité d'écorché, l'humour rare et grinçant, il exhale le mal-être. Il pontifie volontiers avec une emphase comique. Il méprise celui qui fait moins bien que lui, et jalouse celui qui fait mieux : une conception saine des relations humaines comme on le voit.

Alors que son manque de charisme est évident, il a décidé avant de mettre un terme à sa carrière, d'être bâtonnier de ce barreau de quelques dizaines d'avocats, et prend cet évènement très au sérieux.. Il a fait campagne comme s'il s'agissait d'une échéance capitale pour lui et nous. Soudain souriant et avenant, il a un mot aimable pour tous, ce qui ne lui ressemble guère. Alors qu'avec un confrère j'étais dans un restaurant proche du Palais à l'heure du déjeuner, il est entré et nous voyant, a tenu à régler notre addition.

Entre la peste et le choléra, mon choix est fait : je voterai blanc.

Pour être élu au premier tour de scrutin, un candidat doit recueillir plus de 50 % des suffrages. Ni M. ni R. n'ayant obtenu ce résultat, un deuxième tour a lieu, et celui qui arrivera en tête sera élu.

Le bâtonnier en titre donne le nom du vainqueur. C'est M. Ses partisans applaudissent selon l'habitude. Alors se produit une manifestation de médiocrité de son adversaire qui me laisse pantois. R. se lève et d'un ton fielleux lance à l'adresse de M. : *« je remercie les anciens avoués qui ont voté pour toi ! »,* avant de se rasseoir le visage haineux. Quelques secondes de silence gêné, longues comme des heures s'écoulent avant que JPF se ressaisissant, ne nous demande d'applaudir aussi R., ce que nous faisons bien que ce ne soit pas l'usage.

Pour mettre fin à ce moment pénible, JPF nous invite à nous rendre à l'étage inférieur où le buffet est dressé. R. en profite pour s'éclipser sans saluer personne. Le malaise causé par sa réaction n'est pas dissipé et les conversations ont bien du mal à reprendre.

Les jours suivants, le candidat (doublement) malheureux ne reparaît pas au Palais. Il envoie systématiquement son collaborateur plaider à sa place pendant deux semaines. Le bruit court qu'il a subi un infarctus.

Le mythe de l'avocat chevaleresque n'a pas reçu là sa meilleure illustration. Combien d'autres mythes vais-je voir s'effondrer ?

## 1994

Un client que j'assiste dans sa procédure de divorce m'a demandé rendez-vous. Nous nous sommes pourtant vus il y a peu. Y aurait-il un élément nouveau ? En face de lui, j'attends ses questions ou ses informations. Or nous ne faisons qu'aborder à nouveau les points déjà connus de lui, et je m'étonne *in petto* de cette demande de rencontre apparemment sans objet. Il insiste toutefois sur sa situation professionnelle : il a été licencié il y a plusieurs mois (je le savais) et a du mal à retrouver un emploi. 52 ans, ex-cadre dans une entreprise d'aéronautique, ce n'est visiblement pas facile. Et soudain, il se lance : *« vous ne pourriez pas me trouver du travail ? »*. Et devant mon air interloqué : *« avec vos relations... »*. Je pousse intérieurement un soupir de lassitude, et dois lui expliquer que non, je ne peux malheureusement rien pour lui, mais bien sûr si une opportunité venait à ma connaissance...

Fort heureusement c'est à lui que cette opportunité se présentera peu après, en sorte que je n'aurai pas à faire les frais de sa déception. Mais le statut de l'avocat a chuté d'un degré dans l'échelle de son admiration.

## 1995

Je viens de terminer un rendez-vous avec une cliente et la raccompagne. Deux minutes à peine plus tard, elle sonne à ma porte comme j'étais juste devant. J'ouvre, elle me tend quelque chose : « regardez ce que j'ai trouvé sur mon pare-brise ! ». Je regarde : c'est un P.V. pour infraction aux règles du stationnement, en l'occurrence dépassement du temps alloué par le parc-mètre. Elle a donc une amende à payer. Elle me regarde sans rien dire d'autre, semblant attendre quelque chose de moi.

Je comprends. Elle croit que je vais lui répondre : pas de problème, laissez le moi, je vais vous le faire « sauter ». Je lui dis en cachant mon agacement, que je n'ai strictement aucun pouvoir dans ce domaine, et que je paye moi-même comme tout le monde mes amendes. Son visage exprime d'abord l'incrédulité, puis la déception. Elle s'en va après m'avoir remercié pour la forme, et je me demande ce qu'elle pense : est-elle déçue par l'impuissance des avocats à lui obtenir un passe- droit, ou par *mon* impuissance, supposant que je ne suis pas un « bon avocat » ? Je ne le saurai jamais.

Cette demande d'intervention en matière d'amende forfaitaire n'est pas rare. Puisque nous sommes « dans la justice » n'est-ce pas ? Il ne vient pas à l'idée de nos solliciteurs que si une telle faveur allait de soi, une part importante de la population échapperait à la loi : non seulement tous les avocats, magistrats, policiers, fonctionnaires de l'administration judiciaire, mais aussi leurs familles, leurs amis, leurs clients...

Par la suite je noterai dans nos rapports une imperceptible désinvolture, comme si j'avais reculé d'une place dans la considération qu'elle me portait. Évidemment, je ne suis pas le personnage au bras long qu'elle imaginait.

## 1995

J'exerce individuellement au centre-ville et je n'ai pas le temps de rentrer déjeuner chez moi. Je me rends donc tous les jours dans tel ou tel petit restaurant, pizzeria, self-service... Parfois je suis accompagné d'un confrère, d'un(e) client(e) que j'ai invité, d'un(e) ami(e). La plupart du temps je suis seul, et la rapidité du service est l'un des critères guidant mon choix.

Justement un jour, en m'éloignant un peu, je repère un établissement que je ne connaissais pas encore, visiblement récent. La carte affichée à l'extérieur me convient, il y a peu de monde. Entrons. J'en ressors satisfait peu après, et reviens plusieurs fois de suite.

Ce jour-là je m'attardais après le café parce que la pluie commençait à tomber. J'échange des banalités avec le patron sur les caprices de la météo, lui dis que par chance je ne vais pas loin.

« Vous êtes VRP ? » me demande-t-il, comme si le costume-cravate et le restaurant à midi étaient réservés à cette profession. Non, lui dis-je, avocat. « Ah vous êtes avocat ! », me dit-il, avec un intérêt évident. Suivent quelques truismes sur le métier, heureusement interrompus par une nouvelle commande à prendre. Je m'en vais.

Le lendemain, il m'accueille avec un sourire plus large que d'habitude. Après que j'aie commandé, j'ai la surprise de le voir m'apporter un petit verre : « offert par la maison » me dit-il aimablement. Je remercie. Désormais, j'aurai mon apéritif à chacune de mes visites, et un service légèrement plus empressé que la moyenne.

Puis imperceptiblement, l'ambiance se refroidit. Le petit verre disparaît, le service redevient standard. En levant les yeux je vois parfois le patron me regarder avec une froideur presque suspicieuse. Il ne me faudra pas longtemps pour comprendre. Un avocat est bourré de relations, comme chacun sait. Dans ce petit restaurant qui vient d'ouvrir et cherche à se constituer une clientèle, je suis forcément un rabatteur de choix. Or je reviens seul à chaque fois. Suis-je vraiment avocat ? Est-ce que je ne l'ai pas fait marcher ?

J'ai changé de restaurant.

## 2002

Nous nous sommes connus et vus à plusieurs reprises chez des amis communs. La dernière fois nous avons parlé d'un spectacle qui se donne en ce moment au Palais des Sports d'une ville de la région parisienne. Elle est libre, moi aussi. Nous avons décidé d'y aller ensemble. Rendez-vous Samedi à 19 h sur place, et après le spectacle nous irons dîner à Paris.

J'avais oublié une chose : le boulevard périphérique de la capitale le samedi à cette heure est bondé. Je suis en retard. Je l'appelle sur son téléphone portable pour lui dire que je suis bloqué aux alentours de la Porte d'Italie. Pas de problème me dit-elle, j'attends et je te garde une place de parking.

Et elle coupe, du moins le croit-elle. Car avant que j'aie pu faire de même, je l'entends parler avec un tiers. Elle a dû mettre son téléphone dans sa poche, ou le garder dans sa main, en ayant mal appuyé sur la touche d'interruption. Et voici ce que j'entends après un début confus : *« mais non monsieur, je vous dis que la place est prise ! J'attends quelqu'un ! Oh mais c'est pas vrai ! »* Suivent des propos inaudibles, et enfin la phrase qui tue : *« je vous préviens, la personne que j'attends, c'est un avocat ! ».*

Je ne peux m'empêcher de lâcher un juron. Est-on plus sotte ? Elle ne m'avait pourtant pas fait cette impression jusque-là. Non seulement l'autre a parfaitement le droit de se garer car les places de parking ne se réservent pas, mais quand bien même il n'en aurait pas le droit, que pourrais-bien faire sur place pour l'en empêcher ? Rien évidemment, sauf m'y opposer physiquement comme n'importe qui. Et je ne pourrais ensuite qu'engager une procédure judiciaire si cela m'a causé un préjudice, avec les délais et aléas que cela suppose.

Mais bien sûr elle est persuadée comme beaucoup que je dispose de pouvoirs indéterminés, de relations redoutables qui interviendront à l'instant (comment, mystère), voire que je peux faire appel à la force publique.

À mon arrivée, elle me dit qu'elle m'avait trouvé une place, mais qu'un « abruti » la lui a prise. Je ne fais pas de commentaire.

## 2000

C'est un confrère qui n'est pas plus agressif que la moyenne, n'a pas spécialement mauvais caractère, bref, plutôt de bonne composition. Un soir dans un piano-bar, le pianiste l'aborde et lui parle musique, faisant l'éloge de son instrument préféré. *« Personnellement, lui dit le confrère R. je vous avoue ne pas raffoler du piano »*. *« Quoi*, lui rétorque celui-ci, *vous n'aimez pas le piano ! Alors vous êtes un con. »*.

Plus d'un aurait réagi de manière peu diplomatique. R se contente de lui dire, le moment de surprise passé : *« si je suis un con, alors vous, vous êtes un minable »*. C'est tout.

Quelque temps plus tard, l'avocat reçoit du Bâtonnier la lettre-type : *« Mon cher Confrère, ci-joint la lettre que je reçois de*

*M. Untel. Je vous remercie de bien vouloir me faire part de vos observations ».*

Le pianiste, estimant avoir été injurié (c'est un comble), et ayant appris que cela venait d'un avocat, a déposé plainte auprès du Procureur de la République d'une part, du Bâtonnier d'autre part. Le premier était sollicité en vue de poursuites pénales, le second à des fins de poursuites disciplinaires. Cela supposait dans ce dernier cas, que le propos tenu par notre confrère *(« minable »)* puisse être considéré comme un « manque de délicatesse ». Si le bâtonnier en décidait ainsi, il pouvait renvoyer l'avocat devant le Conseil de discipline.

Un bâtonnier qui n'éprouve aucun plaisir à dominer ses confrères aurait spontanément répondu au plaignant que le fait rapporté, afférent à la vie privée de l'avocat et parfaitement anodin, ne constituait nullement un manquement à la déontologie. Personnellement j'aurais ajouté une formule pour faire comprendre à mon correspondant le caractère abusif de ce genre de plainte.

Mais celui en exercice aime apparemment le pouvoir. A-t-il en outre une dent contre ce confrère en particulier ? Je l'ignore. En tout cas il ne trouve pas indécent de lui demander des comptes comme un *pater familias* à son fils mineur : *« Qu'est-ce que j'apprends ? Tu n'as pas été poli avec M. Untel ? »*

Si l'avocat, trouvant humiliant d'être ainsi infantilisé, ne répond pas, il commet une faute : dans chaque Barreau le Règlement Intérieur prévoit que l'absence de réponse au Bâtonnier est un motif de poursuites disciplinaires.

Notre confrère, tel un gosse, a donc dû expliquer à son papa-bâtonnier dans quelles conditions il a été amené, un soir, dans un cadre privé, à tenir un propos qu'un autre a abusivement qualifié d'injure.

Bien sûr l'affaire en est restée là et ni le Parquet ni le Bâtonnier ne lui ont donné la moindre suite. Le contraire eût été hallucinant. Mais la simple obligation pour un avocat de devoir se justifier en pareil cas suffit à démonétiser sa prétendue indépendance, et ridiculiser ses supposés pouvoirs.

## Juin 1997

Le nouveau Palais de Justice de MELUN devrait avoir été livré depuis déjà deux ans. L'ancien, dans lequel nous nous trouvons, est trop petit, peu fonctionnel, et tout le monde attend avec impatience les nouveaux locaux, qui nous permettront aussi de quitter le centre-ville, où le stationnement est impossible.

Depuis 1995 on ne cesse de reporter la livraison de semestre en semestre. Une idée de plaisanterie me vient à l'esprit en feuilletant un magazine. Dans une page de publicité pour le tourisme en Égypte, je découpe une momie. Je la colle sur une feuille blanche, et je mets une phrase dans une bulle dirigée vers le visage de la momie, comme dans les bandes dessinées. Je lui fais dire : *« Est-ce que le Palais de Justice de Melun est toujours en construction ? »*.

Puis je scotche la feuille sur le panneau d'affichage à l'Ordre des Avocats et je travaille sur une petite table à côté.

Tous les confrères qui passent s'esclaffent. Comme je suis devant, on m'interroge et je reconnais être l'auteur.

Le lendemain la feuille a disparu. La secrétaire de l'Ordre, gênée m'avoue : « un membre du Conseil de l'Ordre m'a demandé de l'enlever ». Un confrère présent à ce moment m'attire dans un coin et me dit : « dès qu'ils ont su que ça venait de toi, ça a commencé à gueuler ».

Anecdote parfaitement révélatrice. Ceux que je combats n'ont de cesse de me présenter comme un homme de Cro-Magnon. Donc je ne dois pas avoir d'humour, et plus généralement rien de ce que je dis ou fais ne doit être positif. Je suis trop dangereux pour eux. Il faut donc absolument me réduire au silence et me dépeindre sous un jour aussi défavorable que possible : caractériel, asocial, intellectuellement limité.

Cette image inventée de toutes pièces me met hors de moi, mais je ne dois pas le montrer sous peine de la justifier. Jusqu'à quand ?

### 23 Décembre 1999

Comme chaque année certaines greffières des tribunaux attendent que les avocats leur témoignent leur sympathie ou leur reconnaissance par les sacro saints chocolats.

Encore une pratique qui me semble choquante et par rapport à laquelle je me singularise.

Les greffières sont des fonctionnaires assurant le fonctionnement des tribunaux, et elles sont pour ce faire en contact permanent avec les avocats qui les sollicitent dans l'exercice de leurs fonctions : elles rechercheront un dossier demandé par l'avocat, lui donneront le jugement rendu par le magistrat, un renseignement sur un dossier etc..

Comme tous les fonctionnaires, elles manifestent un zèle variable dans l'exécution de leur travail, qui peut dépendre (mais pas forcément) de leur sympathie pour l'interlocuteur. Un avocat qui est pris en grippe par une greffière peut subir des turpitudes qui le gêneront dans son travail quotidien. Encore une limite à notre prétendue indépendance

La tentation est donc grande pour l'avocat d'établir des liens privilégiés avec une ou plusieurs greffières (ou greffiers quand il y en a) pour obtenir des petits services, un traitement particulier.

C'est naturellement en fin d'année que va s'exprimer le plus concrètement ce souci sous forme d'une boîte de chocolats que l'avocat ira offrir à la greffière ou aux greffières dont il a le plus besoin.

Certaines ont d'ailleurs le mauvais goût quand approche cette période, de risquer une fausse plaisanterie : « normal qu'on ne trouve pas ce dossier, on n'a pas eu de chocolats ! »

Soyons justes : certaines greffières n'ont pas besoin de ces gratifications pour traiter sur un pied d'égalité tous les avocats. En outre l'avocat peut avoir pour seul souci de remercier une greffière d'un service rendu spontanément.

Mais l'essentiel n'est pas là. Dès lors que la pratique est devenue monnaie courante (si j'ose dire), on ne peut empêcher que s'instaurent deux sortes d'avocats : ceux qui gratifient, et les autres. Comment éviter alors que certaines greffières ne se sentent obligées de mieux traiter les premiers ou pis encore d'exprimer leur ressentiment envers les seconds en traînant les pieds ?

Sans compter les jalousies entre collègues ainsi créées : « pourquoi elle et pas moi ? »

Et puis comment empêcher que petit à petit on passe à d'autres cadeaux ? Dans un greffe de la Cour d'Appel de

PARIS, voilà quelques mois, un avocat à qui une greffière a fait des photocopies qu'elle n'était pas obligée de faire, lui a remis un pourboire qu'elle a d'abord refusé, puis accepté sur son insistance.

Le résultat est là : je me plaignais auprès d'un membre du Conseil de l'Ordre et ancien Bâtonnier de ce que j'obtenais difficilement la délivrance de mes attestations de mission par la greffière en chef du Tribunal d' Instance de MELUN, alors que c'est son travail.

Réponse de ce confrère, censé être plus à cheval qu'un autre sur les principes : « moi aussi, j'avais des problèmes, je les ai résolus en lui offrant des chocolats ».

<u>12 mars 2002</u>

Je suis en audience correctionnelle et mon affaire n'est pas près de passer. Le tribunal vient de se retirer pour délibérer dans la pièce voisine. Pour patienter j'ai pris avec moi un livre, *« Napoléon de la mythologie à l'histoire »* de Nathalie Petiteau. Je suis passionné d'histoire et j'admire (lucidement) Napoléon. Plongé dans ma lecture je sens une présence dans mon dos. C'est un confrère que je connais bien, ce pourquoi il s'est permis familièrement de lire sur mon épaule.

« C'est quoi ? » me dit-il. Je lui montre la couverture et il fait la grimace : « Napoléon, ce dictateur ! ». Nous engageons la discussion et je conteste sa vision. Il a une certaine culture historique, la conversation est agréable. Arrive un autre qui prête l'oreille quelques secondes, et lâche : *« putain vous assurez les mecs ! »*. Ce qui veut dire : vous en savez des choses, vous êtes bien sérieux etc… Nous ne répondons pas et le premier confrère s'en va vers une autre audience. Je pose le livre sur la table dos en l'air par discrétion, et je feuillette mon dossier. Arrive un autre avocat, qui retourne l'ouvrage pour voir la couverture et pousse un petit sifflement ironiquement admiratif. Je souris mais ils commencent à m'agacer. Je fais disparaître le livre dans mon cartable pour avoir la paix.

Parmi les préjugés confus autour de l'avocat, il y a l'idée qu'il s'agit d'une profession « brillante ». Cette qualité est couramment attribuée aux membres du barreau, alors qu'elle ne l'est pas, ou beaucoup moins, aux autres professions libérales. On dit facilement « un brillant avocat » mais on accole rarement cet adjectif à un notaire, un médecin, un expert-comptable, un magistrat. Quand j'ai prêté serment en 1981, un petit article était paru dans la presse locale conformément à l'usage d'une époque où les avocats étaient beaucoup moins nombreux qu'aujourd'hui. En même temps que moi débutait un jeune avocat dont le frère venait d'entrer dans la magistrature. Parlant de ce dernier, l'article disait : *« il a préféré le métier de magistrat à celui, moins sûr, plus brillant aussi, d'avocat »*. Cette remarque m'avait frappé. Je ne comprenais pas (déjà) en quoi un avocat était par principe plus « brillant » qu'un juge, qui a exactement la même formation que lui.

Que signifie « brillant » ? Soit que l'on est très compétent dans un domaine, et en ce sens l'avocat peut, comme d'autres professionnels, être plus ou moins brillant, fût-ce par intermittence. On peut avoir été brillant dans une affaire, et pas dans une autre. Soit que l'on a une certaine envergure intellectuelle, et alors s'agissant des avocats il y a là une idée reçue. Il n'y a pas plus de gens cultivés ou très intelligents au barreau que dans d'autres professions impliquant un niveau d'études supérieures.

Certains prétendent même que les juristes seraient plutôt étroits d'esprit. C'est ce que laissaient entendre quand j'étais à l'université les étudiants en lettres, histoire, sciences économiques, politiques… Et pas seulement eux, puisque en première année de droit, la direction de l'université avait décidé que pour nous ouvrir culturellement, nous devrions obligatoirement nous inscrire dans une autre université de notre choix, pour y suivre au moins l'enseignement d'une matière, à raison d'un ou deux cours par semaine. J'avais choisi histoire, puis déçu par le professeur, sciences po. Je trouvais cela intéressant, mais beaucoup de mes camarades pestaient : « ça sert à quoi ? ». A rien justement, du moins sur le plan pratique. La culture, c'est la curiosité du monde, c'est l'ouverture au monde.

Nombreux au barreau sont ceux qui ne lisent rien, ont une culture sommaire et des centres d'intérêts purement pratiques. Une minorité non négligeable est plus ouverte, d'où viennent certaines personnalités auxquelles s'intéressent les médias : tel avocat est écrivain, tel autre historien, homme ou femme politique.... Ce sont les quelques arbres qui cachent la forêt, et entretiennent dans le public l'un des mythes de la profession.

<u>11 juin 2002</u>

Le souci d'objectivité m'oblige à rapporter un fait qui va à contre-courant de certains faits racontés ici.

Demain 12 juin je dois plaider une affaire à TOULON, laquelle est liée à une affaire pénale dont l'enquête a été conduite par la gendarmerie de MELUN, par conséquent sous le contrôle du Parquet de cette dernière ville.

Ce jour j'apprends incidemment que l'enquête est terminée et que je peux donc consulter le dossier, et en demander une copie. En effet, tant que l'enquête policière ou de gendarmerie (enquête « préliminaire ») est en cours, il est impossible à l'avocat de consulter et de prendre copie du dossier.

Oui mais… il y urgence car je dois prendre le train en fin d'après-midi. Je me rends donc au service concerné, et explique la situation à l'employée chargée des copies. Cette dernière, avec une célérité inattendue, accepte de me photocopier sur le champ l'ensemble du dossier et me le remet sur l'heure, alors qu'elle est débordée de travail, et qu'en principe il faut au moins plusieurs jours, souvent davantage, pour obtenir une copie.

Hommage soit rendu à cette obscure employée qui a mis de l'huile dans les rouages souvent grippés de la justice.

### 13 mars 2003

Cet après-midi aucune juridiction ne répond au téléphone, sans aucune raison.

Début d'après-midi : j'ai besoin de savoir du tribunal de commerce quand auront lieu les « vacations » de printemps, autrement dit le service allégé qui est en général contemporain des congés scolaires. C'est urgent car j'ai une assignation à faire délivrer et je dois savoir pour quelle date je puis le faire.

Le standard du palais me passe le greffe commercial : sonnerie dans le vide. Je rappelle le standard, qui me donne le numéro direct. Je suis alors en contact avec une bande enregistrée donnant des informations-type, toutes tarifées : pour obtenir telle information, faire tel numéro, prix : tant. Coût d'un extrait d'inscription au registre du commerce : tant. Etc… Puis plus rien. Impossible d'avoir mon renseignement sans me déplacer au greffe. Il se trouve que mon cabinet n'est pas loin. Mais un confrère éloigné doit faire le chemin spécialement, ou attendre de venir au Palais pour se rendre au greffe commercial.

Un moment plus tard, je demande au standard de me passer le greffe des affaires familiales. Sonnerie dans le vide. Dieu merci j'ai les numéros des différents greffes des affaires familiales et je finis par en trouver un qui répond. Mais un justiciable aurait trouvé le silence et rien d'autre.

Enfin à 16 heures je demande le Bureau d'Aide Juridictionnelle. Le standard me met en communication avec ce service, où une bande enregistrée me dit « entrez votre numéro de code » ( !) . Je rappelle le standard, qui me donne le numéro direct.. Là une bande enregistrée me donne les jours et heures d'ouverture (je suis à l'intérieur de ces heures et jours), et conclut par : merci de renouveler votre appel.

Bienvenue dans le monde de Kafka.

### 26 septembre 2002

Hier soir j'ai regardé un film que j'avais enregistré depuis plusieurs semaines sur mon magnétoscope, et dont le héros est un avocat : *« En cas de malheur »*, tourné en 1958. Encore une caricature qui contribue à façonner une image de notre métier à des années-lumière de la réalité, et dont nous sommes les seules victimes.

Jean GABIN est cet avocat, qui défend une jolie prostituée (Brigitte BARDOT) dont il tombe évidemment amoureux (le scénario est très convenu).

Comme toujours au cinéma, l'avocat est riche comme Crésus, et a du temps libre à revendre. Il peut entretenir non seulement son épouse, qui ne travaille pas, mais aussi cette nouvelle maîtresse, pour qui il achète un appartement, et il recrute une domestique à plein temps pour elle seule.

Bien entendu il lui rend souvent visite, même dans la journée ; il décide brusquement de partir avec elle aux sports d'hiver : il travaille peu et gagne un argent fou.

Voilà comment les gens nous voient : à travers ces clichés grotesques, entretenus par des « œuvres » de fiction imbéciles. Et quand nous sommes aux prises avec un fonctionnaire du fisc, celui-ci, consciemment ou non, est influencé par ces images d'Épinal.

Mais il ne faut pas compter sur les instances de notre profession pour modifier cette image : l'obsession du barreau est d'avoir une image flatteuse, même erronée, même hypocrite.

## 15 janvier 2003

J'ai plaidé en octobre 2002 devant la Cour d'Assises une affaire de meurtre : deux jeunes gens de 17 ans s'étaient battus et l'un deux avait dans le feu de l'action sorti un couteau de sa poche puis l'avait planté dans le cœur de l'autre, qui était décédé.

J'étais l'avocat des parents de la victime, donc partie civile. J'ai naturellement, comme c'est mon rôle, dressé devant la Cour un portrait sévère de l'accusé, l'avocat général faisant de même de son côté et réclamant 12 années de réclusion criminelle, qui ont été prononcées.

De mon côté j'ai obtenu pour le compte de mes clients des dommages-intérêts.

Deux semaines plus tard j'ai croisé au Palais de Justice de MELUN son avocate qui m'a appris que son client s'est pendu dans sa cellule il y a quelques jours. Il était dans le coma et les médecins étaient pessimistes.

Cela m'a troublé, mais le pire était à venir. Le 12 janvier il est décédé sans avoir repris connaissance.

Je suis affecté par cette nouvelle. Même si la justice doit passer, même si chacun doit jouer son rôle, je ne peux être insensible à une telle détresse, à laquelle j'ai forcément contribué.

J'ai été déjà confronté à d'autres cas de suicide dans le cadre de mon activité, à l'occasion de procédures de divorce notamment. Je ne m'y habitue pas, et ne suis sûrement pas le seul.

<u>29 octobre 2003</u>

J'ai été contacté en août dernier par un homme qui voulait que je l'assiste dans une procédure pénale. Il était accusé d'avoir frappé son épouse, ce qu'il contestait. Comme les faits étaient peu graves en apparence (pas de blessure importante de l'épouse), le parquet a décidé de procéder à une médiation.

Il s'agit d'une procédure par laquelle les deux parties (en l'occurrence ici les deux époux) sont convoqués non par un magistrat mais par un médiateur, qui essaie de trouver un compromis. La plupart du temps cela consiste pour l'auteur présumé de l'infraction (ici mon client), à reconnaître les faits et accepter de régler une indemnité.

Si tel est le cas, le médiateur constate par un procès-verbal que les parties ont trouvé un compromis, et l'affaire ne sera pas jugée par le tribunal. C'est un moyen de désengorger les tribunaux des petites affaires.

Les parties peuvent devant le médiateur, se faire assister d'un avocat, et c'est ce que me demandait mon client. Pour ce faire, il fallait d'abord que je voie le dossier afin de le conseiller.

L'audience devant le médiateur étant prévue le 16 septembre 2003, je me présente vers le 10 au service de médiation pour demander à consulter le dossier. Là commence un imbroglio comme la justice en a le secret.

Personne n'est capable de me dire où se trouve le dossier. On me renvoie de service en service : rien. Le dossier est introuvable. Je reviens deux jours avant l'audience : toujours rien.

Je conseille alors à mon client de ne pas se rendre à la réunion de médiation, et j'écris une lettre au service du Parquet concerné pour l'en avertir. En même temps j'expose les difficultés d'organisation que j'ai rencontrés. Je ne recevrai jamais de réponse.

Mon client suit mon conseil et ne se rend pas à la convocation du 16 septembre.

Un mois plus tard, il m'informe qu'il a reçu une nouvelle convocation pour le 29 octobre. On n'a pas eu la délicatesse contrairement à l'usage, de m'adresser la convocation alors qu'on sait que je suis son avocat : passons.

Je demande à nouveau à voir le dossier. Miracle : on l'a. Je peux donc enfin le consulter et je constate qu'il s'y trouve une convocation non pour le 29 octobre mais pour le 10 novembre. Je m'en étonne auprès du greffe, qui fait des recherches : non pas du tout, il n'y a jamais eu de convocation pour le 29 octobre, votre client a dû se tromper cher Maître.

Je transmets cette réponse au client, qui m'assure avoir une convocation pour le 29 octobre, et me demande de l'assister. Or d'une part je ne suis pas libre ce jour-là car le client m'a averti trop tard, croyant à juste titre que le greffe me convoquerait aussi. D'autre part je me méfie de ce que me dit le client : j'ai vu de mes yeux la convocation pour le 10 novembre, et le greffe me l'a confirmé. Je pense donc que le client doit se tromper.

Le 29 octobre dans l'après-midi je trouve un message téléphonique du service médiation me disant ceci : *« nous sommes désolés, il y a eu un nouveau problème d'organisation. Nous avons ouvert par erreur deux dossiers identiques, confiés à deux médiateurs différents. L'un a convoqué pour le 29 octobre, l'autre pour le 10 novembre. Les deux époux se sont présentés ce jour, et la médiation a eu lieu. C'est terminé, au revoir Maître. »*

Ainsi mon client, qui m'avait contacté dès le mois d'août pour que je l'assiste, n'a pas eu d'avocat. J'ai pourtant perdu du temps à le recevoir, à rechercher le dossier, à diverses démarches. Il m'a versé des honoraires. Puis, fatigué de cette désorganisation, il a décidé puisqu'il était sur place le 29 octobre, de se passer de mon assistance afin d'en terminer. On peut supposer que le médiateur, trop content de ne pas voir d'avocat, n'a pas insisté pour renvoyer l'audience.

Résultat pour moi : j'ai perdu le client car bien sûr il est mécontent. C'est toujours l'avocat que le client accuse des dysfonctionnements de la justice, à cause des fabuleux pouvoirs qu'il nous prête. Il ne m'a plus donné signe de vie même pour me tenir au courant du déroulement de la médiation, et bien sûr il ne m'a pas recontacté pour engager le divorce comme nous l'avions prévu.

Si nous étions dans un véritable état de droit, l'avocat devrait pouvoir se retourner contre l'administration judiciaire pour se faire indemniser du préjudice matériel et moral qu'il subit dans un tel cas.

Mais dans notre système judiciaire, l'avocat est un petit soldat. Rompez les rangs. Et ne soyez pas désagréable, sinon gare au bâtonnier.

Heureusement, il nous reste le titre de « Maître » (avec un M majuscule SVP) et la robe, pour faire illusion auprès des ignorants.

## Juin 2003

Assemblée générale du Barreau au Palais de Justice. Je n'y vais plus depuis longtemps, mais me tiens au courant de ce qui s'y dit. Ce jour-là une information donnée par le bâtonnier devant l'A.G. attire mon attention. Il a indiqué qu'actuellement il instruit 318 plaintes contre les avocats de son barreau. Oui, **318**. Sur un barreau d'une centaine d'avocats, cela fait une moyenne de trois plaintes environ par avocat. Je dis bien une moyenne : le bâtonnier a précisé qu'en réalité certains cabinets en ont beaucoup, d'autres aucune. Actuellement je n'en ai pas.

Comme la période n'a rien d'exceptionnel, il faut en déduire que ce chiffre constitue en quelque sorte une « vitesse de croisière ».

Notre barreau n'a rien d'exceptionnel à cet égard. Notre activité est génératrice d'incompréhensions, de conflits, par le fait même qu'elle consiste à gérer des conflits. Cela ne veut pas dire bien sûr que toutes les plaintes sont infondées, mais force est de constater que la plupart le sont, d'où l'absence de suites après examen par le bâtonnier. Quoique.

La souveraineté du bâtonnier étant totale dans ce domaine, il peut faire ce qu'il veut. Tout avocat sait que s'il n'est pas assez docile, le bâtonnier le désavouera, et le cas échéant engagera des poursuites disciplinaires. Même s'il est ensuite relaxé, il ne pourra se retourner contre le bâtonnier. Et il a peu de chances de l'être, parce qu'un Conseil de discipline y regarde à deux fois avant de désavouer un bâtonnier : l'ordre social interne au barreau est en cause.

### 18 janvier 2006

Cet après-midi vers 16 h 30 je cherche à joindre téléphoniquement le greffe du service surendettement au tribunal d'instance. La sonnerie s'égrène longuement : pas de réponse. Pourtant je dois envoyer une télécopie d'urgence à ce service et n'en connais pas le numéro. Enfin le standard du Palais me répond et me fournit le numéro.

Aussitôt après, je m'aperçois catastrophé que ce matin, après avoir plaidé trois affaires au Tribunal d'Instance d'un barreau périphérique, j'ai oublié dans la salle d'audience mes trois dossiers, qui ne contiennent plus grand-chose il est vrai puisque j'ai remis au juge les pièces essentielles avec mon dossier de plaidoirie ; en outre j'ai en mémoire informatique le double de tout ce que j'ai écrit. Tout de même c'est ennuyeux et je téléphone au greffe du Tribunal d'Instance concerné pour savoir si en levant l'audience la greffière n'aurait pas remarqué et mis de côté ces dossiers. Personne ne répond.

De plus en plus inquiet j'appelle l'Ordre des Avocats du barreau dont il s'agit : peut-être un confrère aimable pourra-t-il se rendre dans la salle d'audience qui est à quelques dizaines de mètres et vérifier si les dossiers y sont toujours. Personne ne répond.

Je réalise alors que nous sommes mercredi après-midi. J'avais oublié : c'est le jour de relâche de la justice, bien que cela soit officieux.

Depuis une ou deux générations, les professions judiciaires ont suivi l'évolution générale de la société en se féminisant. Que ne disait-on pas auparavant sur les bénéfices à attendre de cette mutation ! Une autre sensibilité, un autre regard sur la justice, plus d'humanité…

A l'heure du bilan, il est beaucoup plus terre à terre. Pour ce qui est de la sensibilité, de l'humanité, le lecteur se reportera à l'ensemble de ce journal et constatera qu'il n'y en a pas plus chez les femmes que chez les hommes, pas moins non plus.

Pour la compétence professionnelle, pas de différence non plus. Pour le reste…

La combinaison des trente-cinq heures dans le personnel administratif et de la féminisation aboutit tous les mercredi après-midi à une semi-paralysie de fait de la justice, chose qui n'existait pas il y a peu encore. Les femmes sont avec leurs enfants. Tant pis pour le service public.

Le vendredi après-midi c'est la même chose, peut-être pour d'autres raisons, je n'en sais rien

Je n'ignore pas que ces propos seront taxés de machisme. Que je passerai pour maladroit car je vais me mette à dos le sexe ex-faible soit la moitié de mes lecteurs potentiels, alors que je devrais chercher à être sympathique au plus grand nombre. Tant pis.

<u>24 octobre 2006</u>

J'ai obtenu en référé devant le Conseil de Prud'hommes de MELUN la condamnation d'un employeur à verser à un de ses salariés licencié un certain nombre de sommes (RG 06/00173).

Le dit salarié a quitté la région et installé dans le sud de la France, a cruellement besoin d'argent.

J'ai plaidé l'affaire le 14 septembre et la décision (« ordonnance ») devait être rendue le 21 septembre.

Début octobre, le client me téléphone pour me dire qu'il a reçu l'ordonnance favorable. Tiens… en principe c'est l'avocat qui reçoit dans sa boîte au Palais les jugements, ordonnances, arrêts, et qui en informe son client, même si en matière prud'homale la décision est obligatoirement notifiée par le greffe aux deux parties (employeur, salarié). Il est pour le moins curieux que le client informe son avocat du résultat de l'affaire qu'il a plaidée. J'ai donc été obligé de me rendre au greffe, pour demander qu'on me remette à moi aussi l'ordonnance, et qu'on me rende par la même occasion mon dossier de plaidoirie, qui en principe nous est également rendu avec la décision : on m'avait tout simplement oublié.

Perte de temps dont je me serais bien passé.

Ce jour j'ouvre le dossier dans l'intention d'adresser l'ordonnance à un huissier afin de la faire exécuter, c'est-à-dire que l'huissier doit notifier (« signifier ») la décision à l'employeur, puis lui délivrer un commandement de payer, et éventuellement pratiquer une saisie si nécessaire.

Pour ce faire je dois fournir à l'huissier la « copie exécutoire » de l'ordonnance, c'est-à-dire celle contenant une mention particulière, apposée par le greffe avec un tampon spécial. Or je m'aperçois qu'on ne m'a donné qu'une copie ordinaire, dite « expédition ». Je ne peux donc pas faire exécuter la décision.

J'appelle le greffe où, après audition d'une bande enregistrée (« *pour obtenir ceci, faites le 1, pour obtenir cela faites le*

*2 » etc…)* une greffière décroche, puis sans dire un mot, pose son téléphone et continue une conversation avec une autre personne. Bien que le procédé soit cavalier, j'attends. Au bout de quatre minutes, je considère que le procédé n'est plus cavalier, mais méprisant, et je raccroche.

J'attends un peu, puis refais le numéro et les manipulations précédentes.

Cette fois j'obtiens la greffière, et reconnais la voix de tout à l'heure, qui au surplus n'est guère aimable. Je me présente, et expose la raison de mon appel. J'apprends alors que désormais, pour obtenir la copie exécutoire d'une décision, il faut en faire la demande écrite. Je m'étonne : pourquoi une telle perte de temps ? L'avocat ayant gagné son procès va forcément faire exécuter la décision, et c'est pourquoi jusqu'ici, comme dans toutes les autres juridictions, la copie exécutoire nous était délivrée spontanément, en même temps que notre dossier.

Mais je suis en présence d'un gratte-papiers dont le niveau intellectuel ne permet pas un tel effort ; en outre, toute question même justifiée, toute remarque même courtoise, ne peut être pour elle qu'une agression. Elle s'énerve : « *j'en sais rien moi, ç'a toujours été comme ça* » (depuis qu'elle est là sans doute). Je lui demande alors (toujours courtoisement) combien de temps sera nécessaire pour obtenir ma copie exécutoire. » *Ah ben j'sais pas moi ça dépend du travail des greffiers !* » me dit –elle encore plus énervée.

Je décide d'en rester là, je remercie et salue. Pas de réponse, elle raccroche. Scène ordinaire de la médiocrité bureaucratique dans les tribunaux.

Je n'ai pas le choix, et rédige ma demande de copie exécutoire. Mais je me bats depuis trop longtemps contre la bêtise des ronds de cuir et l'arbitraire judiciaire, pour ne pas savoir qu'en ce moment même, elle est en train de se plaindre à ses collègues de l'agression qu'elle vient de subir. Et ma demande sera délibérément négligée, pour m'apprendre les bonnes manières.

Je décide d'informer le Bâtonnier de cette anomalie, que mes confrères comme d'habitude n'ont pas relevée afin de ne pas avoir d'ennuis. Je sais bien que ma démarche sera parfaitement inutile, et qu'elle me désignera encore plus à la vindicte des scribouillards et aux sarcasmes des lâches. Tant pis.

Pendant ce temps mon client père de famille, attendra les salaires qui lui sont dus. Et si par représailles on retarde délibérément la délivrance de ma copie exécutoire, il pensera que je suis négligent. Comme d'habitude je me serai mis tout le monde à dos, même la personne que je défends.

<u>17 janvier 2007</u>

Je suis l'avocat d'une dizaine de personnes victimes d'une escroquerie de la part d'une entreprise ; le gérant mis en examen et a été écroué. Je défends aussi une association de consommateurs qui se constitue partie civile dans ce dossier et je vais bientôt me rendre au Conseil d'Administration de l'association. Je voudrais donc l'informer de l'avancement du dossier que je dois consulter chez le juge d'instruction.

Cela semble simple : l'avocat se rend chez le juge et demande à voir le dossier, comme il en a le droit à tout moment. C'est méconnaître les méandres de la vie judiciaire.

Si l'avocat se présente à l'improviste chez le juge, deux fois sur trois voire deux fois et demi, celui-ci est en audition : il est en train d'interroger une personne (mis en examen, témoin...) et sa greffière ne peut donc interrompre l'audition à tout moment pour chercher un dossier et le remettre à un avocat. Il est donc prudent de téléphoner pour savoir à quel moment on peut passer. Là encore cela semble simple.

À 9 h 50 j'appelle le Palais de Justice pour que l'on me passe le cabinet du Juge d'Instruction ou le secrétariat commun des magistrats instructeurs. Ce n'est pas la première fois : il y a quelques jours j'avais déjà dû renoncer après deux tentatives infructueuses. Aujourd'hui le standard ne répond pas malgré plusieurs appels. Je recommence à 10h 35 : *« en raison d'un grand nombre d'appels, votre demande ne peut aboutir. Nous vous remercions de la renouveler ultérieurement »*. Même message toute la matinée : le Palais de Justice est injoignable. Je devrais donc me déplacer, avec l'aléa décrit précédemment. Je ne veux pas prendre ce risque, attendons.

Le soir même l'un de mes clients dans ce dossier me rappelle pour connaître l'avancement de la procédure. Je ne peux que lui exposer les difficultés matérielles que je rencontre. Je sens chez mon interlocuteur une incrédulité méfiante à mon égard. Comment un avocat avec les pouvoirs qu'on lui suppose, peut-il être paralysé par des obstacles matériels aussi dérisoires ?

<u>21 février 2014</u>

Je dois plaider une affaire devant le tribunal correctionnel de Paris, l'audience ayant lieu à 13h 30. Je me rends à Paris en train (moins d'une demi-heure, bien plus pratique qu'en voiture) et n'ayant pas eu le temps de passer prendre ma robe dans mon vestiaire au Palais de Melun, je prévois d'en louer une au vestiaire de Paris. Sur place je dépose ma veste, ma parka contenant les clefs de mon domicile / cabinet, ma carte professionnelle, et on me donne une robe à ma taille que je dois rendre après l'audience moyennant un coût de cinq euros. Dans ma mallette j'ai gardé avec moi ma sacoche contenant mes papiers et des moyens de paiement.

Mon affaire est appelée vers 16 h, et elle est longue. Je crois me rappeler que le vestiaire ferme vers 19 h ou 20 h, mais je crois naïvement que si on finit une audience au-delà de cette heure, on doit pouvoir se faire ouvrir le vestiaire par un concierge, un garde, ou que sais-je. D'ailleurs je n'ai pas le choix : je ne peux rendre ma robe avant la fin de l'audience, et ne peux non plus m'absenter pendant les débats.

L'audience ne se termine qu'à 21 h. J'arrive au vestiaire accompagné d'un confrère parisien qui lui-même doit récupérer ses affaires, de mon client et un ami commun : fermé. Bon, petite inquiétude, mais je ne peux croire au pire. Nous nous renseignons : il n'y a ni concierge, ni gardien, ni permanence de l'Ordre des Avocats. L'appréhension monte. Nous allons trouver les gendarmes à l'entrée : ils sont impuissants, n'ont pas de clef, et pas d'instruction ; ils nous conseillent de nous adresser aux pompiers. Ces derniers sont difficiles à trouver dans cet immense Palais, et je dois appeler le 18 pour qu'on me donne leur numéro, après quoi nous nous dirigeons vers leur local avec les indications qu'ils nous ont donné. Là, nous touchons le fond : ils nous confirment qu'ils ne peuvent rien faire. Ils n'ont pas de clef et pas le droit de forcer les portes, pas plus que les gendarmes.

Nous palabrons, avec eux puis avec les gendarmes que nous retournons voir : est-ce possible ? Hélas oui. Au bout d'une heure environ de vaines démarches, il faut nous rendre à l'évidence : nous sommes à la rue en robe d'avocat à 22 h en plein hiver. Et le pire c'est que nous sommes vendredi, donc pas de solution avant lundi car bien sûr le vestiaire comme tous les services de l'Ordre est fermé le week-end.

Si mon confrère parisien peut rentrer chez lui parce qu'il a ses clefs, je ne le peux. Je vis seul en toute indépendance, et je ne peux en pleine nuit déranger qui que ce soit de mes proches pour faire plus de 100 kms aller-retour afin de venir me chercher.

La suite ressemble à un mauvais film. Nous avons faim (il est plus de 23 h) et nous dirigeons vers un restaurant de l'autre côté de la Seine où nous retrouvons un groupe d'amis. Mes deux accompagnateurs sont habillés normalement, moi j'ai… ma robe d'avocat sur un petit pull ras le cou en fine laine. J'ai eu la bonne idée aujourd'hui de ne pas mettre mon habituelle chemise/cravate, mais c'est à peine mieux contre le froid. Alors je garde ma robe qui constitue un vêtement supplémentaire, mais les gens se retournent goguenards, donc je l'enlève, puis la remets parce que je grelotte. Mon client compatissant me prête sa veste et garde son manteau. Au restaurant je peux enfin enlever mon costume professionnel, mais je dois le remettre en sortant, et mon client parti, je n'ai que cela pour affronter (un peu) la température.

Je devrais donc passer la nuit à l'hôtel, sans la moindre affaire de rechange ni de toilette, puis le lendemain rentrer dans cet accoutrement à Melun en train, et me faire ouvrir par un serrurier ; enfin dès lundi revenir à Paris spécialement pour rendre la robe et reprendre mes affaires. J'enrage. Cette situation humiliante, révoltante, est due à la volonté souveraine du Conseil de l'Ordre ou du Bâtonnier de Paris, qui se fiche pas mal de savoir que des avocats sont mis à la rue à moitié nus en pleine nuit à cause d'une organisation ubuesque contre laquelle il n'y a aucun recours.

Et encore cela aurait pu être pire : imaginons que je sois venu en voiture et que j'aie laissé au vestiaire ma sacoche : pas un sou sur moi, pas de papiers, rien : les deux mains dans les poches, et ma voiture emmenée à la fourrière. Là il y aurait de quoi se jeter dans la Seine.

L'ami qui nous accompagne et qui a un pied à terre à Paris me propose très aimablement de m'héberger pour la nuit, j'éviterai donc l'hôtel. Un autre ami du groupe nous y conduit en voiture, ce qui m'évite de m'exposer aux regards en robe.

Le lendemain matin samedi je prends le métro avec ma robe en cape et à l'envers pour plus de discrétion, et je me rends Boulevard Saint Michel où je fais l'achat d'un gilet en grosse laine. Enfin me voilà normal, ma robe enroulée sous mon bras. Je me rends au Palais pour être sûr que tout est toujours fermé, hélas oui.

Je me souviens alors que j'ai un client serrurier près de Melun qui pratique des ouvertures de porte. Je me procure son numéro et lui téléphone. Dieu merci il répond tout de suite et me rassure : il pourra être à mon domicile en début d'après-midi.

À 14h 40 enfin, ma porte est ouverte et me voici chez moi. Mais ce n'est que le vendredi suivant que mon emploi du temps me permettra de retourner à Paris rendre la robe et prendre mes affaires.

Il est hors de question que j'en reste là. Mon confrère parisien m'a dit que d'autres ont vécu cette mésaventure, je m'en moque. Les Ordres d'avocats n'ont que les mots « image de la profession » à la bouche. Et l'image ridicule que j'ai donnée à cette occasion ?

Je demande à ceux qui m'accompagnaient de me remettre une attestation de témoignage, je réunis les factures des différents frais que j'ai engagés, et j'écris au Bâtonnier de Paris en LRAR pour exiger le remboursement et une indemnisation, faute de quoi je saisirai le tribunal compétent pour me faire indemniser.

C'est une démarche d'une audace, pour ne pas dire d'une témérité rare, et qui passera pour une provocation comme toutes celles que j'entreprends pour faire respecter ma dignité et celle de ma profession. Qui est cet avocat isolé d'un petit barreau, qui ose demander des comptes au bâtonnier du premier barreau de France regroupant plus de la moitié des avocats du pays ?

Le bâtonnier de Melun que je dois informer va évidemment verser cela à mon passif, et chercher à me faire passer un peu plus pour un hurluberlu.

Quelque temps après je reçois la réponse du bâtonnier de Paris, ou plutôt son délégué, qui me dit être désolé, affirme que l'information est affichée au vestiaire (si c'est le cas elle doit être bien discrète, en outre cela n'enlève rien à mes yeux au caractère inacceptable de cette mesure), et m'informe qu'il saisit la compagnie d'assurance du barreau. Laquelle me propose un peu plus tard de me rembourser mes frais, ce qui me semble insuffisant *(cf. annexe 7)*

Deux semaines plus tard je me rends à nouveau au TGI de Paris, cette fois avec ma robe. Au vestiaire, il y a des dizaines d'affichettes qui en gros caractères gras mentionnent l'heure de fermeture. Impossible de ne pas les voir même en étant distrait. Personne ne saura jamais que j'en suis à l'origine. La suite des évènements m'empêchera de donner la suite que j'aurais voulu à cette affaire.

<u>11 décembre 2014</u>

Je veux revoir le dossier d'une cliente que je dois assister demain devant le tribunal correctionnel suite à une plainte qu'elle a déposée. Je me rends au greffe pénal où l'on me remet le dit dossier, et je vais m'installer dans le couloir devant une table affectée à cet usage.

Il flotte dans l'air une écœurante odeur de papillotes en chocolat à bon marché. D'un bureau s'échappent sans discontinuer des rires féminins sonores qui confinent parfois au hurlement, des gloussements, des réparties claquantes. Impossible de me concentrer, alors que je n'ai aucun autre lieu où m'installer et que je n'ai pas le droit de m'éloigner avec le dossier. Dans les bureaux voisins dont les portes sont toutes ouvertes, d'autres greffières essaient consciencieusement de travailler, elles aussi. Pas un(e) supérieur(e) pour pointer son nez (à supposer qu'il-elle ne fasse pas partie du groupe) et ramener l'ordre.

Je meurs d'envie de me lever pour réclamer le silence, mais j'imagine le tremblement de terre que je provoquerais. Je n'ai aucun pouvoir hiérarchique sur ces gourdes et elles peuvent m'envoyer paître en toute impunité, avant d'exercer sur moi les habituelles représailles collatérales sans riposte possible. Et cela s'ajouterait à la multitude d'ennuis que je cumule déjà pour des initiatives de ce genre. Alors je me tais, j'enrage et j'abrège ma consultation.

Ce soir à la télévision, à la radio, j'entendrai tel « ténor » du barreau interrogé dévotement par un journaliste ignorant, faire son numéro habituel pour essayer de faire croire qu'il est un personnage important. Personne ne se doutera que la veille, il était peut-être dans un palais de justice en train d'essayer de travailler sur un dossier sans y parvenir, empêché par les hurlements de quelques péronnelles contre lesquelles il est impuissant.

# Conseil de l'Ordre

## Quel ordre ?

<u>1991</u>

Je viens de m'inscrire au barreau de MELUN. Le secrétariat de l'Ordre des Avocats me remet ma carte professionnelle (voir ci-après). Surprise : j'ai déjà exercé dans deux autres barreaux, et j'ai vu en outre les cartes de confrères ailleurs en France. Je peux donc les comparer avec la nôtre.

C'est la première fois que je vois cela : cette carte constitue un délit passible de sanctions pénales. En effet, elle est barrée de bleu-blanc-rouge, et porte en exergue l'inscription *« Ministère de la Justice »*, de manière à faire accroire que son porteur est un fonctionnaire d'autorité : police, justice, beaucoup de gens ne font pas la différence, et le tricolore est là pour créer l'illusion.

Or l'avocat exerce une profession libérale et n'a rien à voir avec quelque administration que ce soit, même si le Parquet Général exerce une surveillance de son action, comme c'est le cas d'ailleurs pour d'autres professions libérales.

Dès lors l'impression et l'usage de cette carte tombent sous le coup de l'article 433-15 du Code Pénal : *« est puni de six mois d'emprisonnement et de 50 000 F d'amende le fait pour toute personne, publiquement, de porter un costume ou un uniforme, d'utiliser un véhicule, ou de faire usage d'un insigne* **ou d'un document** *présentant avec les costumes, uniformes, véhicules, insignes* **ou documents** *distinctifs réservés aux fonctionnaires de la police nationale ou aux militaires, une ressemblance de nature à causer une méprise dans l'esprit du public »*

Le Parquet Général est-il informé de la particularité de cette carte ? J'en doute. Qui aurait le courage de l'en informer ? Je viens d'arriver au barreau, je n'ai pas envie de commencer à me singulariser de la sorte, mais je suis déjà dans le bain : j'ai un aperçu du milieu (c'est le mot qui convient) dans lequel je vais baigner. (Voir ci-dessous cette carte)

Mars 1992

Après avoir collaboré plusieurs mois au sein d'un cabinet, j'envisage de m'installer à mon compte et recherche un local en location.

J'en repère un qui me conviendrait parfaitement, juste en face du cabinet que je quitte, près du Palais de Justice. Je le visite, il me convient et je donne mon accord à la propriétaire.

En regagnant mon bureau, je reçois un appel téléphonique d'une consœur exerçant avec un associé dans l'immeuble où je compte m'installer, au même étage, juste en face de l'appartement que je vais louer.

Elle m'a vu visiter et veux savoir si je compte y établir mon cabinet. Je réponds par l'affirmative. Elle m'apprend alors une nouvelle surprenante. Le règlement intérieur de ce barreau interdit à un avocat de s'installer dans un immeuble où exerce déjà un de ses confrères, sauf accord de ce dernier. Et naturellement je ne l'aurai pas.

Je suis interloqué. Comment un Conseil de l'Ordre (censé veiller à l'application de la déontologie qui elle-même doit être conforme à la loi) a-t-il pu adopter une règle aussi illégale ? Et comment les avocats qui sont arrivés par la suite et ont pâti de cette règle ont-ils pu l'accepter passivement ? Car elle est contraire à la libre concurrence qui est un principe fondamental de notre métier.

J'indique à ma Consœur que je vais d'abord étudier le problème de plus près puisque je n'étais pas au courant de cet obstacle, et la recontacterai.

Une fois vérifiée l'existence de cette clause dans le règlement intérieur, ma décision est prise. Je ne la respecterai pas, et la contesterai devant la Cour d'Appel comme j'en ai le droit.

Peu après j'emménage comme prévu, après avoir averti mes confrères du même étage, conformément à mon obligation de courtoisie, mais en sachant qu'ils refusent ma présence.

Naturellement ils déposent une plainte auprès du Conseil de l'Ordre qui m'enjoint de changer de domiciliation. Je saisis alors la Cour d'Appel et lui demande d'annuler : la clause concernée du règlement intérieur, et l'injonction du Conseil de l'Ordre tendant à ce que je change de domiciliation.

Comme le dit avec humour un de mes confrères, je suis le S.D.F. du barreau puisque j'ai une domiciliation réelle qui n'est pas reconnue par l'Ordre, et le tableau des avocats mentionne délibérément mon ancienne adresse…

Quelques mois plus tard la Cour d'Appel rend son arrêt. C'est un camouflet pour le Conseil de l'Ordre.

La Cour a reconnu l'illégalité du règlement intérieur du barreau. Je vais donc pouvoir rester dans les lieux contre la volonté des potentats locaux, et ils vont être obligés de modifier le règlement pour se conformer à cette jurisprudence.

Je suis satisfait, mais j'ignore encore qu'on me le fera payer. Il est rare qu'on défie impunément un Conseil de l'Ordre, même quand on a la loi pour soi, et c'est la première fois que cela se produit à Melun. Qui plus est de la part d'un nouveau venu, qui ose contester des mœurs créées par les « historiques » du barreau.

## Actualisation du 1er juillet 2013

Vingt ans ont passé. Dans tout le barreau il y a, ou il y a eu, des avocats installés dans le même immeuble, sans formalité aucune. Ils ne savent pas que c'est à moi qu'ils le doivent. Ceux qui s'en souviennent ne le rappellent pas, afin de ne pas me valoriser… et de ne pas être obligés de préciser ce que cela m'a coûté ensuite.

## Décembre 1993

Le barreau en a assez de me voir revendiquer un traitement juste. Je reçois une convocation à comparaître devant le Conseil de l'Ordre pour une audition qui m'est annoncée verbalement comme « confraternelle ». Autrement dit ce n'est pas encore une procédure disciplinaire.

Les deux raisons avancées dans la convocation *(cf. annexe 4)* sont mon insistance auprès du bâtonnier pour que le Conseil de l'Ordre joue son rôle au sujet des AFM qui ne nous sont pas délivrées, et la plainte de la présidente du Tribunal d'Instance après que j'aie « occupé » le bureau de sa greffière pendant quelques minutes.

Le mot « confraternelle » me donne des espoirs : la connotation de bienveillance qu'il comporte me laisse espérer qu'on va m'écouter et me comprendre. Peut-être vais-je pouvoir leur faire admettre que je ne cherche pas à provoquer qui que ce soit, ni à me faire une réputation de bretteur. Je veux seulement que le Conseil de l'Ordre joue son rôle, ou alors qu'il me laisse me défendre moi-même.

Je n'avais rien compris.

On ne m'a pas convoqué pour m'écouter mais pour que j'écoute.

À 18 h je suis introduit par la secrétaire dans la salle de réunion. Le Conseil de l'Ordre est installé en fer à cheval autour d'une grande table rectangulaire dont un côté est libre. On m'invite à m'y asseoir, je suis en face d'eux.

En guise d'ambiance « confraternelle » je note tout de suite un climat d'hostilité ou au mieux de froideur. Sans aucune phrase d'accueil ou d'introduction, le bâtonnier lit un texte qui s'apparente à un acte d'accusation. On y trouve tout ce qui m'est reproché et que j'ai décrit ci- dessus. Je ne cesse de créer des incidents au sujet d'attestations de missions qui ne me sont pas remises. J'ai osé menacer la Présidente de saisir les instances supérieures de la Justice. Je me suis mêlé de ce qui ne me regarde pas en provoquant une réunion avec des magistrats et des greffières afin d'essayer de trouver une solution.

J'ai refusé d'assurer une permanence pénale tant que les attestations de mission qu'on me devait ne me seraient pas remises.

Une fois lu cet acte d'accusation, et sans aucun commentaire, le bâtonnier donne un coup de menton dans ma direction, censé signifier que j'ai la parole pour ma défense.

Je suis surpris et je le dis : n'était-ce pas une réunion « confraternelle » ? Bien sûr me répondent ensemble plusieurs confrères. Ah bon.

Je commence à répondre. Je n'ai pas dit plus de dix mots que le bâtonnier me coupe déjà la parole pour me contredire.

Je proteste calmement : je souhaiterais qu'on m'écoute d'abord, comme j'ai écouté patiemment les griefs qui ont été formulés contre moi. Que n'avais-je pas dit là ! Le bâtonnier se met dans une colère noire et fulmine hors de lui : « vous n'êtes pas là pour dire cela ! Vous êtes là parce qu'il vous est reproché d'avoir etc... ».

Je suis consterné. C'est une ambiance de cour martiale. Pas une voix ne s'est élevée pour demander au bâtonnier de me laisser me défendre. Je suis pourtant un avocat parmi des avocats, et qui plus est le saint des saints de la profession : le Conseil de l'Ordre.

Je plie mes affaires, me lève et remets mon manteau. Je refuse dis-je, de rester une seconde de plus devant une instance qui me traite comme un collégien face à un conseil de discipline dirigé par un proviseur. Je n'ai pas osé employer le terme de cour martiale.

Un confrère intervient enfin pour me demander de rester. Je dis que je ne resterai que si on me laisse parler, sinon je m'en vais.

Le Bâtonnier consent à me dire que je peux m'exprimer. Je me rassois, mais sans retirer mon manteau, prêt au départ.

Et j'explique. Ou du moins j'essaie, car je sens bien que ce que dis n'a aucune importance. On se fiche éperdument des problèmes que je j'évoque : on les connaît. On ne veut pas les résoudre parce que cela supposerait un autre type de relation avec les divers acteurs de la vie judiciaire, magistrats, greffiers... La fermeté courtoise devrait y remplacer l'obséquiosité du barreau quand ces acteurs ne jouent pas leur rôle. Il n'en est pas question, et moi je dois l'admettre. A défaut...

Je commence à percevoir que le barreau est une institution uniquement préoccupée par son image à l'extérieur, et par la préservation frileuse de sa tranquillité, fût-ce au prix de sa dignité (un mot ridicule dans ce milieu, comme ceux de morale, de justice...)

La réunion se termine par une mise en garde verbale à mon endroit. Je n'ai pas la moindre intention d'en tenir compte. Pour moi le mot dignité a un sens. Nous nous retrouverons.

## Septembre 1997

Me voici témoin et indirectement mêlé à un épisode délictueux au sein du barreau.

J'ai été l'avocat d'un Monsieur S., qui exploitait un restaurant à l'enseigne « La Villa Romana » à Melun, rue Carnot.

Je l'ai notamment assisté au cours d'une procédure de redressement judiciaire concernant son fonds de commerce : il a bénéficié en 1995 d'un plan de redressement sur une durée de 8 ans, ce qui signifie qu'il pouvait continuer son activité en payant ses dettes selon le plan arrêté par le tribunal de commerce, pour cette durée.

En juin dernier, il vient me voir et me charge de procéder à la vente de son fonds de commerce, ayant deux acquéreurs (deux jeunes filles qu'il me présente).

Il a soigneusement omis de les avertir qu'il est en redressement judiciaire, ce qui n'est guère honnête, et encore moins prudent.

Au cours d'un premier rendez-vous que j'avais eu seul avec lui, il m'avait demandé de ne pas révéler son redressement judiciaire, ce qui m'avait estomaqué : comment cacher un tel fait, publié au registre du commerce ? En outre, pourquoi serais-aussi déloyal envers les acquéreurs, ce qui au reste, engagerait ma responsabilité professionnelle ?

M. S., qui n'est pas étouffé par l'honnêteté, avait mal pris mon refus. Mais ce n'est pas tout. J'ai dû l'informer (lui et les acquéreurs) que le fonds ne pouvait pas être vendu sans l'autorisation du commissaire au plan (Me COUDRAY) autrement dit en simplifiant, sans l'autorisation du tribunal de commerce.

Il fallait donc engager, préalablement à la vente, une procédure d'autorisation devant le tribunal de commerce, et nous n'étions pas sûrs du tout d'obtenir cette autorisation.

M. S. a semblé prendre fort mal toutes ces informations, et a demandé à réfléchir. Il m'a ensuite laissé sans nouvelle tout l'été.

Début septembre en me rendant à la pizzeria, je constate qu'elle est exploitée par les deux jeunes filles, lesquelles m'apprennent qu'elles ont acquis le fonds, par l'intermédiaire d'un autre avocat, Me R., de MELUN. C'est M. S. mon (ancien) client qui leur a imposé ce nouvel avocat.

Je suis abasourdi : il n'est pas possible que le tribunal ait donné aussi rapidement un accord qui d'ailleurs était très difficile à obtenir. J'interroge les deux jeunes femmes sur ce point, et elles m'affirment que tout est en règle...

Je suis perplexe. Quelle sombre machination mon confrère R. a-t-il utilisé au préjudice de ces deux jeunes filles qui n'y ont rien compris ? Les mois suivants vont me donner la réponse.

En outre R. a commis une faute déontologique puisque sachant que j'étais déjà intervenu dans ce dossier (le client lui a remis la promesse de vente que j'avais rédigée), il avait l'obligation de me consulter pour savoir si j'avais été réglé de mes honoraires, ce qui précisément n'était pas le cas, et il n'avait donc pas le droit de me succéder.

Une telle faute déontologique justifie une sanction disciplinaire, mais comme je l'expose en de nombreux passages dans ce journal, la procédure disciplinaire est largement soumise à l'arbitraire du bâtonnier, qui peut décider ce qu'il veut, poursuivre ou pas. Dans mon cas, étant coupable d'indépendance, la déontologie fonctionne à sens unique : je la subis, elle ne me profite jamais. Il est donc inutile que je dépose une plainte contre P., mais peut-être le ferai-je uniquement pour démontrer le favoritisme dont il profite.

Quelque temps après, je fais délivrer au cabinet de Me R. une opposition par voie d'huissier pour le montant de mes honoraires. En effet, quand un avocat procède à une vente de fonds de commerce, il doit la publier dans un certain nombre d'organes, et un délai s'ouvre pour que les créanciers du vendeur puissent demander à l'avocat de leur régler le montant de leur créance (en ce qui me concerne, mes honoraires). Ce montant est bien entendu déduit du prix de vente qui sera ensuite remis au vendeur.

J'ai donc avancé les frais d'huissier, après quoi l'huissier qui a délivré l'opposition au cabinet de Me R. m'informe… que M. S. vient d'être déclaré en liquidation judiciaire par le Tribunal de Commerce.

Cela signifie plusieurs choses.

D'abord, ce jugement de liquidation ne peut être qu'une sanction pour avoir vendu le fonds de commerce : donc mon confrère R. n'avait pas reçu l'autorisation, et nous verrons que les conséquences en sont graves.

Ensuite, compte tenu de cette liquidation judiciaire, je ne serai jamais payé de mes honoraires, et en plus j'ai dû payer des frais d'huissier relativement importants par rapport à ma créance.

Là encore je le dois au manque de confraternité de R. Mais quel bâtonnier va lui demander des comptes ? Je suis d'autant plus déçu que j'ai de bons rapports avec R. C'est un voyou sympathique, courtois, cultivé, avec qui j'aimais parler. A-t-il conscience d'être déloyal, ou est-ce tellement naturel chez lui qu'il n'y voit aucun mal ? Je ne le saurai jamais. Mais la suite vaut le détour.

### 1ᵉʳ Septembre 1998

Un an plus tard, je suis contacté par les deux jeunes femmes qui ont acheté le fonds de commerce « La Villa Romana ». Elles viennent de recevoir une assignation à comparaître devant le Tribunal de Commerce à la diligence de Me COUDRAY, le liquidateur de M. S.

Elles me montrent l'assignation, et je comprends alors comment mon « confrère » R. avait procédé pour vendre le fonds alors que son propriétaire était en redressement judiciaire. Il a tout simplement affirmé de façon mensongère dans l'acte de vente, que Me COUDRAY, à l'époque commissaire à l'exécution du plan, avait donné son accord à la vente… alors qu'il n'en était même pas informé.

Aussitôt qu'il l'a été, et qu'il a appris le faux en écriture commis par Me R. et le client (car il s'agit de cela), il a demandé au tribunal de commerce de prononcer la liquidation de M. S., ce qui fut fait, et à présent demande au tribunal de prononcer la nullité de la vente.

On devine la situation catastrophique des deux jeunes femmes, qui ont acheté un fonds, l'exploitent depuis un an, et vont voir la vente annulée. Bien entendu elles ne seront jamais remboursées.

Elles me demandent de les assister dans cette procédure, et je leur explique que c'est impossible puisque je devrais plaider contre un ancien client, ce qui m'est déontologiquement impossible. Elles vont donc prendre un autre conseil, et naturellement, déposent en plus une plainte contre Me R. devant le Conseil de l'Ordre, chose que je n'ai pas fait en ce qui me concerne.

Les faits sont graves. R. a commis des faits susceptibles d'entraîner pour lui des poursuites correctionnelles, et cela justifie sa radiation.

Pourtant il ne se passera rien. R. sera inquiété plus tard à cause de ses dettes fiscales, mais pas pour ses malversations.

### Janvier 2001

Je suis contacté téléphoniquement par un policier de la brigade financière de la police judiciaire. Il m'apprend qu'il est muni d'une commission rogatoire aux fins de m'entendre en qualité de témoin dans une affaire concernant mon « confrère » R. Je cherche à en savoir un peu plus, et j'apprends qu'à la suite de sa malversation dans la vente du fonds de commerce « La Villa Romana » (cf. Septembre 1997 ; 1er septembre 1998 ;) les deux jeunes femmes acquéreurs ont porté plainte au pénal et R. est mis en examen pour faux en écriture et escroquerie au faux jugement (il a en effet affirmé faussement que le tribunal de commerce avait autorisé la vente du fonds).

J'appendrai plus tard que le client, S., est lui-même mis en examen pour complicité et banqueroute.

Les enquêteurs ayant vu dans le dossier (il a dû y avoir une perquisition chez R.) que j'étais l'avocat précédent de S., veulent probablement savoir pourquoi il avait changé d'avocat.

Je le sais et tout le monde s'en doute : j'ai voulu respecter la loi, et le client, sachant de par la réputation de R. qu'il serait moins regardant à cet égard, est allé le trouver.

Je donne mon accord au policier pour un entretien à mon cabinet le 23 janvier, et je préviens le bâtonnier J. par acquis de conscience.

Quelques jours plus tard je reçois une lettre du dit bâtonnier, me rappelant qu'au nom du secret professionnel, je ne peux absolument pas répondre aux questions des policiers.

Le 23 janvier deux policiers se présentent à mon cabinet pour m'interroger, et je leur annonce que le secret professionnel m'interdit de répondre à leurs questions.

Ils sont très déçus et je suis mal à l'aise. J'ai l'air de protéger R., et ils doivent se dire que le barreau est une mafia. Je souffre d'être mis dans le même sac que ceux que je combats. Je me réserve d'y réfléchir.

## 28 novembre 2002

Suite de l'affaire R/S (cf. septembre 1997 ; 1er septembre 1998 ; janvier 2001). Dans un premier temps, et afin de ne pas avoir de problème, j'avais accepté l'instruction du bâtonnier de ne pas répondre aux questions des policiers. Par la suite j'ai pensé à plusieurs reprises revenir sur ma décision devant la multiplication des petits scandales, dénis de justice, actes d'arbitraire auquel j'assiste sans cesse au sein du barreau. Mais j'hésitais sur la méthode : si je reprenais contact moi-même avec les enquêteurs, ils devraient le noter au dossier, et cela aurait l'air d'un acte de vengeance ou de délation. L'idéal serait qu'ils me recontactent eux-mêmes.

Les mois ont passé et la difficulté s'est levée d'elle-même : j'ai reçu une convocation du juge d'instruction pour être entendu en tant que témoin. Après un rendez-vous manqué, le 28 novembre a été retenu d'un commun accord.

Cette fois je ne me suis pas complètement défilé. J'ai dit au juge que mon client M. S. était informé par mes soins de la nécessité d'obtenir l'autorisation préalable à la vente. Bien que je n'aie rien ajouté, le juge en conclura de lui-même que le changement d'avocat à ce moment précis ne pouvait s'expliquer que par le souci de S. de trouver un avocat moins à cheval sur la légalité.

J'ai ainsi enfreint en partie la recommandation du bâtonnier visant à protéger R. Est-ce qu'ils me le feront payer ? Sans doute mais subrepticement comme d'habitude.

Mais en même temps je suis amer pour une autre raison. J'ai senti au cours de l'interrogatoire, que le juge n'était pas sûr de mon honnêteté. Il m'a laissé entendre que si S. ne m'avait pas retiré le dossier, peut-être aurais-je agi moi-même comme mon confrère R. Une telle suspicion m'a meurtri. Être suspecté de la même malhonnêteté alors qu'au surplus je prends des risques pour témoigner contre le souhait du bâtonnier, m'apparaît trop injuste.

### 16 avril 2004

Tous les avocats de MELUN reçoivent sur leur télécopieur une circulaire du Bâtonnier : « notre Confrère « R » nous a quittés ».

Me « R » est mort, et bien que la cause du décès ne soit pas mentionnée, chacun pense immédiatement à un suicide.

Or contrairement à ce que pourrait laisser penser ce qui précède, ce n'est pas la malversation qu'il a commis qui a motivé ce suicide, puisque comme on l'a vu, il n'était nullement inquiété pour cela par le Conseil de l'Ordre. Certes il était poursuivi de ce chef au pénal, et l'audience correctionnelle où il devait être jugé était imminente, mais il avait assez de force de caractère pour y faire face.

En réalité R était depuis plus de dix ans harcelé par le fisc et les organismes sociaux pour la même raison que beaucoup d'autres : ayant fait en retard un certain nombre de déclarations, il n'avait jamais pu payer le racket légal qu'on avait alors exigé de lui. Voilà plusieurs années, le fisc l'avait donc fait condamner par le tribunal correctionnel pour « fraude fiscale. » Car le fait d'être négligent, puis de ne pouvoir assumer les lourdes conséquences financières qui en découlent, cela s'appelle de la fraude fiscale.

Il avait continué de travailler avec la motivation qu'il pouvait trouver, et je sais qu'il travaillait dur. Parfois nous nous croisions le soir en sortant très tard de nos cabinets respectifs, vers 23 h voire plus. Nous nous faisions de loin un signe de l'index vers la tempe, pour dire : « nous sommes complètement fous de travailler autant ». Mais comme il ne pouvait toujours pas remonter la pente, l'administration fiscale a fini par demander au Parquet Général d'engager des poursuites disciplinaires.

Le Conseil de l'Ordre lui avait infligé huit mois de suspension avec sursis. Le Parquet Général a fait appel, et la Cour d'Appel a prononcé huit mois de suspension ferme.

Une suspension de huit mois pour un avocat, c'est la fin. D'abord on n'a plus rien pour vivre. Ensuite on perd toute sa clientèle et la publicité autour de cette sanction vous interdit de reprendre l'exercice de la profession. En attendant, la dette fiscale continue d'augmenter.

Et ce n'est pas tout. En même temps que la sanction, son cabinet, qui était sous forme de société, a été placé en liquidation judiciaire par le Tribunal de Grande Instance à la demande du fisc. Pour lui c'était sans espoir.

« R » avait annoncé à plusieurs personnes son intention d'en finir avec la vie. Aussi dans l'immédiat personne ne croit à une mort accidentelle, bien qu'officiellement il soit mort dans son sommeil.

Quelques jours plus tard nous apprenons qu'une autopsie aurait confirmé la mort naturelle par rupture d'anévrisme. Personne n'y croit au barreau.

Malgré le comportement douteux qu'il avait eu dans l'affaire commerciale que j'ai relatée, je suis affecté par ce drame sans rapport avec cela. Il est révoltant que quelqu'un qui travaille dur comme il le faisait, soit poussé au geste ultime par l'impossibilité de faire face au racket fiscal.

Et un souvenir me revient. Quelques années plus tôt je venais de m'acheter un scooter pour me rendre plus facilement à mon cabinet, ne pouvant stationner avec ma voiture. Je l'avais croisé et il m'avait dit : « ah, un scooter, j'en rêve ». J'étais resté coi. Lui, à la tête du principal cabinet d'affaires de Melun, n'avait pas les moyens de s'acheter un scooter de 125 cm 3 ? Je ne savais pas encore – mais j'allais le découvrir – que quand le fisc et les organismes sociaux vous poursuivent, ils vous râpent jusqu'à l'os et vous ne pouvez rien avoir sous peine de vous le faire saisir. Peu importe ce que vous gagnez, il ne vous reste rien. Alors vous n'achetez plus rien, et tout ce qui se trouve sur votre compte en banque est régulièrement saisi (voir le chapitre « aspects matériels »)

## 11 février 2004

Ce jour je reçois une nouvelle cliente qui a une formation de juriste et a travaillé pendant plusieurs années dans un cabinet d'avocat parisien. Elle m'apprend qu'au barreau de PARIS de nombreux cabinets ont l'habitude de faire plaider des collaborateurs qui ne sont pas avocats.

Je le lui ai fait répéter tant c'est incroyable. Elle me confirme alors qu'il lui est arrivé à de nombreuses reprises, à la demande de son employeur avocat – et alors qu'elle-même n'était pas avocate, mais juriste salariée- de se rendre au Palais de Justice, d'enfiler une robe qu'on lui prêtait puis de se présenter à l'audience pour plaider le dossier.

Aux magistrats elle disait : « je suis la collaboratrice de Maître Untel ». C'est ce que dit en principe le collaborateur avocat. Les magistrats comprenant sans qu'il s'agissait d'une collaboratrice avocate, n'y voyaient que du feu, et elle plaidait…

Devant ma surprise elle me dit : *« mais c'est très répandu à PARIS ! C'est tellement grand et anonyme que personne ne vérifie »*. Elle a fini par quitter aussi bien ce cabinet que PARIS car elle sentait qu'elle pourrait avoir des ennuis à la longue.

Le collaborateur qui agit ainsi commet un délit pénal : exercice illégal de la profession d'avocat, et son employeur avocat est complice. Ils encourent tous deux une peine d'emprisonnement, et pour l'employeur avocat, la radiation du barreau. Mais qui va les dénoncer et plus encore les poursuivre? Si la pratique est répandue, elle a forcément l'assentiment tacite du Conseil de l'Ordre, pourtant censé faire la police de la profession.

Cela me rappelle un autre fait voisin, qui m'avait choqué quand j'étais stagiaire au barreau de Lyon dans les années 1990. Un avocat de ce barreau avait ouvert son cabinet sans jamais avoir été avocat stagiaire, comme c'est obligatoire. Il avait passé son CAPA, puis s'était installé… Il n'avait donc pas le droit d'exercer. Pourtant, grâce à la protection du bâtonnier de l'époque, il n'a eu aucun ennui, et au bout de quelques années, tout le monde a oublié…

Voilà comment cela se passe au barreau. Et gare à celui qui aurait l'audace de dénoncer ces petits arrangements.

### 6 juillet 2007

« Le Monde » rapporte la tentative d'assassinat dont a été victime un avocat pénaliste parisien, Karim Achoui., connu pour sa défense des grands truands. L'article relate un rapport de la Brigade de Répression du Banditisme rédigé le 1er décembre 2005 dans lequel étaient mises en cause les relations de l'avocat avec le milieu, et *« le fonctionnement plus que douteux »* de son cabinet. Entre autres, il forçait certaines de ses employées *« parfois en relation avec le milieu délinquant… à se présenter comme avocates alors qu'elles ne l'étaient pas »*.

Tiens, tiens… Cela confirme l'information que m'avait donnée en 2004 (voir 11 février) une cliente juriste dans un cabinet parisien, selon laquelle il s'agit là d'une pratique courante dans ce barreau.

### Mai 2009

Le Conseil de l'Ordre veut une fois de plus m'empêcher de m'installer, nouvelle représailles indirecte à ma résistance.

Je viens de déménager à titre professionnel et privé, puisque j'exerçais et exerce toujours, dans une maison dont un étage est réservé au cabinet, le reste constituant mon logement. Dans l'ancienne maison il s'agissait du deuxième étage, ici c'est le rez-de-chaussée.

Dans tous les barreaux (sauf à Paris semble-t-il à cause du grand nombre d'avocats) chaque ouverture ou transfert d'un cabinet est suivi d'une « visite domiciliaire » effectuée par un membre du Conseil de l'Ordre. Il s'agit de vérifier que le local est adapté à l'exercice de notre métier : il faut au minimum une salle d'attente meublée et un bureau distincts, afin de préserver le secret professionnel. Le cas échéant, les parties privatives doivent être séparées : pas question de recevoir dans son salon, ou de faire attendre dans le couloir commun de la maison. On vérifie aussi que les lieux sont décents, même si le luxe n'est pas exigé (il n'existe d'ailleurs en général que dans les films).

Le jour de la visite, la membre du Conseil me demande de lui remettre mon bail. C'est la règle et j'en avais préparé une copie. Le Conseil de l'Ordre doit vérifier que le bail me permet d'exercer mon métier, et il n'a aucun autre contrôle à faire. J'ai donc par discrétion barré le montant du loyer qui est sans intérêt pour lui.

Deux ou trois semaines plus tard, je reçois une lettre du Bâtonnier m'informant que le Conseil de l'Ordre a refusé d'entériner mon changement de domicile professionnel. Motif : j'ai barré le montant du loyer sur le bail.

Cela signifie que mon cabinet reste officiellement en un lieu où je ne suis plus, et qui figurera pourtant sur le tableau des avocats imprimé chaque année puis diffusé non seulement à tous les avocats du barreau, mais encore aux notaires, huissiers, commissariats de police, maisons de justice...

Je connais trop la mentalité des membres du Conseil pour que leur réaction me prenne au dépourvu. D'abord ils dont vexés. Le caractère monarchique du Conseil de l'Ordre, la fierté dérisoire et puérile de ceux qui y siègent avec l'illusion de régner, sont heurtés une fois de plus par cette nouvelle manifestation d'indépendance de ma part, pourtant anecdotique. Je viens de leur dire : *« quelque chose qui me concerne ne vous regarde pas »*.

Mais c'est surtout le bâtonnier qui est en cause, E. Vannier. Au sein du Conseil le bâtonnier, c'est le chef d'orchestre. C'est lui qui est à l'origine de ce refus.

Intolérable pour des gens qui se croient importants au point de faire imprimer parfois sur leur papier à en-tête : « *Me Untel, membre du Conseil de l'Ordre* », ou plus ridicule encore,

« *Ancien membre du Conseil de l'Ordre* »

Ensuite ils sont irrités : c'est toujours le même qui leur manque d'obséquiosité.

Enfin ils sont frustrés. Tout avocat (ou presque) qui est candidat au Conseil de l'Ordre a entre autres pour motivation la curiosité. Au Conseil, on peut débattre d'une plainte déposée contre tel confrère, du contrôle de comptabilité effectué chez tel autre, des difficultés financières rencontrées par un troisième... Des informations croustillantes circulent parfois. L'intéressé peut être convoqué soit devant le Conseil, soit devant un membre rapporteur, et on en profite pour tout savoir. : ses revenus, sa vie privée, ses problèmes de santé... C'est à l'avocat de résister, en fonction de sa personnalité, à cette curiosité malsaine.

C'est précisément ce que je viens de faire. Mon loyer ne les regarde pas, d'autant qu'il s'agit d'un loyer professionnel et d'habitation, donc à moitié privé. Et leur curiosité est déçue. Donc ils se vengent.

L'illégalité de l'exigence ordinale est flagrante et je n'aurais aucun mal à faire annuler par la Cour d'Appel ce refus. Le Conseil serait alors obligé de prendre en compte ma nouvelle adresse, et je pourrais même faire condamner le barreau à rééditer un nouveau tableau des avocats, ce qui générerait un coût considérable. Ce serait ma deuxième victoire judiciaire contre l'Ordre pour le même motif, après celle de 1993.

C'est ce que je décide d'abord. Puis j'hésite. Encore une procédure à engager, qui va me faire perdre un temps fou, encore des inimitiés et de futures vengeances à subir.

C'est le message implicite qu'adressent à l'avocat tous ses interlocuteurs violant la légalité : tu n'es pas content ? Eh bien tu n'as qu'à former un recours (quand il est juridiquement possible, ce qui n'est pas toujours le cas). Sachant très bien quels sont les inconvénients pour l'avocat du dit recours : perte de temps, étalage public d'une dissension, et parfois d'un problème personnel qu'il ne tient pas à rendre public ; en cas de succès, représailles hypocrites de ceux qui ont le pouvoir. En attendant, la mesure arbitraire s'applique.

Je renonce donc et fournis le bail complet, accompagné d'une lettre au Bâtonnier que je lui demande de lire devant le Conseil. J'y exprime mon indignation devant le caractère illégal de la délibération ordinale, et ma certitude de pouvoir la faire annuler par la Cour d'Appel, faculté à laquelle je renonce expressément.

L'a-t-il lue comme je le lui ai demandé ? Je ne le saurai jamais. A la réunion suivante du Conseil de l'Ordre, mon changement de domiciliation est enregistré. L'arbitraire a gagné. Je m'en veux, j'aurais dû résister. Tant pis. Il y a des moments où je suis las de ferrailler.

# LE BÂTONNIER MONARQUE EN SON ROYAUME

Le bâtonnier est élu tous les deux ans par les avocats de son barreau. Il préside le Conseil de l'Ordre, et à ce titre est le gardien de la déontologie. Il incarne donc ce qu'il y a de plus noble et vertueux dans la profession. Il dispose notamment du pouvoir disciplinaire et à ce titre peut renvoyer un avocat devant le Conseil de discipline de sa propre initiative, même contre l'avis du Conseil de l'Ordre. Il préside de droit la CARPA (cf. ci-dessous).

Alors que toute décision du Conseil de l'Ordre qui fait grief à un avocat peut être déférée par celui-ci à la Cour d'Appel (ce que j'ai fait en 1992 au sujet de ma domiciliation, avec succès), les décisions du bâtonnier sont sans recours, sauf dans deux domaines : en matière d'honoraire, et pour les litiges entre avocats. Dans le Saint des Saints du barreau, l'arbitraire est roi.

## 1991

Je viens de m'inscrire au barreau de Melun et une petite polémique l'agite, discrète, feutrée, honteuse. La CARPA vient de changer de banque par la volonté unilatérale du bâtonnier, F. elle était à la BNP (ou à la SG, j'avoue ne pas me rappeler très bien) elle sera désormais au Crédit Agricole. La CARPA est le compte ouvert par chaque barreau auprès d'une banque pour y recevoir les fonds des clients, notamment. Autant dire que pour les banques le barreau est un client de premier choix.

Le problème, c'est que F. est aussi l'avocat du Crédit Agricole. Dès lors il y a pour le moins une contradiction d'intérêt. On est en droit de suspecter que ce transfert serait la contrepartie du choix qu'a fait le CA d'être défendue par F. Déontologiquement c'est extrêmement choquant. Pourtant aucun recours n'existe, et d'ailleurs cela ne fait pas « grief » à un avocat, ou aux avocats. C'est une règle morale qui a été violée. Beaucoup en parlent, mais rien ne se passe et pour cause. Avec le temps on oubliera, et d'ailleurs une autre banque sera encore choisie quelques années plus tard.

F. me poursuivra quelques années plus tard parce qu'en m'opposant à différents actes d'arbitraire, je manque de délicatesse.

### Janvier 1995

La presse annonce qu'on juge l'ancien Bâtonnier de DIJON, qui en 1991 avait détourné plusieurs millions d'Euros de la CARPA et était parti en croisière vers des rivages qu'il espérait insouciants. On apprend du même coup que celui de BASTIA avait eu la même délicatesse.[9]

Combien d'autres qui nimbés dans la respectabilité de leur titre, se livrent discrètement à des combinaisons douteuses, tout en faisant des leçons de morale, ou pire, aux avocats dont ils sont censés contrôler la déontologie ?

### 1995

L'ancien palais de justice de MELUN est situé près de l'hôtel de police, sur le même trottoir, à environ 300 M. C'est

---

[9] http://lexpansion.lexpress.fr/actualite-economique/les-avocats-pieges-par-l-argent-facile_1434021.html

pratique pour la police quand elle doit déférer au parquet des personnes placées en garde à vue. Mais jusque-là elle le faisait décemment : la personne déférée était conduite au palais dans un véhicule de la police, ce qui lui assurait un minimum de discrétion et donc de dignité.

Voilà que depuis quelque temps une pratique scandaleuse s'est mise en place. Les policiers, soucieux de ne pas utiliser un véhicule sur une distance si courte, amènent la personne à pied jusqu'au palais. Elle est menottée par devant, et un policier la traîne derrière lui par une petite corde reliée aux menottes, tandis qu'un autre fonctionnaire se tient aux côtés de l'intéressé.

On comprend immédiatement ce que ce traitement a de dégradant. Sur cette distance de 300 m environ, la personne déférée marche à visage découvert, tenue en laisse comme un chien entre deux policiers. Les passants se retournent. L'homme ou la femme baisse la tête. Nous ne sommes pas dans « Les Misérables », et l'inspecteur Javert ne tient pas la laisse. Nous sommes dans la France de la fin du 20 è siècle, devant un palais de justice où ces « gardiens des libertés » que sont censés être les avocats détournent la tête, indifférents ou lâches.

J'interpelle un, plusieurs confrères. Allons- nous laisser faire cela ? « Bah, qu'est-ce que tu veux faire... » est en substance la réponse obtenue.

Non. C'est le rôle du bâtonnier, représentant le barreau, que de protester auprès du Procureur de la République ou de la hiérarchie policière. La protestation isolée d'un avocat serait déplacée et ridicule, sauf pour son propre client, mais alors l'action serait limitée : or c'est l'ensemble des justiciables qui est concerné, et je veux que la pratique prenne fin.

J'adresse donc au bâtonnier F. une lettre pour lui demander d'intervenir. Je n'aurai jamais de réponse. La pratique se maintiendra jusqu'à ce que le Palais de Justice soit transféré en 1998.

<u>1998</u>

F. est à nouveau bâtonnier. La CARPA qu'il préside, et qui en ce moment se porte visiblement bien, a décidé d'acquérir et offrir à tous les avocats un ordinateur pour qu'ils puissent se connecter à internet, ce nouveau moyen de communication d'avenir.

Curieux : tous les avocats ont depuis longtemps un ordinateur, et on se demande bien pourquoi il leur en faudrait un autre pour accéder à internet. Mais surtout cet usage des fonds de la CARPA est illégal. Raison pour laquelle nous sommes trois au barreau (trois seulement) à refuser ce cadeau douteux. Aucun recours n'existe contre cette décision.

Ce n'est pas tout. Le bâtonnier a lui-même sélectionné l'entreprise qui fournira une centaine d'ordinateurs, bonne affaire pour le professionnel. Tiens, tiens. Comme par hasard c'est la même entreprise (KBS a Moissy Cramayel) qui a récemment installé le nouveau système informatique du cabinet de F.

On retrouve la même contradiction d'intérêt que lorsqu'il a choisi la nouvelle banque de la CARPA. Qui peut s'empêcher de penser qu'en échange de cette grosse commande le bâtonnier a obtenu des conditions avantageuses pour son propre système informatique ? Plus d'un au barreau le murmure. Mais comme toujours nous sommes impuissants.

<u>Novembre 1999</u>

J'ai été chargé par une cliente de succéder à F, l'archibâtonnier qui m'a poursuivi en 1995, dans un dossier où il a fait preuve de la plus grande négligence : il a obtenu un jugement de condamnation contre une société qui a été condamnée à verser à Mme C. des dommages intérêts.

La cliente a alors versé à F. sur sa demande, les honoraires de l'huissier afin de faire exécuter le jugement, puis Mme C. n'a plus eu la moindre nouvelle pendant plusieurs mois.

Ses appels téléphoniques restaient vains, F. étant injoignable. Ses lettres demandant des nouvelles restaient sans réponse. Une demande écrite par lettre recommandée avec accusé de réception n'a pas eu davantage de succès.

Elle veut donc changer d'avocat comme elle en a le droit.

Conformément à l'usage j'ai écrit à F. pour lui demander s'il voyait un inconvénient à ce que je lui succède (en clair si des honoraires lui étaient dus) et dans la négative de me transmettre son dossier.

Il a comme tout avocat l'obligation de me répondre et de me fixer.

Comme d'habitude, silence. Le 10 Décembre, toujours pas de réponse. Il est pourtant bâtonnier, et si un autre avocat agissait de la sorte, il devrait le rappeler à l'ordre voire le sanctionner.

Je lui adresse une lettre de relance le 10 Décembre, le menaçant de « prendre mes responsabilités ».

Toujours pas de nouvelle, je saisis donc le bâtonnier, qui lui écrit, et cette fois il ne peut faire autrement que me transmettre le dossier.

À l'intérieur, il y a la convention d'honoraire signée avec la cliente. On peut y lire que la rémunération est uniquement constituée par un pourcentage sur le résultat obtenu, sans fixe. C'est formellement interdit par notre déontologie. Qu'importe à un bâtonnier ?

### 22 Mai 2000

Voici un des plus beaux exemples d'arbitraire judiciaire, bâtonnal, ordinal, que j'aie eu à connaître.

J'ai fait la connaissance d'un avocat du Barreau de PARIS qui normalement ne devrait pas avoir le droit d'exercer étant donné son agressivité, sa vulgarité, son mépris pour la délicatesse la plus élémentaire. Actuellement il est mis en examen par un juge d'instruction d'EVRY (91) pour faux en écriture ; on dit qu'il se drogue à la cocaïne ; il a eu de multiples incidents qui auraient dû justifier depuis longtemps sa radiation tant il déshonore notre profession.

La plainte que j'ai rédigée devant le Conseil de l'Ordre de PARIS résume le personnage: on la trouvera ci-après, et je reprendrai les explications sur lui ensuite.

*Ordre des Avocats Barreau de PARIS Palais de Justice*

*4 Boulevard du Palais 75001 PARIS*

*<u>Objet:</u> plainte contre un avocat*

*Le 22 Mai 2000*

*Madame le Bâtonnier,*

*Je suis contraint de déposer plainte entre vos mains contre l'un de mes confrères de votre barreau, Me T. en raison de manquements graves et caractérisés à son obligation de délicatesse.*

*J'ai été saisi le 10 Mai dernier des intérêts de M. Paul B., qui venait d'être interpellé et placé en garde à vue à la suite d'une dénonciation pour de supposés attouchements sexuels sur mineures.*

*Les mineures concernées étaient deux de ses petits enfants ainsi que l'enfant d'une première union de son gendre, M. Fabrice B., par ailleurs avocat de votre barreau, et auquel il est opposé dans une autre procédure pénale.*

*J'ai assisté mon client dès cette étape de la procédure, puis lors de sa présentation devant le juge d'instruction le lendemain 11 Mai.*

*J'ai demandé conformément à la loi, un délai pour l'interrogatoire de première comparution, qui a été fixé au 18 Mai. Un mandat de dépôt ayant été requis, le débat contradictoire a eu lieu immédiatement, et le magistrat a décidé le placement en détention provisoire.*

*Entre le 11 et le 18 Mai, des faits nouveaux sont apparus. En effet, sa petite fille S., qui l'accusait, s'est mise également à accuser son propre père, soit M. B.*

*Informé de cet élément nouveau par la mère de S., soit Nathalie B, je l'ai invitée à déposer une plainte sans délai contre M., ce qu'elle a fait, et elle a alors chargé la S.C.P. T - P des intérêts de la mineure.*

*Il me semble qu'une contradiction d'intérêts existe entre M. Paul B. et la petite S., empêchant qu'ils aient le même avocat: on ne peut assister à la fois l'homme mis en cause par la petite fille, et la petite fille mettant en cause un autre homme dans la même affaire. Le choix d'un autre avocat était donc légitime.*

*J'ai alors été contacté téléphoniquement par Me T. qui m'a demandé, en présence de sa cliente Mlle B., si j'étais d'accord pour qu'il intervienne en outre à mes côtés pour la défense de M. Paul B., que j'assistais.*

*Le procédé m'a semblé indélicat. Une telle demande n'aurait pas dûe être faite par lui, devant la cliente. En outre se pose pour lui le problème de la contradiction d'intérêts évoquée plus haut. Enfin je n'entendais pas collaborer avec un autre avocat dans un dossier. J'ai donc refusé.*

*Il a lourdement insisté, et j'ai dû maintenir fermement mon refus pour qu'il veuille bien renoncer. Nous n'avons pas échangé un mot sur le fond du dossier.*

*La veille de l'interrogatoire, soit le 17 Mai, il m'informe par télécopie qu'il interviendra désormais à mes côtés pour la défense de Paul B. malgré mon refus. Le client, sollicité par des moyens mystérieux (il était détenu et aucun permis de visite n'avait encore été délivré sauf à moi) en avait décidé ainsi.*

*Dès ce moment j'ai pris la décision de me dessaisir des deux dossiers B. Cependant ayant étudié le dossier d'instruction et ne sachant d'ailleurs pas dans l'immédiat si mon confrère allait assister à l'interrogatoire du 18 Mai, ni s'il connaissait le dossier, j'ai tenu à y être pour ne pas nuire au client.*

*Je me suis donc rendu au Palais et me suis dirigé vers la pièce où se trouvait le détenu avant l'interrogatoire. Me T. et P. étaient déjà là tous deux en présence du client.*

*Nous nous sommes présentés (nous ne nous connaissions pas), et j'ai indiqué à M. B. que je souhaitais dès qu'il aurait fini son entretien avec mes deux confrères, lui parler à mon tour seul.*

*J'avais en effet l'intention de lui annoncer mon dessaisissement prenant effet après l'interrogatoire, et l'informer que sa fille m'avait réglé depuis le matin les honoraires dus dans les deux dossiers, en sorte qu'il était parfaitement en règle à mon égard. Ces informations ne regardaient que lui et moi.*

*Me T. m'a alors dit qu'il était hors de question que je parle à M. B. hors de sa présence et celle de son associée. Je lui ai répondu que ce n'était pas à lui d'en décider mais au client, et ai posé la question à ce dernier.*

*Le pauvre homme, ainsi tiraillé, n'a pu que répondre d'un air accablé : « je ne sais plus... ».*

*Je lui ai dit qu'assurément sa fille, à l'origine de cette situation de blocage ne lui avait pas rendu service.*

*Me T. m'a aussitôt intimé l'ordre de sortir dans ces termes : « allez circule ! ». Je lui ai demandé correctement de ne pas me tutoyer et de ne pas me donner d'ordre.*

*Il s'avance alors vers moi d'un air menaçant, vient placer son visage à quelques centimètres du mien, et sur un ton haineux me dit : « je fais ce que je veux et si je veux te tutoyer je te tutoie t'a compris ? ».*

*A ce stade il n'était plus possible de répondre sans que cela dégénère en confrontation physique. La position qu'il avait prise était d'ailleurs celle de quelqu'un qui se prépare à donner un coup de tête, et je ne pouvais l'éviter placé comme j'étais, tenant au surplus ma mallette.*

*Conscient de la situation, et soucieux de la dignité de ma fonction (J'étais en robe contrairement à lui ; nous étions en présence du client et des policiers) j'ai préféré sortir.*

*Naturellement il a pris cette sagesse pour une reculade, et son agressivité s'en est trouvée confortée, comme décrit ci-après.*

*Au cours de l'interrogatoire, auquel il a assisté sans robe au mépris de nos règles déontologiques, il n'a cessé de m'invectiver en me tutoyant ostensiblement, ce que j'ai demandé au juge d'instruction de bien vouloir acter (cf. P.V. joint).*

*Il a multiplié les réflexions désagréables soit sur la justice (« on met un mec en prison pour ça... ») soit sur moi, qu'il accusait d'avoir mal défendu le client, ajoutant que ce n'était pas étonnant de la part d'un « avocat de banlieue ». Pendant ce temps son associée, Me P., ricanait comme une collégienne.*

*Ce spectacle lamentable était donné devant un juge, une greffière, des policiers, un justiciable.*

*Il ne saurait être question pour moi d'accepter des faits que je n'ai encore jamais rencontrés au cours de ma carrière.*

*Comment est-il possible qu'un tel personnage soit inscrit au Barreau ?*

*On me dit que ce comportement est habituel chez lui : il aurait déjà outragé un magistrat au moins une fois, refusé de serrer la main d'un Confrère de MELUN avant un interrogatoire dans ces termes: « je ne serre pas la main de l'avocat de la police ».*

*Un autre Confrère à qui j'ai rapporté cet incident m'a dit : « T. ? Il n'est pas encore radié ? »*

*Je me refuse encore à croire qu'il y ait deux statuts d'avocat, deux déontologies, deux justices ordinales et j'espère avoir bientôt la justification de cette confiance.*

*Je vous remercie de bien vouloir m'informer de la suite qui sera donnée à la présente lettre, que je pourrai compléter au besoin par tout témoignage utile.*

*Il me semble nécessaire de préciser que si j'ai pu dans les circonstances que je vous ai décrites, conserver mon sang froid parce que je comptais en référer à l'Ordre, je ne suis pas certain de pouvoir conserver la même attitude une seconde fois.*

*Dans une telle hypothèse, si un incident violent se produisait, le Barreau dûment informé par mes soins et qui n'aurait pris aucune mesure, porterait une lourde responsabilité.*

*Veuillez croire, Madame le Bâtonnier, en l'expression de ma respectueuse considération.*

◆

Ma lettre ne précise pas qu'un major de police appartenant à l'escorte, choqué de ce comportement, m'a proposé spontanément son témoignage. Je l'ai remercié et ai décliné son offre, estimant ne pas en avoir besoin, mais je devais le regretter ensuite. J'ai néanmoins obtenu de la juge d'instruction que ce comportement soit mentionné dans le PV, et elle m'a ensuite remis une attestation *(cf. annexes 5 et 6)*

Le jour même où s'est déroulée la scène affligeante que j'ai décrite, une autre scène tout aussi révoltante avait eu lieu à la cafeteria du Palais de Justice de MELUN, à l'heure du déjeuner.

Le voyou-avocat T et son associée y étaient attablés avec... le Procureur de la République de MELUN.

Ce procureur est connu pour ne jamais déjeuner avec personne, pas même les magistrats de son tribunal. Pourtant il s'est affiché ostensiblement avec ces deux avocats, choisissant même une table à l'écart des autres convives et notamment des autres magistrats.

Mais le pire est à venir, lisez bien.

Car de quoi parlaient-ils ? Du dossier B., c'est à dire celui pour lequel ces avocats avaient fait le déplacement et dans lequel j'occupais encore.

Plusieurs personnes ont saisi des bribes de conversation : mes deux « confrères » (J'ai du mal à employer ce terme pour eux) plaidaient donc le dossier hors de tout cadre légal, devant le procureur qui normalement n'a même pas le droit de les recevoir, encore moins dans un cadre privé.

Oui, on peut faire pression sur un magistrat de cette façon-là, comme au cinéma. Vous avez un problème avec la justice ? Avec un juge d'instruction qui vous en veut ? Ne vous inquiétez pas, je connais bien le Procureur de la République, je déjeune avec lui et j'arrange ça.

J'entends l'objection hypocrite des trois protagonistes : rien n'interdit à un magistrat et un avocat d'avoir des relatons privées.

Certes. Mais à des conditions strictes. La rigueur morale de l'un comme de l'autre doit leur interdire d'évoquer leurs dossiers. Il m'est arrivé de me trouver dans un cadre privé avec des magistrats, et pas une seconde je ne me suis permis de parler d'un de mes dossiers traités par ce juge.

En outre, le contexte peut donner à la rencontre un caractère choquant, ce qui était bien le cas : T. a outragé l'an dernier un juge d'instruction (M. R.) qui a dû déposer une plainte devant le Conseil de l'Ordre de PARIS ; Mme F., présidente du Tribunal Correctionnel, a eu à subir ses outrances et celles de ses clients (les bandes de voyous dont la défense est sa spécialité). Bref, c'est à juste titre la bête noire du monde judiciaire. Tous mes Confrères me disent: « T. ? C'est un fou. »

C'est avec ce fou que le Procureur s'est affiché pour évoquer avec lui l'un de ses dossiers, en violation de tous les usages, permettant ainsi au triste personnage de se prévaloir implicitement de cette relation tutélaire.

Mais ce n'est pas tout.

En début d'après-midi le procureur est allé voir la substitut chargée du dossier et lui a conseillé la prudence en ces termes : *« méfiez-vous, c'est peut-être un complot familial »*, c'est-à-dire la thèse que soutient Me T.

Tous les magistrats exerçant au pénal étaient cet après-midi-là indignés et découragés. Ils se sont sentis bafoués par leur propre procureur, et j'ai entendu des commentaires désabusés sur la difficile mission du magistrat intègre. Et moi avocat, qui bataille parfois contre l'arbitraire de certains juges, je me suis senti solidaire de ceux-là.

La suite de la journée, digne d'un film, m'a été racontée par des clients policiers.

Pendant que se déroulaient les évènements ci-dessus relatés, la police, informée que le véhicule de Me T. était en stationnement gênant, le faisait enlever par la fourrière. En fin d'après-midi, nos deux avocats, trouvant la place vide, s'en vont se plaindre auprès de leur ami procureur. Lequel décroche son téléphone, appelle le ou la responsable de la police, et très en colère, lui intime l'ordre de remettre immédiatement le véhicule à Me T. Fort heureusement il est tombé sur quelqu'un qui ne s'en laissait pas compter, et qui a refusé tout net. Le procureur raccroche puis prenant conscience qu'il était allé un peu loin, rappelle un moment plus tard pour s'excuser. J'ignore la suite.

Reste à savoir pour quelles raisons un Procureur de la République couvre de sa présence et peut-être de son intervention dans le dossier, un tel avocat.

Tous deux sont engagés politiquement, le procureur à droite, l'avocat à gauche. Et tous deux sont franc maçons, bien que de deux obédiences différentes. Le procureur a dit à l'un de ses collègues : « ça crée des liens ».

Aucune suite ne sera jamais donnée à ma plainte. Le bâtonnier de MELUN, que j'ai relancé, a fait de même auprès de celui de PARIS, qui n'a jamais réagi.

### 13 Novembre 2004

Une brève nouvelle dans le Nouvel Observateur de cette semaine. Mon « confrère » F. T., ce voyou contre lequel j'avais inutilement déposé une plainte en 2000, vient d'être condamné à 2000€ d'amende par le Tribunal Correctionnel pour outrage à magistrat. Cela fait deux fois qu'il commet ce délit : la première fois c'est un juge d'instruction de MELUN qui avait saisi le Conseil de l'Ordre de Paris, et ce dernier avait infligé à T... un avertissement, c'est à dire la sanction la plus faible. Il n'y avait pas eu de poursuites pénales. Cette fois c'est une autre juge d'instruction qui s'est vue traiter d' « incompétente » au cours d'une procédure où T., comme d'habitude, défendait un jeune voyou qui avait commis un viol en réunion.

Sans doute informée qu'elle n'avait pas grand-chose à attendre du Conseil de l'Ordre, la juge a cette fois déclenché des poursuites correctionnelles. Le Conseil de l'Ordre de son côté a-t-il pris une nouvelle (et vraie) sanction disciplinaire ? Je l'ignore et aimerais bien le savoir.

Mais avec moi ce rustre était allé beaucoup plus loin, et on se reportera en mai 2000 dans ce journal pour se rappeler les détails. Pourtant je n'avais pas eu droit à la moindre réparation morale. Même si je suis satisfait aujourd'hui de le voir sanctionné par un tribunal, je ressens encore plus vivement l'arbitraire qui règne dans notre profession. Le jour viendra où je n'en pourrai plus, et je me ferai justice moi-même.

L'avocat est un valet que la société prend pour un maître et qui passe son temps à tricher pour entretenir cette méprise.

### 17 février 2007

Dans « L'express » de cette semaine (P 26) quelques lignes sur Me F. T. Il est cité à comparaître le 29 mars prochain devant le Tribunal Correctionnel pour violences sur son ex-compagne. Il a déjà été condamné en 2004 pour outrage à magistrat (voir 13 novembre 2004) et auparavant avait reçu un avertissement (sanction symbolique) du Conseil de l'Ordre pour un outrage envers un autre magistrat. Il m'avait menacé physiquement et foulé aux pieds ses obligations déontologiques à mon égard, en toute impunité. Et il exerce toujours, grâce à ses amitiés maçonniques au sein du Barreau. L'Ordre des avocats de Paris vient de me confirmer qu'il n'est nullement suspendu.

### Actualisation du 11 septembre 2015

Quinze ans ont passé et cet avocat exerce toujours, intouchable. Il a défrayé la chronique il y quelques années encore devant un tribunal correctionnel. Il injurie et outrage qui il veut. Moi pendant ce temps je suis renvoyé en conseil de discipline parce qu'on en a assez que je refuse ce genre de scandale. Oh pardon, ce n'est pas pour ça bien sûr, je suis parano.

### Mai à novembre 2002

Encore une gifle reçue d'un confrère, qui mériterait une sanction disciplinaire s'il existait une justice ordinale. Je n'ai plus d'illusions sur les risques qu'il court : aucun. Néanmoins, fidèle à ma ligne de conduite, je veux aller jusqu'au bout pour démontrer la réalité de ce métier.

Je propose au lecteur de lire la lettre que j'écris ce jour à mon confrère, et qui résume l'affaire.

*Me Dominique T. Avocat*

███████████████████

*75014 PARIS*

*Aff. E..G./P.*

*Le 6 mai 2002*

*Mon cher Confrère,*

*Je suis le Conseil de Monsieur P., partie civile dans l'affaire l'opposant à M. E. G, lequel a été condamné pour violences sur mon client par le Tribunal Correctionnel de MELUN le 8 janvier 2001 à la peine de deux années d'emprisonnement, et a interjeté appel.*

*Cette affaire venait devant la Cour d'Appel de PARIS le 30 avril dernier.*

*Le prévenu était assisté jusque-là par ma Consœur L. de MELUN, qui m'a indiqué par la suite avoir été dessaisie du dossier mais ne connaissait pas son successeur.*

*De votre côté vous n'avez pas cru devoir m'informer de cette succession.*

*Je me suis préparé à l'audience d'appel en étudiant une nouvelle fois le dossier dont le souvenir après plus d'un an était évidemment partiellement estompé, en recevant le client, en communiquant avec la CPAM, à qui j'ai transmis le jugement à sa demande quelques jours auparavant, elle-même me transmettant par la suite ses conclusions ; j'ai moi-même rédigé des conclusions de partie civile que je ne pouvais évidemment vous communiquer, ne vous connaissant pas.*

*Le jour de l'audience, un emploi du temps chargé m'a contraint d'arriver à la Cour, qui était prévenue par les soins de mon client, vers 15 h 30. Monsieur PAULARD lui, était sur place depuis avant 13 h.*

*Je vous laisse deviner le stress qu'a constitué dans ce contexte le trajet MELUN-PARIS en voiture, la recherche d'une place de stationnement au parking du Palais, puis la course au vestiaire pour louer une robe, enfin l'arrivée dans la salle d'audience... pour m'entendre dire que vous aviez sollicité et obtenu le renvoi de l'audience car vous étiez absent pour cause de « mission humanitaire au Moyen Orient ».*

*L'affaire a donc été renvoyée au 12 novembre prochain.*

*Il se trouve que mon retour à MELUN coïncidait avec les départs du long week-end du 1er mai. Compte tenu d'un accident sur l'autoroute ayant provoqué au surplus un ralentissement, mon trajet de retour a pris exactement deux heures trente.*

*J'ai ainsi perdu toute une journée (au minimum) parce qu'un confrère méprisant la courtoisie la plus élémentaire, n'a pas cru devoir m'informer de ce qu'il serait absent et solliciterait le renvoi.*

*Et je ne parle pas du temps perdu par mon client, qui lui-même avait fait le trajet de MELUN avant moi.*

*Vous ne pouviez ignorer ma présence dans le dossier puisque vous l'avez forcément étudié et que mon nom figure sur le jugement.*

*Je n'ai pas l'intention de laisser sans conséquence une telle désinvolture.*

*Vous n'êtes pas sans connaître le coût du travail d'un avocat, et les frais qu'il supporte.*

*Vous pouvez donc aisément imaginer ce que m'a coûté cette journée, et il est hors de question que j'en réclame le montant à mon client, qui est déjà victime de votre attitude.*

*J'entends donc obtenir réparation du préjudice financier que je subis par le seul responsable, soit vous-même.*

*Dans le souci d'éviter une procédure contentieuse (bâtonnier et s'il le faut tribunal) je vous propose de fixer à 200 Euros l'indemnité dont vous m'êtes redevable, laquelle comprend le temps total consacré à l'audience (étude du dossier, réception du client, rédaction de conclusions, communication avec la CPAM, trajet MELUN-PARIS AR dans les circonstances sus-indiquées) ainsi que les frais d'automobile, de stationnement, de location de robe…*

*Vous constaterez aisément que ce montant est dérisoire au regard du coût réel tel que nous le facturons en principe.*

*Au cas où vous refuseriez cette transaction, je déposerais une plainte devant le Bâtonnier, en réclamant la même indemnité.*

*Si cette initiative n'aboutit pas davantage, j'irai devant les tribunaux et réclamerai l'indemnisation de mon préjudice à son coût réel. J'inciterai en outre mon client à en faire autant.*

*Je sais que ma demande est inhabituelle mais je suis décidé à créer une jurisprudence, car je ne peux supporter davantage le mépris que manifestent en toute impunité certains avocats devant leurs devoirs déontologiques à l'égard de leurs confrères.*

*Convenons que j'attendrai deux semaines votre réponse avant de saisir le Bâtonnier. Veuillez agréer, cher Confrère, l'expression de mes sentiments distingués.*

Après plusieurs mois, aucune réponse à ma lettre. Je saisis le bâtonnier de MELUN pour transmission à celui de Paris.

Le 12 novembre je reçois enfin la réponse de T. au bâtonnier. Comme d'habitude, hypocrisie et impunité. Il se contente de me dire qu'il est confus (parce que j'ai déposé une plainte, car quand je lui ai écrit le 6 mai il n'a pas cru devoir m'exprimer la moindre confusion). Et le bâtonnier de PARIS s'en contente, alors qu'il y a là un mépris évident et ouvert pour la déontologie. Aucune sanction, aucun rappel à l'ordre.

Si j'avais été l'objet moi-même d'une telle plainte, j'aurais été sanctionné car je ne suis pas assez docile (c'est à dire soumis). Mais ce « confrère » doit avoir de bonnes relations avec son bâtonnier : classement sans suite.

J'ai hélas trop de problèmes actuellement pour mettre à exécution mes menaces de poursuites judiciaires (dont j'ignore d'ailleurs si elles aboutiraient). J'y renonce donc et consigne ce nouveau déni de justice dans ce journal.

<u>15 novembre 2002 Dossier H.</u>

Je trouve dans ma boîte au Palais une lettre du cabinet I, bâtonnier en exercice mais qui m'écrit en sa qualité d'avocat.

Cette lettre est un nouvel exemple du mépris qu'ont pour la déontologie certains bâtonniers dont la mission est de la faire respecter.

Voici les faits. J'ai été l'avocat d'une femme dans une procédure en divorce longue et conflictuelle. Une fois le jugement rendu, ma cliente, avec qui j'ai eu une explication orageuse (je lui ai raccroché au nez) a estimé devoir déposer une réclamation auprès du bâtonnier (c'est à dire I.) pour se plaindre de ma prestation.

C'est là la routine hélas : les justiciables, poussés par des conseillers mal informés, déposent plainte pour un oui ou un non auprès du bâtonnier, qui est obligé de nous interroger, et nous sommes obligés de répondre, ce qui fait perdre un temps fou à tout le monde, puisque neuf fois sur dix ces plaintes sont fantaisistes.

J'ai donc reçu la traditionnelle demande d'explication du bâtonnier, à laquelle je n'ai pas encore répondu.

Et voilà que le même I., sous sa casquette d'avocat, m'écrit pour me dire qu'il a reçu la cliente à son cabinet (comme n'importe quel avocat donc) laquelle lui a demandé de me succéder dans ce dossier, et il me demande comme le veut l'usage si j'y vois un inconvénient (mais on a vu ailleurs qu'une fois la question posée, certains ne tiennent aucun compte de la réponse).

La délicatesse la plus élémentaire commandait à I. de répondre à la cliente qu'il ne pouvait reprendre un dossier litigieux dont il était par ailleurs saisi en tant que bâtonnier.

Le chantage implicite qui se trouve derrière cette demande est clair : si je fais des difficultés pour lui transmettre le dossier, il se vengera dans ses fonctions de bâtonnier, soit dans ce dossier (puisqu'il est saisi d'une plainte contre moi), soit dans d'autres.

Je n'accepte pas ce chantage. Je vais lui répondre en le rappelant à ses obligations déontologiques ce qui est un comble : c'est lui le bâtonnier... Nous verrons comment il réagira.

Connaissant son hypocrisie je suis prêt à parier qu'il va me répondre en faisant mine d'avoir oublié être saisi de ce dossier en tant que bâtonnier, et renoncera donc à ma succession, puis il cherchera à me le faire payer.

<u>4 décembre 2002</u>

Suite de la magouille I. (cf. 15 novembre) qui n'hésite pas à me succéder dans un dossier qu'il instruit par ailleurs en tant que bâtonnier.

Dans mon récit du 15 novembre, j'avais encore sous-estimé sa malhonnêteté. En effet, il ne m'a pas comme je le pensais, répondu en feignant la distraction : son mépris est encore plus grand. Il m'a tout simplement ignoré. Pourtant l'absence de réponse à un confrère est une faute déontologique.

Étonné de son silence, j'ai téléphoné à la Cour d'Appel, où on m'a appris qu'il a pris en charge le dossier, comme si de rien n'était. Il est donc le nouvel avocat d'une personne qui a déposé une plainte devant lui en sa qualité de bâtonnier dans le même dossier ; il ne daigne même pas répondre à ma lettre par laquelle je lui faisais remarquer qu'il violait son devoir de délicatesse.

Et c'est ce même « bâtonnier » qui un jour peut-être, quand bon lui semblera, va me juger une nouvelle fois pour un motif ou un autre, invoquant le devoir de délicatesse de l'avocat, la moralité etc...

La république bananière qu'est le barreau se porte de mieux en mieux.

Je lui écris la lettre suivante pour lui dire ce que je pense de ses procédés, et naturellement cela va lui donner une raison supplémentaire de vouloir me réduire au silence, mais cela m'est égal.

*Monsieur le Bâtonnier Ordre des Avocats MELUN*

*Aff. H.*

*Le 9 décembre 2002*

*Monsieur le Bâtonnier,*

*Je fais suite à la réclamation de Mme H. et à votre demande d'observations.*

*C'est bien volontiers que je vous aurais donné toutes les explications nécessaires, si vous aviez qualité pour les recevoir.*

*Or vous avez adopté dans ce dossier une attitude indigne d'un bâtonnier.*

*Il est extrêmement choquant que vous puissiez succéder à un avocat dans un dossier dont vous êtes saisi en tant que bâtonnier, et les confrères à qui j'ai rapporté ce fait partagent mon indignation.*

*J'ai appris par la Cour que votre cabinet a pris en charge ce dossier sans le moindre état d'âme, et il n'a même pas jugé utile de répondre à ma lettre du 15 novembre dans laquelle je le rappelais à un minimum de déontologie.*

*Et dire que c'est vous qui en tant que bâtonnier, tranchez entre autres, les litiges entre confrères qui se succèdent.*

*Et vous voudriez à présent juger mon attitude dans ce dossier alors que la plaignante est devenue votre cliente ? Ces procédés sont* dignes d'une république bananière, pas d'un barreau, du moins dans l'idée que s'en font les honnêtes gens (« honnête » ? Quel mot naïf n'est-ce pas ?).

Je prends bonne note de ce nouveau fait du prince (après tant d'autres...) et ne manquerai pas d'en faire bon usage.

Veuillez agréer, Monsieur le Bâtonnier, l'expression de mes sentiments distingués.

Les choses en restent là, que puis-faire d'autre ?

### 4 décembre 2002

J'apprends d'un confrère de MELUN un nouveau fait concernant les méthodes d'I., actuel bâtonnier. Récemment ce confrère a fait l'objet d'une réclamation d'un client, et I. comme c'est l'usage a transmis la plainte à l'avocat pour lui demander ses explications. Le confrère lui a répondu, et par la suite, ses rapports avec le client se sont améliorés puisque celui-ci est revenu le consulter. À cette occasion il appris à l'avocat qu'il avait été reçu dans le cabinet du bâtonnier (chose rare) et que ce dernier *lui avait dicté* la plainte.

Ce confrère a en effet de mauvais rapports avec I. pour des raisons différentes des miennes.

Voilà encore une nouvelle illustration des mœurs de notre profession. Ceux qui doivent faire respecter la déontologie peuvent s'asseoir dessus pour régler leurs comptes avec leurs ennemis. Et dans la société, on les appelle avec respect *« Monsieur le Bâtonnier »*.

### Mai 2003

Les méthodes du bâtonnier I. suite.

J'assiste depuis plusieurs mois devant le juge d'instruction un homme accusé de différents viols qu'il nie farouchement. Ce jour je veux m'informer sur l'avancement du dossier et je me rends dans le bureau de la juge d'instruction, Mme Subra. Je lui demande le dit dossier, et elle ouvre de grands yeux : - « *mais …* ». - « *mais ?* » lui-fais-je. — « *vous êtes encore son avocat ?* » - » *naturellement, pourquoi ?* » - « *Me I. est venu le consulter récemment en disant qu'il vous avait succédé* ». La greffière va me chercher le dossier, sur lequel je constate en effet que mon nom a été barré et remplacé par celui de I.

Impossible de dire devant la juge ce que je ressens. La succession d'avocats dans un dossier est régi par des règles déontologiques strictes. L'avocat saisi en second doit écrire à son confrère pour l'en informer, lui demander s'il y voit un inconvénient, et dans la négative lui demander les pièces que le client a pu lui remettre.

Je me retire et arrivé à mon cabinet j'appelle le client. Nous avions eu un différend au sujet de sa défense et il est possible qu'il ait décidé de changer d'avocat. Un peu gêné il me répond que non, je suis toujours son avocat mais qu'à la suite de notre désaccord il avait été tenté d'en changer. Il était donc allé voir I, bâtonnier en exercice, qui aussitôt se présente chez la juge en disant qu'il m'a succédé. Il consulte le dossier, puis rappelle le client en disant qu'il ne peut s'en occuper, et lui conseille de me garder.

Ce que ne peut comprendre le client, c'est que Me I. a d'abord voulu savoir si le dossier était intéressant ou non. Il a donc menti à la juge en disant qu'il m'avait succédé (car naturellement seul l'avocat d'une partie - mis en examen, partie civile – a le droit de le consulter), puis estimant que le dossier est mauvais, et constatant que le client n'est pas très fortuné, il y a renoncé.

N'importe quel avocat faisant cela est passible du conseil de discipline. Le bâtonnier, après avoir ainsi déféqué sur les principes qu'il est censé défendre, est retourné à son bureau examiner les plaintes contre ses confrères, afin de juger s'ils ont bien appliqué la déontologie.

## Mars 2003

Aujourd'hui je me suis rendu pour la première fois dans une mairie de Seine et Marne pour y donner des consultations gratuites.

Un certain nombre de mairies en effet demandent à l'ordre des avocats de MELUN de donner périodiquement des consultations gratuites aux habitants de leur commune.

Une fois sur place, je constate que l'on a mis à ma disposition une pièce minuscule, séparée par une simple porte du couloir où attendent les gens, qui sont à moins de deux mètres de moi. Ainsi lorsque je reçois quelqu'un, tout le monde profite de ce que nous nous disons en prêtant l'oreille, sauf à ce que nous nous parlions à voix basse. Ce soir c'est particulièrement gênant : un homme me raconte avec force détails et une colère rentrée comment sa femme le trompe, tandis que dans le couloir on n'en perd pas une miette.

Pourtant la confidentialité des consultations, conforme au secret professionnel, est un principe fondamental de notre métier.

Or cela fait des années que cette mairie fait appel au barreau pour y donner des consultations. Aucun avocat ne s'est formalisé de cette violation flagrante de notre déontologie, de ce manque de respect pour la vie privée.

Comme d'habitude c'est donc moi qui vais mettre les pieds dans le plat en signalant le fait au bâtonnier qui ne réagira pas, et je passerai un peu plus pour un gêneur.

Quelques semaines plus tard le bâtonnier me répond qu'il a fait le nécessaire auprès de la mairie, laquelle aurait modifié l'agencement des lieux.

A la consultation suivante, rien n'a été modifié, et on m'a berné. Tant pis, je renonce, que puis-je faire ?

### Mars 2014

J'ai une audience à la cour d'Appel de Paris à 13h 30 où je dois assister un homme qui a été agressé et dont l'agresseur a été condamné devant le tribunal correctionnel de Fontainebleau. J'ai étudié le dossier, fait le point longuement avec mon client au téléphone, reçu les honoraires correspondants. J'ai fait une heure et quart de trajet, mon client également, qui a pris sa demi-journée de travail.

J'arrive devant la salle d'audience, mon client est déjà là et m'informe... que l'avocat adverse s'apprête à demander le renvoi de l'affaire car il vient d'être saisi du dossier. Je m'étonne : notre adversaire avait déjà un avocat en première instance, il connait donc bien le dossier. À ce moment arrive un jeune confrère, collaborateur de Me B, qui était bâtonnier il y a encore trois mois. Il m'indique que l'appelant (notre adversaire) a changé d'avocat in extrémis et a confié l'affaire au cabinet B. C'est une manœuvre dilatoire évidente, pourtant le nouvel avocat demande le renvoi et a envoyé en ce sens une télécopie au tribunal.... sans daigner m'en informer.

C'est un camouflet pour moi. La règle d'or en la matière est d'informer systématiquement le confrère adverse de toute demande de renvoi, ne serait-ce que pour lui éviter un déplacement. Si nous l'avions su, nous ne serions pas venus, ou au minimum j'y aurais été seul, la présence de mon client victime n'étant pas indispensable. Une demi-journée de perdue pour lui, autant pour moi, outre le temps passé sur le dossier. Et cela vient d'un avocat qui était bâtonnier il y a encore quelques semaines. Je le fais remarquer à mon jeune confrère, qui me répond avec une certaine gêne qu'on a essayé de me joindre mais que mon téléphone ne répondait pas… Or j'ai un répondeur enregistreur qui fonctionne parfaitement, mais surtout il est d'usage d'envoyer copie du fax adressé au tribunal, ce dont il s'est dispensé.

Quelques instants plus tard le tribunal accorde le renvoi non sans réticence. J'enrage, mon client aussi. Je vais devoir lui facturer ce temps supplémentaire et il aura du mal à l'accepter ce que je comprends parfaitement.

Rentré à mon cabinet j'écris à Me B. pour lui faire part de mon mécontentement et lui dire que je réclame pour mon client une indemnisation de sa part. Il est directeur d'un organisme semi-public et a fait le calcul précis de ce que coûte à lui-même et son entreprise cet après-midi perdu. J'envoie copie de ma lettre au bâtonnier actuel, H. V, ce qui vaut réclamation.

V. est arrivé au bâtonnat avec la ferme intention de débarrasser le barreau de ma présence. Il l'a dit et répété, et tout ce qu'il fera désormais à mon égard n'aura que ce but.

D'ailleurs qui peut croire qu'un bâtonnier donnerait raison à un avocat contre un ancien bâtonnier, qui plus est son prédécesseur immédiat dont le fauteuil est encore chaud ?

B. ne se donnera pas la peine de me répondre, encore moins de m'adresser un mot d'excuse, ou de regret.

Quant au bâtonnier V., après avoir reçu la réponse de B, il me fait savoir que ce dernier a « *essayé de vous joindre* », ce qui ne veut rien dire, mais lui suffit. Mais le comble, c'est que c'est moi qui reçois ses reproches : j'aurais en effet « manqué de délicatesse » à cette occasion ! Il ne dit pas pourquoi, mais je suppose que c'est parce que j'ai fait remarquer à mon jeune confrère que je m'attendais à mieux d'un ancien bâtonnier. Et il ajoute : « *…ce qui ne me surprend pas puisque c'est votre habitude* ». Ben voyons. Chacun sait que même ma façon de respirer constitue un manque de délicatesse.

Résumons. Un avocat qui vient de terminer son mandat de bâtonnier commet une faute déontologique : cela ne constitue pas un manque de délicatesse. Son confrère qui en est victime s'en plaint : c'est un manque de délicatesse. Du moins quand il s'agit de moi.

## Janvier 2014 – octobre 2015

Le 1er janvier un nouveau bâtonnier, H. V. a pris ses fonctions. C'est son deuxième mandat, le premier s'étant déroulé en 2008-2009. Je l'ai vu débuter en 1999 et peu après, l'avocate dont il était le collaborateur ayant brusquement décédé, il a repris son cabinet.

Les dents longues, pète sec sous une apparence de fausse cordialité, considérant que le bâtonnier est un chef (à condition que ce soit lui) à qui les avocats doivent obéissance, terriblement conformiste, ne s'embarrassant d'aucun principe, aucune morale, aucune loi : tout ce qu'il fallait pour que d'emblée nous soyons adversaires. Dès 2008 les premières frictions entre nous se produisirent. En 2014 il avait pris de l'assurance et décidé d'accrocher un gibier à son tableau de chasse : moi.

Cet avocat iconoclaste qui depuis trop longtemps défiait toutes les formes d'abus de pouvoir, il allait en débarrasser le barreau, et passer ainsi pour Monsieur Propre. Ce qu'aucun autre avant lui n'avait pu ou voulu faire, il allait le faire. Non mais.

La méthode était très simple : il suffisait de provoquer les situations où je n'aurais pas d'autre choix que de réagir de manière à lui donner prétexte à reproche. Et comme l'avocat n'a aucun recours contre les actes du bâtonnier, c'était gagné d'avance pour lui.

Il serait trop fastidieux d'énumérer les multiples avanies qu'il m'a fait subir dès les premiers jours de son mandat. Des fonds que la CARPA devait me verser étaient bloqués sur son ordre. J'étais systématiquement désavoué à chaque litige que j'avais avec un confrère, un client, quiconque. (cf. ci-dessus la façon dont il a soutenu son ex-homologue B en mars 2014). Il donna l'ordre à la secrétaire chargée des commissions d'office de ne plus me désigner quand il en eut envie, comme ça, pour me nuire. (j'ai expliqué ailleurs pourquoi il me semblait important de pratiquer le droit pénal de cette manière). En même temps il se livrait à un travail systématique de dénigrement auprès du barreau, et d'abord au Conseil de l'Ordre, mais aussi à l'extérieur.

N'ayant aucun recours, je lui écrivais pour lui dire en termes sans complaisance ce que je pensais de lui, et je savais parfaitement ce qu'il ferait de cette correspondance, qui évidemment manquait de « délicatesse ». Je n'avais pas le choix : face au roi bâtonnier, le sujet avocat a une simple alternative : se taire ou payer le prix de sa résistance. Dès lors je savais que mon sort était scellé, et qu'on arrivait au terme que j'avais prévu de longue date.

En octobre 2014 il estima avoir réuni assez d'éléments pour engager les poursuites disciplinaires qu'il fantasmait depuis longtemps. Comme je l'ai expliqué plus haut, quand on veut poursuivre un avocat, surtout dans un petit barreau, il suffit d'être patient, les prétextes apparaissent toujours. Avec moi, c'est encore plus facile.

Cette procédure disciplinaire arrivait au pire moment pour moi. Le retard que j'avais accumulé de par mes problèmes de santé me plaçait devant un dilemme : me défendre et m'enfoncer encore plus professionnellement ; ne pas le faire et encourir une condamnation. Car ceux qui jugent ont sous les yeux les apparences, c'est-à-dire en l'occurrence la réalité travestie qu'il avait préparée. Il me faudrait ici cent pages pour décortiquer son « acte d'accusation » tel qu'il figure dans la citation, et y répondre. Je n'en ai ni le temps ni l'envie.

Mais l'aspect principal, comme en 1995, c'était le manque de respect supposé à l'égard du bâtonnier. Voilà qui devant un conseil de discipline ne pardonne jamais. Même si depuis, la procédure a changé, comme la composition de l'instance disciplinaire, cet aspect demeure, d'autant plus que la dite instance est de facto largement composée de bâtonniers, anciens bâtonniers et futurs bâtonniers. Le rebelle à l'arbitraire bâtonnal a perdu d'avance.

J'ai d'abord jeté l'éponge. Qu'ils me condamnent, et qu'on en finisse. Je sais ce que je ferai ensuite. Puis à l'approche de la date de l'audience (28 mai 2015) j'ai eu un sursaut. Il y a selon moi des causes de nullité dans la procédure, indépendamment du fond. J'ai alors sollicité le renvoi de l'audience, arguant de la lourdeur (réelle) du dossier et de mes difficultés personnelles justifiées par un certificat médical. En même temps je soulevais par écrit les causes de nullité.

Bien entendu Vannier s'y est opposé avec véhémence. Le renvoi m'a été refusé, mes demandes de nullité furent rejetées. J'ai été jugé en mon absence, avec un bâtonnier-procureur présent qui a pu m'accabler à sa guise, devant un Conseil de discipline présidé par un bâtonnier en exercice.

Je sais par expérience que quand une personne investie d'une fonction d'autorité est opposée à quelqu'un qui la défie, ce dernier a toujours une tête de coupable. Tellement grand est le conformisme général que si l'impertinent n'est pas là pour se défendre avec un dossier solide, il est condamné d'avance.

Ils m'ont condamné à… trois ans d'interdiction professionnelle. Et surtout, pour bien marquer qu'on ne défie pas un bâtonnier, ils ont ordonné l'affichage de la décision dans les locaux de l'Ordre des Avocats de Melun. C'est inouï.

J'ai dit plus haut à quel point il est humiliant pour un avocat sanctionné de voir cette mesure transmise (sans aucune base légale) à tous les avocats de France par voie électronique. Cela ne suffirait pas : cette publication dans les locaux du barreau…. rien que d'y penser, je dois réfréner à grand peine une violence qui me noue les tripes. C'est exactement comme les condamnés d'autrefois qu'on transportait en charrette jusqu'au lieu du supplice sous les huées de la foule. Et ce sont des avocats qui font ça à un avocat. Non, je ne le vivrai pas. Non.

Dès ce moment, je n'ai plus qu'un but : gagner du temps. Je fais appel pour que la décision soit suspendue, mais je me prépare à ce que j'ai prévu pour cette hypothèse depuis toujours.

Pourtant devant la Cour d'Appel je pourrais invoquer une nouvelle cause de nullité apparue avec ma condamnation. En effet la citation qui m'avait été délivrée ne mentionnait pas qu'en mon absence je pourrais être jugé et condamné. Cette mention est obligatoire dans toutes les citations en justice, et la Cour de Cassation a jugé en 2013 qu'elle l'est aussi pour une citation délivrée à un avocat en matière disciplinaire. Je pourrais donc demander à la Cour d'Appel de prononcer pour ce motif supplémentaire la nullité de la procédure.

Mais je n'en ferai rien. J'ai été trop discrédité, trop piétiné. Maintenant je veux en finir.

# LE JUGE, TROISIÈME OU PREMIER POUVOIR ?

L'immense majorité des magistrats est intègre, consciencieuse, compétente. Mais quand ce n'est pas le cas, l'avocat est désarmé devant leurs manifestations d'arbitraire.

Mme L. T.I. PROVINS

Il y a dans tous les barreaux une histoire, une culture locale, qui se transmettent par tradition orale. Anecdotes sur tel confrère ou tel magistrat aujourd'hui disparu ou muté, intrigues et complots, drames qu'on consent à raconter à mots couverts.

Aujourd'hui on m'apprend la présence au tribunal d'instance de PROVINS, d'un magistrat fantasque qui illustre le pouvoir ubuesque que peut avoir un juge et l'impuissance de l'avocat en face de lui.

Ce magistrat est une femme, du nom de L., proche de la retraite.

Elle juge comme Saint Louis sous son chêne, sans se préoccuper des règles de procédure, encore moins de la présence de l'avocat, et dans l'assurance de son impunité. Quand un avocat lui déplait, elle fait preuve à son égard d'une partialité malveillante au préjudice de son client.

On se raconte des exemples restés fameux de sa tranquille tyrannie.

Quand l'affaire qu'elle devait juger était en cours d'instruction, si elle était en désaccord avec ce que disait l'avocat dans ses conclusions, elle décrochait son téléphone et appelait... le justiciable, c'est à dire le client de l'avocat pour lui dire : *« votre avocat n'a pas demandé assez de dommages-intérêts, je vous accorderais plus, mais il faut qu'il me les demande ».*

Pour un non-professionnel, il est difficile de comprendre à quel point une telle initiative est inouïe. Inouïe, il n'y a pas d'autre mot.

D'abord il est formellement interdit à un magistrat de contacter un justiciable dans une affaire qu'il doit juger.

Quand le justiciable a un avocat, cette interdiction est encore plus forte. Qu'on songe à la situation de l'avocat face à son client, à qui le juge vient de dire que son défenseur - selon elle- a mal fait son travail.

Enfin un magistrat doit être impartial et ne peut avant de rendre son jugement, prendre parti et le dire.

Un jour, elle juge une affaire d'accident de la route avec dommages corporels. La victime a été expertisée, et le tribunal dans ce cas-là statue sur les dommages-intérêts au vu du rapport de l'expert. Ce jour-là la victime était présente, et l'affaire, pour une raison que j'ignore était jugée en chambre du conseil, c'est à dire hors la présence du public. Quelle ne fut pas la stupeur de cette personne, des avocats, de la greffière, quand la présidente –Mme L. donc- lui dit d'un ton péremptoire : *« déshabillez-vous jeune homme ».*

Vous avez bien lu : elle a exigé que la victime se déshabille en plein tribunal (même si c'est en chambre du conseil) pour voir elle-même les traces des blessures. Je pensais que cela n'existait que dans les bandes dessinées. La vie judiciaire rejoint parfois la fiction.

Les justiciables, estimant que ce juge est proche d'eux, l'adorent. Ils ne peuvent évidemment savoir à quel point elle s'affranchit des règles les plus élémentaires de la procédure, des usages, de la décence.

Une quinzaine commerciale fut organisée à PROVINS avec pour premier prix une voiture neuve. Mme L. remporta le premier prix. Peu de gens jurèrent qu'il s'agissait d'un heureux hasard. Même si ce soupçon était infondé, il n'était que la conséquence de l'attitude générale du magistrat, et pour cette seule raison (et bien d'autres), cette attitude méritait d'être sanctionnée par la hiérarchie de la magistrature. Il n'en fut rien.

Le bâtonnier en fonction avant mon arrivée décida courageusement d'alerter le Parquet Général. C'est le seul exemple que je connaisse d'une initiative courageuse prise par un bâtonnier.

Non seulement il ne se passa rien, mais dès cet instant le bâtonnier et son cabinet furent la bête noire du magistrat, qui se vengea comme on le devine. Pour ce cabinet, les procès au tribunal d'instance de PROVINS étaient perdus d'avance deux fois sur trois.

Ce dangereux magistrat prendra sa retraite vers 1992-1993. Qu'elle ne s'inquiète pas : les avocats se souviendront d'elle.

## 1997

Audience au tribunal correctionnel de MELUN. Madame F. préside, Mlle S. est substitut du procureur. Je défends un prévenu poursuivi pour des faits de nature sexuelle.

Quand le tribunal est ainsi composé, il y règne une ambiance indigne d'un pays démocratique, d'un état de droit.

L'une et l'autre sont l'archétype du magistrat autoritaire, conscient que son pouvoir n'a pas de contrepartie ni chez le prévenu, ni chez l'avocat, hormis pour ce dernier la parole, mais c'est souvent insuffisant.

Pour la présidente cela se traduit par un interrogatoire vigoureux du prévenu, qui ne laisse planer aucun doute sur ce qu'elle pense de lui : coupable bien sûr. Affirmations péremptoires, interruption sèche du prévenu qui ne répond pas comme elle le voudrait. Pourtant elle a le devoir de se montrer impartiale, mais qui va prendre le risque de lui rappeler ?

Vis à vis de l'avocat de la défense elle a une attitude à peine plus respectueuse. On a l'impression d'être toléré.

Pendant qu'on plaide elle n'hésite pas à se pencher vers son collègue de droite ou de gauche, et à entamer avec lui une discussion sans s'occuper de l'avocat, lui témoignant ainsi son mépris. Il faut alors s'arrêter de plaider pour que, gênée par le silence qui vient de s'installer, elle consente à faire mine d'écouter. Mais certains, notamment parmi les jeunes avocats, n'osent pas s'imposer ainsi, et plaident dans le vide, tels des pantins.

J'ai fait sa connaissance l'année dernière alors qu'elle était juge aux affaires familiales à EVRY, et j'avais été indigné par sa manière de faire : dans le bureau où elle reçoit les deux époux et leurs avocats, elle s'était adressée directement aux époux, sans faire attention aux avocats, alors que ce sont eux qui doivent en principe prendre la parole. Puis à la fin, elle nous avait demandé si nous avions quelque chose à ajouter…

À sa décharge elle connaît admirablement ses dossiers, mais cela ne justifie pas son comportement.

Revenons à notre audience correctionnelle. Voilà Mlle S. qui se lève pour prononcer ses réquisitions. Elle est le complément au parquet de Mme F. Elles forment un couple parfait. Mais elle n'a pas à jouer la comédie de l'impartialité, puisque son rôle est de démontrer que le prévenu est coupable.

Certaines personnes incarnent leur profession jusqu'à la caricature. Mlle S., pourtant jeune femme de moins de trente ans guère désagréable d'aspect, respire la haine des prévenus, transpire le besoin de punir, boit la morale de la société. La voix est cassante, le regard dur. Elle s'adresse non pas au tribunal comme c'est son devoir, mais directement au prévenu, en le regardant en face : *« vous avez fait ceci, vous mériteriez cela... »*. L'homme se voyant ainsi interpellé, trouve normal de répondre, ce qui bien sûr interrompt le flot d'invectives, provoquant la fureur de son auteur : *« taisez-vous ! »* éructe l'Autorité, dès la première syllabe de l'insolent. Parfois la Présidente a eu le même élan, et les deux *« taisez-vous ! »* claquent en même temps.

Aujourd'hui j'en ai assez de cette ambiance digne d'une section spéciale de Vichy . Mon client vient de recevoir l'ordre de se taire. J'interviens alors sans qu'on m'ait donné la parole, m'adressant à Mlle le Substitut, et lui fais remarquer qu'il est normal que le prévenu lui réponde puisqu'elle s'adresse à lui directement, en violation des usages.

La voilà décontenancée. Aucun avocat n'avait encore osé lui rappeler les règles qu'elle devrait respecter. Va-t-elle perdre la face ? Impossible. Après trois secondes de flottement, elle se reprend : *« ce n'est pas vous qui faites la police de l'audience »* me dit-elle sèchement.

« *Vous non plus* » répliquai-je calmement, ajoutant qu'elle doit s'adresser au tribunal et non au prévenu, sauf à souffrir qu'il lui réponde

« *Je fais ce que je veux !* » fulmine le Principe, avouant imprudemment ce que je lui reproche.

Je me prépare à lui répondre qu'elle ne fait pas ce qu'elle veut et moi pas davantage, tenus que nous sommes par les règles de procédure, la déontologie, la courtoisie.

Je n'en aurai pas le temps. « *Ça suffit* » m'intime la Présidente, le regard menaçant. Aller plus loin, c'est m'exposer au mieux à une plainte auprès du Bâtonnier qui n'attend que cela, au pire à des poursuites pour outrage à magistrat si le ton monte encore.

La Censure peut reprendre son réquisitoire. Bien sûr elle continue de s'adresser au prévenu : elle ne peut s'avouer battue. Toutefois je la sens déstabilisée, le ton est moins agressif. C'est toujours cela de gagné.

<u>1998</u>

J'assiste le gérant d'une société victime d'une indélicatesse de la part de l'un de ses salariés. Il a imité la signature de son patron pour demander à la banque de la société un virement important sur un compte situé au Luxembourg. Puis ayant encaissé l'argent, l'employé d'origine étrangère, a disparu, peut-être rentré dans son pays d'origine.

Compte tenu de l'importance de la somme, la SARL n'avait plus qu'à déposer le bilan. Sa banque a une responsabilité écrasante car outre que la signature était grossièrement falsifiée, la somme virée était totalement inhabituelle pour cette entreprise, et cela aurait dû éveiller sa méfiance.

J'assigne donc la banque devant le tribunal de commerce de Paris, territorialement compétent, pour demander la condamnation de la banque au remboursement, outre des dommages-intérêts.

La procédure s'est déroulée normalement : la banque a pris un avocat, avec lequel j'ai échangé pièces et conclusions, et l'affaire doit maintenant être plaidée.

La nature de l'affaire fait que nous plaiderons non pas devant le tribunal mais devant un de ses juges, dit « juge rapporteur », qui ensuite, comme l'indique son nom, va faire un rapport au tribunal, lequel rendra son jugement.

Il se trouve que le tribunal de commerce de Paris applique une règle particulière qui ne se trouve dans aucun code : lorsque les avocats sont prévenus par le greffe de la date de l'audience, il leur est précisé qu'ils doivent envoyer leur dossier au juge rapporteur deux semaines avant l'audience, afin qu'il les étudie.

Puisqu'elle ne figure pas dans le Code de Procédure Civile ni le Code de Commerce,[10] cette pratique n'a rien d'obligatoire, et le tribunal ne peut pas l'imposer. Mais comment la refuser sans s'exposer à des représailles du juge mécontent ? Il faut donc comme toujours, se plier à l'arbitraire judiciaire. Dans ce cas là il n'est pas trop lourd : après tout ce n'est pas si gênant d'envoyer son dossier à l'avance, il suffit d'être prévoyant.

---

[10] Les choses ont changé depuis (2009)

Je me garde donc bien de contester, et après avoir reçu l'avis, je note à mon agenda cette formalité... et je l'oublie.

Je m'en aperçois deux jours avant l'audience en préparant celle-ci. Je plaide rarement devant ce tribunal de commerce, qui n'est pas dans mon barreau, et la règle que j'ai méconnue n'est pas une norme légale, je pouvais donc l'oublier.

Je ne m'en inquiète pas : puisque ce n'est pas obligatoire, il n'y a pas de sanction, et il suffira que je présente mes excuses au juge pour cette omission.

J'avais sous-estimé la capacité de nuisance de la bêtise vaniteuse quand elle est au service du pouvoir.

Me voici donc un matin dans le couloir devant la salle d'audience. Pour y être présent à neuf heures, il m'a fallu au départ de MELUN, entre une heure trente et deux heures de trajet. Train, métro, (la voiture à cette heure c'est de la folie) puis cheminement et recherche de la salle d'audience dans le labyrinthe du Palais de Justice de PARIS où l'imprévu est fréquent : changement de salle, travaux...

Je devise avec ma Consœur avocate de la banque, une jeune et sympathique collaboratrice d'un cabinet parisien. Vers dix heures on appelle notre affaire et nous entrons dans le bureau du juge. Nous nous présentons et il nous invite à nous asseoir.

Il s'adresse aussitôt à moi : « *vous n'avez pas envoyé votre dossier ?* ». Je tente de lui répondre : « *effectivement Monsieur le Juge, je vous prie de m'excuser, mais n'étant pas familier du Tribunal de Commerce de Paris, j'ai oublié cette formalité inhabituelle pour moi puisqu'elle n'est pas pratiquée devant les autres tribunaux* ». J'ai écrit : « je tente ». Car il ne m'en a pas laissé la possibilité. À peine ai-je dit : « *n'étant pas familier du Tribunal de Commerce de*

*Paris...* » qu'il me coupe sèchement d'un air indigné : *« oh !... depuis quand êtes-vous avocat ? »*.

La question me sidère car elle suggère que je suis incompétent. Je comprends alors que ce juge, qui n'est pas un magistrat (juge professionnel) mais un commerçant élu par des commerçants, comme tous les juges du tribunal de commerce, pense que j'ai violé une règle légale. C'est là un problème que nous rencontrons sans cesse avec les juges élus (tribunal de commerce, prud'hommes...). Ils sont formés « sur le tas » dans un domaine étroit, et n'ont en général aucune formation juridique, notamment en procédure. C'est visiblement le cas de celui-ci.

Comment répondre sans le heurter ? J'essaye avec le plus de précautions possible, de lui expliquer que l'expérience professionnelle n'a rien à faire ici puisque nous sommes en présence d'un usage spécifique et non obligatoire de Paris.

J'ai écrit : « j'essaye ». Car là encore je n'y parviens pas. Il me coupe à nouveau, décidément en colère : *« très bien, puisque c'est ainsi je renvoie l'affaire, et j'écris aux parties* (nos clients respectifs) *que l'avocat du demandeur n'a pas transmis son dossier parce qu'il ne connaît pas la procédure du tribunal de commerce »*. Et il l'écrit rageusement dans son dossier, tandis qu'avec ma Consœur nous nous regardons effarés. Elle ne peut intervenir, cela ne la regarde pas.

Je tente à nouveau de prendre la parole pour me justifier. *« Oh ça suffit ! »* me dit-il.

Il faut savoir que les juges élus bénéficient de la même protection que tous les juges (magistrats ou non). Ainsi on peut être condamné pour outrage à « magistrat » si on a manqué de respect à un juge quel qu'il soit. Et pourtant, je suis au bord de l'outrage. Vais-je y résister plus longtemps ?

*« Vous pouvez disposer »* nous dit-il après nous avoir donné la date de renvoi de l'affaire.

### 21 novembre 1998

J'ai assisté une jeune femme devant le Tribunal de Grande Instance de MELUN dans une affaire l'opposant à son ancien compagnon après leur séparation, au sujet du partage des dettes. Nous avons plaidé le 3 septembre et comme d'habitude l'affaire a été mise en délibéré, c'est-à-dire que le Tribunal se donne un délai (en général un à deux mois) pour rendre son jugement, en l'occurrence le 15 octobre.

Il arrive que le délibéré soit prorogé c'est-à-dire que les juges n'ayant pu respecter le délai, le reportent. Nous comprenons (en tout cas je comprends) fort bien un tel report. Les magistrats comme nous, ne peuvent estimer avec précision leur charge future de travail, parce que le temps que nécessitera un dossier est impossible à prévoir, et parce que des imprévus peuvent surgir : un collègue malade à remplacer, des audiences plus longues que prévu…

Mais l'avocat a la tâche ingrate de l'expliquer au client, impatient de connaître l'issue d'une procédure qui en général n'est pas rapide. On y arrive plus ou moins bien quand il y a un report. Avec un deuxième report, cela devient difficile. Après, c'est carrément impossible.

Dans cette affaire, il y a eu trois reports du délibéré. Voilà quelque temps je me suis présenté au greffe pour prendre connaissance du jugement une semaine après la dernière date fixée. La greffière cherche partout le dossier : introuvable. Elle finit par me dire que ce n'est pas elle qui gère ce dossier (comme d'habitude), et me conseille de revenir quand sa collègue rentrera de congés…

Je me suis représenté récemment, et le dossier avait été retrouvé. Cette fois le juge (car c'était une audience à juge unique) n'a pas osé fixer une nouvelle date, de peur de ne pouvoir encore la respecter. Nous sommes donc dans une situation véritablement ubuesque : j'ai plaidé voilà presque trois mois, j'ai donné plusieurs dates successives à ma cliente de plus en plus incrédule, et vais devoir lui annoncer… que je ne peux plus rien lui dire, qu'il faut attendre sans savoir jusqu'à quand.

J'ignore si cela est dû à un réel surmenage du juge, ou à sa négligence, toujours est-il que je ne dispose strictement d'aucun recours. Je ne peux qu'aller trouver ce magistrat, ou m'en plaindre à la Présidente du Tribunal. Dans les deux cas c'est délicat, on le comprendra. Je rentre à mon cabinet où je suis accaparé par d'autres dossiers, en sorte que deux jours s'écoulent lorsque ma cliente m'appelle. Je ne peux que lui annoncer ce que je viens d'apprendre. Cette fois, je devine qu'elle ne me croit plus. Quel est donc cet avocat incapable d'obtenir un jugement ? Un « bon-avocat » ne l'aurait-il pas obtenu depuis longtemps ? Je lui indique que je vais rencontrer le juge, mais en mon for intérieur je ne suis pas enthousiaste : il s'agit d'une magistrate dont les comportements sont imprévisibles, capable de prendre la mouche et de me le faire ensuite payer. Je décide donc d'attendre une semaine avant de faire cette démarche.

Ce sera inutile. Je reçois quelques jours plus tard une lettre d'un Confrère m'annonçant que ma cliente est allée le trouver en lui demandant de me succéder.

Je ne peux m'empêcher d'éprouver une fois de plus une rage impuissante devant l'injustice de notre statut, les préjugés sur les pouvoirs supposés d'un « bon-avocat », notre totale soumission au pouvoir des autres. Quand un avocat a du retard dans son travail et ne peut effectuer à temps les actes de procédure (conclusions écrites par exemple), le juge dispose de sanctions : radiation de l'affaire avec information écrite au client, par exemple. Dans ce cas l'avocat en supporte les conséquences, le client mécontent ne restant pas dans son cabinet. Quand c'est le juge qui a du retard, l'avocat lui, ne dispose d'aucune sanction, et là encore il perd son client.

Je transmets mon dossier au Confrère, en devinant la suite : le juge va bien finir par rendre son jugement, et la cliente pensera que cela est dû aux mérites du nouvel avocat.

C'est exactement ce qui se passe. Deux semaines se sont écoulées après la transmission du dossier, que je trouve le jugement dans ma boîte au Palais, le greffe ayant tenu compte du nom de l'avocat qui a plaidé, moi-même. Je ne peux que le remettre dans la boîte de mon confrère, qui en recueillera le bénéfice au yeux de la cliente.

Soyons honnête : il m'est arrivé d'être à la place de mon confrère ou dans une situation voisine, et de bénéficier illégitimement du statut de « bon-avocat ». Il n'empêche. Notre impuissance face à d'autres personnes assurées de l'impunité, je ne m'y résignerai jamais.

### 9 janvier 2006

« Le Monde » de ce jour évoque la rentrée solennelle de la Cour de Cassation, qui a lieu chaque année à la même époque.

On y apprend que le Procureur Général a proposé la création d'un Code de Déontologie de la Magistrature, et la saisine directe par les justiciables du Conseil Supérieur de la Magistrature.

Prises au pied de la lettre, ces deux propositions ont quelque chose de révolutionnaire. Le Code de Déontologie est la reconnaissance par l'institution judiciaire des dérives possibles en son sein. Dire que les magistrats ont besoin d'un Code de Déontologie, c'est admettre qu'en son absence les préceptes moraux qu'ils devraient spontanément s'appliquer ne le sont pas toujours.

Permettre aux justiciables de saisir directement le C.S.M., chargé de la discipline des magistrats, c'est reconnaître qu'actuellement cette instance ne joue pas pleinement ce rôle.

On n'est guère habitués à voir des magistrats (et en l'occurrence l'un des plus haut placés dans la hiérarchie judiciaire) demander que l'on fabrique le bâton pour les battre. La tendance serait plutôt à l'auto-protection.

Oui mais. Je connais trop les rapports de force au sein de la société et de la justice pour m'extasier devant cette soudaine humilité de la magistrature. Certes je prends acte du progrès que pourrait constituer l'application de ces deux réformes. Mais comment ne pas voir qu'elles auraient été imposées par l'opinion, et que la pratique risque c'être comme d'habitude bien différente de la théorie ?

En premier lieu, cette pénitence en robe rouge n'aurait jamais eu lieu sans OUTREAU, petite ville devenue le symbole de l'erreur judiciaire, de l'arrogance judiciaire, de l'impunité judiciaire. Treize personnes ? incarcérées avant d'être acquittées, sous les objectifs, les caméras et micros de la presse nationale. Sans doute l'une des plus grandes bévues de l'histoire judiciaire française.

Face au scandale, le train fou ne pouvait continuer sa route en emportant dans ses roues le sang de ceux qu'il avait broyés. Le peuple demandait des comptes, on ne pouvait s'esquiver.

Ainsi se vérifie une nouvelle fois la règle d'or de notre société : le rapport de force. Car comme le soulignera justement l'une des acquittées, la « boulangère d'Outreau » devant la commission d'enquête, des petits Outreau il y en a tous les jours en France. Tant qu'ils sont séparés les uns des autres, rien ne se passe. Mettez en treize ? ensemble, ils représentent une menace. Alors les pouvoirs publics les découvrent.

En second lieu rien ne sert de prévoir des garanties si leur mise en œuvre reste illusoire, comme c'est souvent la règle là encore. Un Code de Déontologie ? Une saisine directe du CSM ? Bravo. Mais que m'arrivera-t-il si moi, avocat, je m'attaque à un magistrat ? Je le retrouverai dans toutes les affaires qu'il aura à juger. Et il se vengera comme le fait actuellement le juge LE CORRE. Pour nous, il n'y aura pas plus de justice avant qu'après Outreau.

## Juillet 2010

La loi du 22 juillet dernier a créé le droit pour les justiciables de saisir le CSM pour tout manquement d'un magistrat à ses obligations déontologiques. La crainte que j'exprimais ci- dessus quant aux représailles que pourrait subir un avocat dénonçant un juge pêchait par optimisme : les avocats ne profiteront nullement de ce nouveau recours. Comme pour la récusation d'un juge, elle bénéficie au seul justiciable, qui doit signer sa plainte. Les avocats continueront d'être désarmés face à l'arbitraire judiciaire.

♦

# LES MAGISTRATS NE DOIVENT PAS AVOIR DE POUVOIR SANS CONTREPARTIE

## Philippe Bilger

Magistrat honoraire et président de l'Institut de la parole

### 02/02/2015[11]

**En quatre ans, 1.278 réclamations ont été enregistrées mais seules 29 ont été déclarées recevables.**

La garde des Sceaux continue son chemin de croix, son chemin de soi.

Plus personne ne lui fait confiance qu'elle-même et le pouvoir, de plus en plus à bas bruit pour ce dernier.

Même Alain Juppé, lors de la première étape de son tour de France en vue de la primaire de 2016, a dénoncé sa politique pénale […].

Laissons Christiane Taubira en face d'elle-même : nul doute qu'elle continue à s'admirer. C'est la force déplorable de certains êtres que de s'acquitter toujours.

---

[11] http://www.bvoltaire.fr/philippebilger/les-magistrats-ne-doivent-pas-avoir-de-pouvoir-sans-contrepartie,155529?utm_source=La+Gazette+de+Boulevard+Voltaire&utm_campaign=a17 55ad8f1-
RSS_EMAIL_CAMPAIGN&utm_medium=email&utm_term=0_71d6b02183-a1755ad8f1-30492909&mc_cid=a1755ad8f1&mc_eid=31c2bcb1bc

Venons-en au peuple qui est directement concerné par le constat préoccupant fait par le président du Conseil supérieur de la magistrature (CSM). Celui-ci a estimé, en effet, que la saisine directe du CSM par les justiciables, introduite en 2011, est *« un relatif échec »* puisque 98 % des plaintes avaient été écartées *(lefigaro.fr)*.

Cette voie de recours est ouverte à tout justiciable *« qui estime qu'à l'occasion d'une procédure judiciaire le concernant, le comportement adopté par un magistrat »* pourrait constituer une faute disciplinaire.

En quatre ans, 1.278 réclamations ont été enregistrées mais seules 29 ont été déclarées recevables.

Au total, trois magistrats ont été appelés à comparaître devant une formation disciplinaire sans qu'aucun soit en définitive sanctionné.

Cette saisine directe du CSM par le justiciable est une avancée fondamentale et touche à ce qui est l'essentiel pour le citoyen : que les magistrats n'aient pas de pouvoir sans contrepartie.

Il existe, certes, déjà une responsabilité pénale, civile et disciplinaire des juges mais celle-ci renvoie davantage à des comportements personnels intrinsèquement répréhensibles qu'à la relation entre les magistrats et les justiciables, aux pratiques des premiers et aux doléances des seconds.

Il était inévitable que l'obligation, pour le requérant devant le CSM, d'identifier et de définir une faute disciplinaire réduirait considérablement la recevabilité. Comme si, entre le comportement professionnel satisfaisant et la transgression disciplinaire, il ne pouvait pas y avoir un certain nombre de degrés qui devraient pouvoir être ciblés à condition que soit scrupuleusement distinguée la normalité judiciaire des aberrations juridictionnelles. [...]

Contrairement à ce que les syndicats laissent entendre, tous deux conservateurs sur ce plan, favoriser l'instauration d'une responsabilité plus adaptée à la grandeur et aux devoirs du métier de magistrat, avec une réforme des dispositions de 2011, ne réduira pas la considération due au service public de la justice et son influence démocratique.

Ce sera l'inverse. En effet, les citoyens se détourneront d'une hostilité populiste et globale à l'égard de la magistrature puisque ses éléments douteux, quel que soit leur champ de malfaisance, seront sanctionnés. Le respect s'attachera au pluriel puisque le singulier sera, s'il le faut, disqualifié.

Ce « relatif échec » admis par le président du CSM sera lourd de conséquence s'il n'est pas surmonté par une audace et un élan.

Ceux qui conduiront, pour la Justice, à choisir le peuple plutôt que Christiane Taubira.

## Février-Juillet 2007
## JEX VERSAILLES

J'assiste un couple victime d'une entreprise de la région, auprès de laquelle ils ont passé commande d'une installation de chauffage qui ne leur fut jamais livrée. Un vendeur de la société, probablement avec le soutien de sa direction, a imité la signature des clients sur un faux bon de livraison, ce qui lui a permis de se faire remettre le prix par la banque auprès de laquelle les clients avaient contracté un prêt en vue de cet achat.

Cette manœuvre a été reproduite plusieurs dizaines de fois en région parisienne, et il y aurait d'innombrables victimes, presque toujours jeunes et peu argentées, s'installant pour la première fois dans un logement où le système de chauffage devait être monté.

Une instruction pénale est en cours et je me suis constitué partie civile pour mes clients. La société a fait l'objet d'une liquidation judiciaire, et la gérante placée en détention provisoire, est mise en examen pour escroquerie, faux, incendie volontaire (les locaux de l'entreprise ont comme par hasard pris feu, entraînant la destruction de certaines preuves).

La banque prétendait se faire rembourser le prêt par les époux H. ., et il a fallu une première procédure pour que le tribunal d'instance ordonne la suspension du remboursement jusqu'à la décision qui sera rendue sur le plan pénal.

Mais ensuite les choses ont pris une complication inouïe. Je renonce à relater toutes les péripéties judiciaires dont ce pauvre couple, déjà victime d'un délit, a fait les frais dans tous les sens du terme. Ce serait trop technique, et fastidieux pour le lecteur non juriste.

Qu'on sache seulement que la banque, avec un acharnement imbécile, a fait pratiquer une saisie sournoise sur un compte des clients. L'huissier qui a pratiqué cette saisie a à son tour commis des irrégularités procédurales.

Je n'avais pas d'autre choix que de porter l'affaire devant le juge de l'exécution pour lui demander de prononcer la nullité de la saisie. Encore une procédure dont mes clients doivent supporter le coût. Ils n'en peuvent plus, financièrement et psychologiquement. Elle est déprimée, lui ne se manifeste plus auprès de moi, et peut-être est-il dans le même état que sa femme.

Les motifs de nullité sont clairs, mais pour le savoir il faut étudier à fond un dossier complexe, en fait et en droit. Je sais par expérience que plus c'est compliqué, plus le risque est grand de voir le droit méconnu : manque de temps de la part des juges, négligence, erreur d'appréciation…

Dans ce cas l'apparence est reine, et profite à celui qui a intérêt à l'invoquer : ici c'est la banque.

Je n'étais donc pas rassuré. Mais j'ignorais qu'en plus, je devrais affronter une nouvelle manifestation d'arbitraire judiciaire.

D'abord le Juge de l'Exécution suspend la procédure deux fois sans raison valable. La deuxième fois il l'a fait en invoquant un texte parfaitement erroné (article 1416 du Nouveau Code de Procédure Civile) , et le reconnaîtra d'ailleurs par la suite, sans aucune gêne. Cela n'a aucune conséquence pour lui, mais nous avons ainsi perdu près d'un an.

Le jour de l'audience de plaidoirie, pas de chance : mon confrère et moi sommes indisponibles. Dans ce cas il est d'usage de demander le renvoi de l'affaire. Nous envoyons l'un et l'autre une télécopie au greffe pour solliciter le renvoi.

C'est une situation courante. Les avocats, qui gèrent un nombre variable de dossiers, sont souvent convoqués le même jour, à la même heure, devant deux ou plusieurs juridictions plus ou moins éloignées, et ils n'ont pas le don d'ubiquité. Ils doivent donc s'organiser, et lorsqu'il n'existe pas d'autre moyen, demandent le renvoi de l'affaire. S'il n'y a pas d'abus de cette

Quelques jours plus tard, douche froide. : nous recevons du greffe un avis de radiation de l'affaire. La radiation est une sorte de sanction prise par un juge lorsque l'une des parties n'a pas effectué un acte de procédure obligatoire (par exemple, il n'a pas communiqué une pièce à l'autre partie ; il n'a pas rédigé de conclusions écrites…). Elle ne devrait en principe pas être prononcée à cause de l'absence des parties, mais c'est un usage courant, parfois justifié. Pas dans ce cas : il y avait une demande de renvoi des deux parties.

La radiation implique que l'affaire soit retirée du « rôle » c'est-à-dire la liste des affaires que le tribunal a à juger. C'est une sorte de mise en quarantaine, jusqu'à ce que la partie censément négligente ait accompli la formalité qui lui incombe. L'affaire est alors « rétablie », et on a ainsi perdu un temps plus ou moins long.

La radiation est notifiée par le greffe non seulement aux avocats, mais à leurs clients. Ainsi le couple H., à qui j'avais dû expliquer déjà les deux suspensions de la procédure injustifiées, apprend que l'affaire est radiée (terme dont ils ne connaissent pas la signification exacte mais dont chacun peut percevoir le sens général) parce que leur avocat n'était pas à l'audience.

Il faut maintenant demander le rétablissement, et c'est à moi de le faire, puisque je suis demandeur dans cette procédure. Comme je l'ai dit, cela suppose que l'avocat qui la réclame justifie l'accomplissement de la formalité omise. En l'espèce il n'y en a pas, et c'est pourquoi la radiation pour ce motif n'est pas prévu par le Code de Procédure. L'usage veut néanmoins que dans ce cas, l'avocat demande le rétablissement, sans autre précision.

J'écris donc au juge pour le demander. Toutefois je commence à être outré par ce nouveau fait du prince, cette indifférence envers les justiciables qui attendent anxieusement la solution de leur litige, ce mépris envers les avocats désignés sans raison à la vindicte de leurs clients. Aussi j'accompagne ma demande d'un commentaire désapprobateur bien que courtois quant à sa décision de radiation.

Trois semaines plus tard, je reçois sa réponse. Il refuse de rétablir l'affaire. Motif : je ne justifie pas *« que la procédure est actuellement en état d'être jugée »*. Autrement dit je n'ai pas accompli la formalité qui a justifié la radiation. Or nous avons vu qu'il n'y en a pas. C'est l'absence des deux avocats qui était en cause.

Cette fois c'est grave. En effet la radiation n'est pas un jugement, mais une « mesure d'administration judiciaire » et le Code de Procédure, de manière scandaleuse, a exclu tout recours contre de telles mesures. Un juge peut donc par ce biais, commettre un déni de justice en radiant puis en refusant de rétablir. Et compte tenu de son indépendance, il n'est pas question de s'adresser au président du tribunal, qui s'interdit toute ingérence dans les affaires des magistrats.

Je m'attendais à une réaction désagréable après le commentaire dont j'ai parlé, mais pas à cet arbitraire. Que faire ?

Puisqu'il n'y a pas de recours, la situation ne peut être pire qu'actuellement. Dès lors je ne perds rien à essayer d'entrer en contact avec le juge, à supposer qu'il le veuille bien, puisque rien ne l'y oblige.

Je téléphone au greffe, où il m'est conseillé de rappeler quelques jours plus tard avant l'audience. En attendant j'écris au magistrat pour l'avertir de cet appel, et j'attire son attention sur la gravité de la situation résultant de son refus de rétablissement.

Au jour dit, j'appelle et le juge accepte de me prendre. Ouf, c'est déjà ça. Je lui expose courtoisement mais sans complaisance la caractère ubuesque (je n'emploie évidemment pas le terme) de la situation. Avec l'assurance que donne le pouvoir, il me répond que compte tenu du commentaire de ma première lettre, je devais m'attendre à cette réaction de sa part.

Ainsi il reconnaît sa partialité. Et il ajoute que selon lui j'ai frôlé l'outrage à magistrat dans ma seconde lettre en lui disant que son refus de rétablissement avait un « motif évasif » (voir plus haut). Il conclut en me proposant de lui adresser une nouvelle demande de rétablissement, cette fois sans aucun commentaire.

J'ai l'impression d'avoir à faire à un monarque à qui une faveur est demandée, et qui m'explique avec hauteur que je ne l'ai pas fait de manière assez révérencieuse. Il s'agit pourtant de justice. De droit. Il a l'obligation de rétablir que cela lui plaise ou non, mais je n'ai aucun moyen de faire respecter cette obligation et il le sait.

Je n'ai pas d'autre choix que de m'exécuter, d'autant que cette nouvelle demande n'a rien d'humiliant pour moi dès lors que je n'ai rien à y ajouter. Mais mes ennuis ne sont pas terminés.

Deux mois plus tard, l'audience de plaidoirie a enfin lieu. Le juge de l'exécution siège seul. Je suis demandeur, et je plaide donc en premier. L'avocat de la banque, dont la délicatesse n'est pas la qualité première, a compris le parti qu'il peut tirer de l'inimitié du juge à mon endroit, et il va le faire lâchement.

Il commence par m'interrompre à tout bout de champ alors que le juge ne lui a pas donné la parole. En principe dans ce cas le juge intervient et demande plus ou moins sèchement au contradicteur de laisser parler son confrère. Ici, il se tait et laisse faire. L'autre avocat, encouragé dans son indélicatesse, ne me laisse pas placer plus de quelques mots. Je finis par me mettre en colère, et le juge intervient... pour me conseiller le calme.

Enfin nous terminons tant bien que mal, et l'affaire est mise en délibéré à quelques semaines. Pendant ce délai je crains le pire quant au résultat. La suite va me donner raison.

Le jugement qui me parvient parachève la partialité vindicative du juge. Ma demande de main- levée de la saisie est rejetée, et la saisie est donc validée. Les raisons juridiques qui sont fournies sont si grossièrement erronées qu'on ne peut même pas invoquer l'incompétence du juge : il va jusqu'à prétendre que je n'ai pas fourni une pièce, laquelle se trouve dans le dossier avec le tampon du greffe...

Les clients ont reçu comme moi la décision. Ils sont définitivement dégoûtés. Je leur dis que si nous faisons appel nous sommes sûrs de l'emporter, mais ils devraient supporter de nouveaux frais car devant la Cour d'Appel il leur faut non seulement un avocat mais un avoué. Ils sont financièrement exsangues, ne croient plus dans la justice, me soupçonnent d'incompétence sans me le dire. Ils baissent les bras.

Bilan habituel d'un avocat qui a voulu résister à l'arbitraire d'un juge : il perd son procès et peut- être tous ceux à venir avec lui, il s'est fait de ce juge un adversaire irréductible, et le client impute à l'avocat le mauvais résultat obtenu.

# Aide Juridictionnelle

## Alibi des bonnes consciences

Les justiciables dont les ressources ne dépassent pas un certain plafond bénéficient de l'Aide Juridictionnelle (A.J.). Après dépôt d'une demande auprès du Bureau d'Aide Juridictionnelle (B.A.J.) près le Tribunal de Grande Instance, et s'ils remplissent les conditions légales (ressources, apparence de sérieux de l'affaire…) l'État leur fournit un avocat, et le cas échéant un huissier, un notaire etc…qu'ils n'auront pas à rémunérer. Le professionnel est désigné par le Conseil de l'Ordre (avocat…) ou la Chambre Professionnelle (huissier…) et après la fin de sa mission perçoit une indemnité de l'État, plus faible que les honoraires libres pratiqués avec un client.

Il existe une variante pénale de l'A.J. qui est la « commission d'office ». Un avocat peut être « commis d'office » pour assister toute personne mise en cause devant une juridiction pénale (juge d'instruction, tribunal de police, tribunal correctionnel ; Cour d'Assises…). Par exemple une personne à qui est reproché un vol, un excès de vitesse, un viol, un meurtre.

Les modalités de l'A.J. proprement dite et de la commission d'office diffèrent un peu, mais le mécanisme et sa philosophie sont identiques, la loi les englobe donc dans le terme générique d' « Aide légale », toutefois il est courant de parler d'A.J. pour les deux cas.

Le caractère obligatoire pour les avocats de l'Aide Juridictionnelle varie en fonction des barreaux, qui sont libres de l'organiser à leur guise. Dans certains barreaux, tous les avocats doivent l'accepter. Dans d'autres, seuls les avocats stagiaires sont désignés. Le système le plus courant est celui du volontariat : les avocats désireux d'assumer des missions d'A.J. se font connaître auprès du secrétariat de l'Ordre.

Si autrefois les missions d'A.J n'étaient presque pas rémunérées, la profession a réussi à imposer une rémunération minimale qui tout en étant bien plus faible que les honoraires libres, peut être décente quand le dossier ne demande pas trop de travail, le montant de l'indemnité perçue étant naturellement forfaitaire.

Encore est-il nécessaire aux barreaux de se mettre régulièrement en grève au niveau national pour obtenir une revalorisation de l'indemnité, l'État ne le faisant jamais spontanément.

L'augmentation constante du nombre des avocats et le rétrécissement consécutif du marché, l'importance croissante des charges sociales et les difficultés qui en résultent pour nombre de cabinets, poussent beaucoup d'avocats à accepter des dossiers d'A.J.

Par ailleurs le nombre de justiciables bénéficiant de l'A.J. va lui-même croissant à cause de la situation économique et du relèvement constant des barèmes y ouvrant droit.

Un rapport de la commission des finances du Sénat daté du 9 octobre 2007 (Recueil Dalloz 1/11/2007) indique qu'entre 1991 et 2006, le nombre de bénéficiaires de l'A.J. s'est accru de… 159,5 %, pour représenter 5,2 % des crédits de la Justice soit 328,7 millions d'euros.

On peut donc dire qu'aujourd'hui la majorité des avocats pratique l'A.J., les petits cabinets comme les gros. Les exceptions tiennent à la taille du barreau et aux domaines d'activité de l'avocat.

Les avocats qui ont essentiellement une clientèle d'entreprises n'y trouvent aucun intérêt.

Dans les gros barreaux (Paris, Lyon, Marseille notamment) le volume global de l'A.J. repose sur un grand nombre d'avocats et chacun d'eux n'est que rarement désigné, aussi certains préfèrent y renoncer. Dans les barreaux de petite taille au contraire, l'A.J. peut représenter une part non négligeable du chiffre d'affaires d'un cabinet. Au Barreau de Melun la quasi-totalité des avocats travaille avec l'A.J., y compris souvent les bâtonniers en exercice, comme en témoigne le courriel ci-après.

### Permanence correctionnelle

*De :*

*A :*

*Mes Chers Confrères,*

*Je recherche un volontaire pour effectuer la permanence correctionnelle pénale de M. le Bâtonnier de demain.*

*Je vous remercie de bien vouloir me faire savoir, par retour de mail, si vous êtes disponible. Bien cordialement.*

*SCP FGB*

Issu d'un milieu modeste, j'ai vu mon père en avoir besoin un jour pour une affaire civile alors que j'étais encore étudiant, et cela lui a rendu un grand service. Je ne l'ai pas oublié.

En outre le fait d'être commis d'office au pénal me parait d'un grand intérêt quand on n'a pas de clientèle pénale, ce qui est mon cas. Je ne veux pas et ne peux pas me constituer une telle clientèle car j'ai un rapport à la délinquance qui ne s'y prête pas. Or je considère qu'il est important pour tout avocat d'avoir un minimum d'expérience en droit pénal et procédure pénale car c'est une matière de base qui se retrouve dans presque toutes les autres branches du droit : civil, commercial, du travail.... Les commissions d'office et les permanences pénales permettent de ne pas se couper de cette discipline, au profit de l'ensemble de l'activité de l'avocat.

Selon la loi, le greffe est informé de la désignation de l'avocat en même temps que lui. Ainsi quand Maître Untel est désigné pour assister M. X devant le Tribunal de Grande Instance, le greffe de ce tribunal reçoit la désignation de Me Untel, comme lui-même.

Pour que l'avocat puisse, après avoir rempli sa mission recevoir son indemnité, la greffière doit lui remettre, en même temps que le jugement rendu , une « attestation de fin de mission », imprimé sur lequel elle doit porter certaines mentions, la plupart consistant dans des cases à cocher. Temps moyen d'établissement de cette attestation : deux minutes. L'avocat remet ensuite cet imprimé à l'Ordre des Avocats, et reçoit son indemnité après un délai plus ou moins long.

La loi est très claire : la greffière doit remettre l'attestation de mission « au plus tard » en même temps que le jugement de l'affaire qu'il a plaidé. L'avocat n'a donc rien à réclamer. En pratique nous recevons dans notre boîte au Palais de Justice le dossier de plaidoirie que nous avions laissé au tribunal, dans lequel la greffière a inséré le jugement, et s'il y a lieu l'attestation de mission

## 1992

Et voilà, ça recommence. Une nouvelle fois je trouve dans ma boîte au Palais un dossier de plaidoirie dans une affaire d'Aide Juridictionnelle, sans l'attestation de fin de mission (AFM) qui me permettrait de me faire payer. Il s'agit d'une affaire au Tribunal d'Instance (T.I.), et c'est avec cette juridiction que le problème est le plus fréquent en ce moment, ainsi qu'avec le Conseil de Prud'hommes.

Mais il y a dans tous les tribunaux des greffiers ou greffières que nous connaissons pour leur réticence à remettre l'attestation de mission à l'avocat en même temps que le jugement, en violation de leur obligation légale. Ils considèrent que cette tâche ne devrait pas leur incomber : ils sont là pour tenir les notes de l'audience, rédiger et notifier les jugements, non pour permettre aux avocats de se faire payer. Au mieux ils admettent ce rôle, mais le considèrent comme secondaire. Dans les deux cas, ils remettent à plus tard l'établissement de l'AFM, à condition que l'avocat vienne la réclamer, tout en espérant secrètement qu'il oubliera.

Et c'est en général le début d'un véritable parcours du combattant.

Me voici au greffe. Je m'adresse à la première greffière venue et lui montre le jugement avec mon dossier de plaidoirie sans l'AFM. « Ah me dit-elle ce n'est pas moi qui me suis occupée de cette affaire, c'est ma collègue Untel. Elle est en congé. ». Et alors ? C'est l'État français, par l'intermédiaire du greffe qui me doit cette attestation, et n'importe quelle greffière devrait me la remettre.

Mais mon interlocutrice est pleine de bonne volonté : « laissez-moi le jugement et votre désignation, je les donnerai à ma collègue quand elle rentrera ». C'est-à-dire dans quelques jours ou quelques semaines. Ma désignation ? Mais elle est forcément dans le dossier du tribunal puisque d'une part le B.A.J. le lui transmet systématiquement comme nous l'avons vu, et d'autre part l'usage veut que l'avocat la joigne à son tour à son dossier de plaidoirie. Mais soit, je la fournis une troisième fois.

Le temps passe... et rien n'arrive.. J'ai noté sur mon agenda d'avoir à vérifier si j'ai reçu cette AFM (et d'autres...) à la date approximative de retour de la greffière, et je retourne au greffe après avoir plusieurs fois différé cette démarche faute de temps.

Elle est rentrée de congé. Mais elle est en audience. Et bien sûr il est toujours hors de question qu'une de ses collègues me remette mon imprimé. Je réprime comme je peux l'impatience qui commence à me gagner et je demande qu'on l'informe à nouveau de mon passage.

Bien entendu je n'ai pas plus de succès que précédemment.

Troisième démarche. La moutarde commence à me monter au nez. Par chance la « bonne » greffière est apparue, tel le Messie. Je lui demande pourquoi je n'ai toujours pas mon AFM : « je suis débordée depuis mon retour de congé me dit-elle, mais ne vous en faites pas, je le ferai dès que possible ». Ah non. Trop c'est trop. Je lui demande de le faire immédiatement : il y en a pour trois minutes. Impossible me dit-elle, des choses qui demandent trois minutes, j'en ai un tas.

Résister à la colère. Elle sait que je n'ai aucun pouvoir sur elle, qu'elle forme un bloc avec ses collègues, son syndicat.

Je quitte le bureau et je cherche celui de la greffière en chef. J'ai de la chance, elle est présente et accepte de me recevoir sur le champ. Je lui expose le problème, sa répétitivité, son caractère illégal, son absurdité aussi puisque la greffière perd beaucoup plus de temps en établissant l'AFM de manière différée : elle doit rechercher le dossier qui a été classé, la désignation, le barème applicable...

Elle en convient volontiers, sans toutefois que cela semble l'indigner, et me dit placidement qu'elle va intervenir auprès du personnel.

Quelques jours après j'ai mon AFM.

Et deux autres jugements me sont arrivés, du Juge aux Affaires Familiales et du Conseil de Prud'hommes... sans attestation.

J'en parle à mes confrères. Ils ont le même problème bien sûr. Certains par fierté refusent de l'admettre. Pas facile quand on est avocat de reconnaître même entre soi, qu'on dépend du bon vouloir d'un rond de cuir. D'autres me disent piteusement qu'ils insistent humblement jusqu'à ce qu'ils obtiennent satisfaction. Un autre m'avoue qu'après une tentative il renonce, le temps perdu en démarches diminuant d'autant la rentabilité de la rémunération. Aucun n'a jamais pris la moindre initiative pour que ce scandale cesse.

Je dois donc une nouvelle fois me rendre au greffe de ce tribunal pour réclamer mon A.F.M. Avec sa mauvaise foi habituelle, la greffière prétend que je n'avais pas joint à mon dossier de plaidoirie l'imprimé de ma désignation. Si lui dis-je, mais comment le prouver, puisqu'elle n'y est plus ? Mais de toute façon je ne suis pas obligé de la joindre car le greffe la reçoit directement du bureau d'aide juridictionnelle. Soit, je vais à nouveau la fournir…

Je la remets donc à nouveau le lendemain, avec la perte de temps que cela suppose. Aux yeux des greffières je suis (comme la plupart de mes confrères) un importun, car j'ai l'audace de m'acharner à vouloir me faire payer, ce qui leur demande du travail. De plus comme cette carence est répétitive, je manifeste mon impatience, ce qui aggrave mon cas.

Quelques jours plus tard, un peu avant 13 heures 30, je croise dans une petite rue derrière mon cabinet, près du Palais de Justice, un groupe de greffières qui retourne lentement au bureau après avoir déjeuné. Je suis sur un trottoir, elles sur l'autre. Au moment où j'arrive à leur hauteur, l'une d'elles m'aperçoit et me désigne aux autres. J'en entends une qui dit : *« celui-là il est repéré ! »*.

Je comprends que la solidarité corporatiste va jouer, et que je dois m'attendre à des représailles. L'avenir va me le confirmer.

J'ai fait toutes les démarches possibles pour essayer de modifier cet état de choses, notamment en demandant l'intervention du bâtonnier : rien n'y fait. Il me répond qu'il s'en occupe et ne fait rien. Au mieux il se fend d'une lettre de principe à la greffière en chef qui s'en moque éperdument. Je ne peux continuer à perdre autant de temps et à m'humilier en suppliant des employées de faire leur travail.

Puisque le barreau ne fait rien, j'ai écrit à la Présidente du Tribunal de Grande Instance pour lui indiquer que si la situation ne s'améliore pas, je saisirai l'Inspection Générale des Services Judiciaires.

La réaction ne s'est pas fait attendre. Je reçois un appel téléphonique de la vice-présidente, qui me propose un rendez-vous commun avec la greffière en chef du T.G.I.

Quelques jours plus tard, nous voici réunis dans le bureau de la vice-présidente. Le début de la réunion est tendu, mais la suite est plus sereine et cela se termine plutôt bien. J'ai réussi à faire admettre à mes interlocutrices que l'attitude des greffières est préjudiciable non seulement aux avocats, mais aux greffes mêmes car elle constitue une perte de temps pour tout le monde.

Il est convenu que des instructions seront données pour que les textes légaux soient respectés et que les avocats n'aient plus à supporter cette situation indigne.

Je m'estime satisfait et je crois nécessaire d'informer le bâtonnier de ma démarche puisque je m'étais plaint en vain auprès de lui de la situation.

Je lui écris donc pour lui rendre compte de la réunion et de son résultat. Ce faisant, je viens de faire monter d'un cran l'hostilité du barreau contre moi.

Car je viens de faire ce que le bâtonnier aurait dû faire : c'est son rôle que de résoudre ce genre de problème, pas le mien. Oui, mais il ne le fait pas. Eh bien je devais faire comme tous mes confrères : me taire et me soumettre.

Il me répond par une lettre courroucée, me rappelant que j'appartiens à un Ordre, et que je dois référer à cet Ordre des problèmes rencontrés dans mon métier : quel hypocrite ! Et de poursuivre qu'il devra informer le Conseil de l'Ordre de mon comportement *(cf. annexe 1)*

Autrement dit : un avocat ne réussissant pas à obtenir que la loi soit respectée à son égard, saisit du problème son bâtonnier, qui ne fait rien. Il se charge donc lui-même des initiatives nécessaires, et le bâtonnier vexé, considère que c'est une faute disciplinaire.

Ce n'est pas tout : la Présidente du Tribunal sans me le dire, n'a pas du tout apprécié mes menaces de saisir l'Inspection Générale de Services Judiciaires. Elle a donc adressé une lettre de plainte au bâtonnier, dans laquelle elle exprime sa « consternation ».

Cette plainte est une véritable aubaine pour le bâtonnier qui tient un motif supplémentaire de représailles à mon égard.

Nous verrons plus loin quelle suite lui sera donnée.

Rien n'a changé. Les engagements pris au cours de la réunion n'ont été tenus que partiellement et momentanément. Des greffières qui avaient reçu une molle mise en garde ont été mutées, d'autres sont arrivées avec leur léthargie et leur impunité.

Quand un citoyen est victime d'un comportement illégal de la part de l'Administration, il peut saisir la juridiction administrative. L'État est condamné tous les jours pour des manquements à la légalité. Je pourrais donc en principe le faire. Mais ce serait l'absurdité même : engager une procédure judiciaire, avec le temps (et donc le coût) qu'elle exige, pour obtenir qu'on me verse les quelques indemnités auxquelles j'ai droit, c'est faire comme Gribouille qui se jette à l'eau pour s'abriter de la pluie. Et il faudrait le recommencer sans cesse.

J'ai donc dû refaire d'innombrables démarches auprès de différents greffes, qu'il serait fastidieux de décrire en détail. Un jour que j'étais de permanence pénale *(cf. infra)* le secrétariat du Procureur m'appelle pour que je me rendre sur le champ au tribunal correctionnel où deux prévenus vont être jugés en comparution immédiate. Or j'attends depuis des semaines les AFM de ma dernière permanence, que je n'ai pu obtenir malgré plusieurs tentatives.

Je réponds à mon interlocutrice que je ne me déplacerai pas et que je refuse donc d'assurer ma permanence si je ne trouve pas dans ma boîte au Palais, en arrivant, les AFM que l'on me doit.

C'est la consternation. Aucun avocat n'a jamais eu cette audace. On doit juger deux hommes, le tribunal m'attend, et je refuse mon concours tant qu'on n'a pas rempli à mon égard des obligations d'ordre financier. Mais je joue gagnant car je sais qu'ils vont céder. Et en effet, quelques minutes plus tard, une greffière m'appelle pour me dire que les AFM sont dans ma boîte.

Dans les couloirs du Palais, je croise le Procureur. Surprise : il est souriant, bienveillant. Il me confirme que les AFM sont prêtes et je devine qu'il me comprend. Peut-être même a-t-il apprécié ma fermeté ? En revanche la greffière en chef du service pénal ne m'adressera plus jamais la parole.

### Novembre 1993

Et cela continue. Je viens une nouvelle fois de trouver dans ma boîte un dossier de plaidoirie, avec un jugement du Tribunal d'Instance, ma désignation au titre de l'A.J., et pas d'A.F.M.

Eh bien je vais faire un nouveau coup d'éclat.

Je me rends dans le bureau de la greffière en chef de ce tribunal. Ce n'est pas la première fois. J'avais déjà demandé à la rencontrer quand mes démarches auprès des greffières d'abord, du bâtonnier ensuite, s'étaient révélées vaines. Elle m'avait reçu aimablement, avait prétendu comprendre mon irritation, et qu'elle interviendrait pour que les choses changent. Elle n'a absolument rien fait. J'étais donc retourné la voir et avais adopté un ton plus insistant, ce qui l'avait mécontenté. Toujours aucun résultat.

Je me fais annoncer. Je lui montre le dossier que je viens de prendre, qui à nouveau ne comporte pas l'AFM, et lui demande courtoisement (j'y veille) de bien vouloir me la fournir. Bien entendu - je m'y attendais – elle me répond que l'on me la mettra dans ma boîte plus tard. Je connais la chanson. Non, lui dis-je (toujours calmement), je vous demande de bien vouloir me la fournir tout de suite, cela ne demande qu'un instant. Je sais ce que j'ai à faire, me dit-elle sèchement Je lui indique alors que je ne partirai pas sans mon AFM ; en attendant j'occupe son bureau. Et je m'assois en face d'elle.

La rapidité de sa réaction montre qu'elle s'attendait à cette initiative de ma part. Sans marquer la moindre surprise ni hésiter une seconde, elle décroche son téléphone et appelle la Présidente du Tribunal pour l'informer de l'incident.

Arrivée de la Présidente. Le souffle court, visiblement impressionnée, elle me demande des explications, que je lui donne bien volontiers. En réponse j'ai droit à une leçon de morale : il est scandaleux pour un avocat de se comporter de la sorte. Les raisons qui m'y ont poussé en revanche, ne lui semblent nullement scandaleuses. Discussion. Menaces : elle va se plaindre auprès du bâtonnier. La belle affaire. En attendant je veux mon AFM. Je sais bien qu'elle ne peut céder en ordonnant à la greffière de me donner satisfaction sur le champ, et je n'y compte pas. Ce que je veux, c'est monter d'un degré dans la pression. Nous trouvons un compromis : la Présidente me promet que l'AFM se trouvera dans ma boîte le lendemain. C'est déjà un résultat.

Mais je veux résoudre le problème une fois pour toutes, et je fais la proposition suivante : puisque les greffières prétendent (avec mauvaise foi, je le sais) que les avocats, lorsqu'ils laissent leur dossier au tribunal après avoir plaidé, omettent d'y joindre leur désignation à l'A.J., et puisque j'affirme que c'est faux, au moins en ce qui me concerne, il y a un moyen très simple de résoudre cette difficulté. Il suffirait qu'en déposant son dossier, l'avocat présente à la greffière d'audience deux exemplaires de sa désignation, dont l'un serait tamponné ou signé par la greffière et conservé par l'avocat, l'autre inséré au dossier. Ainsi l'avocat pourrait prouver avoir fait le nécessaire, et la greffière ne pourrait le contester.

Elles sentent le piège. Plus possible d'être de mauvaise foi avec ce système. Elles ne peuvent l'admettre, mais que répondre ? C'est la juge qui s'en charge, avec un cynisme, une hypocrisie, un aplomb qui me laisse pantois. Elle a décidément retrouvé ses moyens depuis son entrée dans le bureau. Non, me dit-elle, c'est inacceptable. Cela voudrait dire que la parole de la justice (en l'occurrence des greffières) peut être mise en cause. Ce serait une atteinte à sa respectabilité.

Je suis estomaqué. La respectabilité de la justice implique donc qu'on ne puisse prouver ses mensonges. En revanche, un avocat, auxiliaire de justice tout de même, peut être taxé de mensonge par une greffière : aucun problème, et il n'a pas le droit de prouver sa bonne foi.

Le lendemain je trouverai effectivement mon AM de mission dans ma boîte. Mais cette petite victoire est provisoire. Le greffe du Tribunal d'Instance, du conseil de Prud'hommes, et d'autres, recommenceront à violer en toute impunité leurs obligations en matière d'A.J, et je devrai encore me battre.

Comme elle m'en avait menacé, la juge a écrit une lettre de plainte au bâtonnier. Nous verrons plus loin quel usage il en fera.

### Novembre 1994

Depuis quelque temps un étrange phénomène se produit dans mes relations avec une étude d'huissier, R & S. Chaque fois que je lui adresse un acte à délivrer dans un dossier d'Aide Juridictionnelle (assignation, signification de jugement…) ledit acte disparaît. Il n'arrive jamais à destination, alors que les actes rémunérés normalement eux, arrivent sans encombre.

Le scénario est immuable. Imaginons que R & C et moi-même, chacun ès-qualité, soyons désignés pour assister une personne dans une procédure en divorce. Je dois jouer mon rôle d'avocat en rédigeant une requête en divorce, une assignation, ou d'autres actes, et l'huissier doit à ma demande les délivrer à l'adversaire, soit ici l'autre époux. Dès notre désignation nous avons l'un et l'autre l'obligation de jouer notre rôle.

Je rédige donc l'assignation en divorce au moment où la procédure l'exige, et je l'adresse à cette étude d'huissier par la poste ou par le courrier du Palais : il y a au Palais de Justice une boîte qui reçoit le courrier destiné aux huissiers, et ceux-ci envoient régulièrement un employé pour relever la boîte.

Normalement, lorsque l'huissier a délivré l'acte, il en renvoie à l'avocat un exemplaire (« second original ») qui mentionne que le nécessaire a été fait, et l'avocat peut continuer la procédure. Tant que celui-ci n'a pas reçu le second original de la part de l'huissier, la procédure est paralysée.

Or chaque fois que j'envoie à cette étude d'huissier un acte dans le cadre de l'A.J., plus rien ne se passe. Au bout de trois ou quatre semaines, surpris de ce retard (nous verrons que cela n'en est hélas pas un) je téléphone à l'étude : que devient ce dossier ? L'employé me demande le nom du client et de l'adversaire (les « parties ») et consulte l'ordinateur : dossier inconnu. Comment cela inconnu ? Inconnu vous-dis-je, nous n'avons pas de dossier à ce nom. Mais enfin je vous l'ai expédié voilà x semaines. Tout d'un coup l'employé semble avoir une révélation : - Ce n'était pas un dossier d'A.J. ? - Si. – Ah …

Que de sens dans ce « *Ah…* » suivi d'un silence. La première fois j'ai interprété ce mot comme le signe qu'un certain désordre régnait dans le classement ou la gestion des dossiers d'A.J. au sein de l'étude, entraînant la perte de certains d'entre eux. Cela peut arriver. Une fois. J'ai donc renvoyé l'acte qui s'était volatilisé, et cette fois il est bien arrivé. J'en étais quitte pour une perte de temps et un retard dans la procédure.

Mais lorsque l'épisode se fut produit cinq, six fois, tandis que les actes échappant à l'A. J. parvenaient à leur destinataire sans incident ; quand j'ai constaté que cela ne se produisait jamais avec les autres huissiers, j'ai dû me rendre à l'évidence.

Aussi incroyable que cela paraisse, ces deux huissiers, qui n'admettent pas d'être obligés d'instrumenter dans le cadre de l'A.J. à cause des conditions financières qu'impose l'État, et ne pouvant refuser leur concours car il est obligatoire, ont choisi une réponse d'une naïveté consternante : ils mettent à la corbeille les actes que les avocats leur envoient, et prétendent ne jamais avoir rien reçu.

J'en parle à mes confrères. Plusieurs me confirment les faits : ils ont effectivement le même problème avec cette étude d'huissier.

On aura compris la gravité de ce comportement, qui s'il est démontré, peut entraîner une sanction disciplinaire contre ces huissiers.

Je veux cependant encore croire que la raison l'emportera. J'écris une lettre simple à l'étude dans laquelle je me plains de la perte (je fais semblant d'y croire) de plusieurs actes au titre de l'A.J., et manifeste le souhait que cela ne se produira plus.

Aucune réponse, et les semaines, les mois se succèdent sans que rien ne change.

J'adresse alors à l'étude une lettre recommandée avec A.R. Cette fois je ne mets plus de masque. J'affirme clairement que j'ai compris leur manège, et les somme d'y mettre fin immédiatement sous peine d'une saisine de la Chambre des Huissiers par mes soins.

Toujours pas de réponse. Ce silence est un aveu. Innocents (mais comment pourraient-ils encore l'être à ce stade ?), ils auraient protesté avec véhémence. Rien. Pas un mot.

Pas un mot, mais des actes. Je vais constater une fois de plus ce que signifie la subordination généralisée de l'avocat.

Une semaine après avoir adressé ma lettre recommandée, je trouve dans ma boîte aux lettres un commandement de payer délivré par l'étude R & S. Ils me réclament le règlement de plusieurs dizaines d'amendes pour défaut de paiement de parcmètre. À cette époque j'ai mon cabinet au centre-ville où il est impossible de stationner, et toute la zone est hérissée de parcmètres.

Pas de parking à proximité. Pas de parcmètre payable à la journée, encore moins à la semaine. Deux heures de stationnement au maximum. Comment payer toutes les deux heures ? Impensable. Comme tous ceux qui travaillent dans ce quartier, je collectionne donc les amendes, et j'ai été un peu négligent dans leur règlement. Le Trésor Public a en conséquence transmis tous les P.V. à l'étude M & C pour recouvrement.

C'est l'heure de la revanche pour eux. Ces P.V. portent leur date, et leur envoi à l'étude d'huissier s'est étalé sur une période de plusieurs mois. Dans ce cas l'usage entre auxiliaires de justice veut que l'huissier téléphone ou écrive à l'avocat pour lui demander de régler amiablement. Si l'avocat tarde à réagir, une ou plusieurs relances ont lieu. Ce n'est qu'en dernier recours que sous la pression du Trésor Public, le recouvrement à lieu, ce qui est facile à comprendre : il est gênant pour un huissier de saisir les biens, le compte en banque d'un avocat, les deux professions travaillant de concert, et tous se connaissant dans une petite ville.

Gênant ? Sauf quand on veut en faire l'instrument d'une vengeance. A réception des premier P.V., ils n'ont pas bronché, pressentant l'aubaine, et les ont accumulés en attendant le moment propice. Celui-ci est arrivé après qu'ils aient reçu ma lettre recommandée. Ils en avaient alors près de trente.

Coup de massue. Sans préavis, ils me délivrent un commandement de payer me laissant le temps minimum prévu par la loi pour régler, sous peine de saisie. Et cet acte m'est délivré un samedi matin, fait tout à fait inhabituel pour les huissiers : ils ne le font que quand il y a urgence, ce qui n'était pas le cas évidemment. L'explication ? Ils pensaient avoir plus de chance de me trouver chez moi et voulaient jouir du plaisir de me remettre en personne ce commandement. Car quand le débiteur n'est pas chez lui, l'huissier doit laisser l'acte soit à une personne présente, soit à la mairie.[12]

Ils ont donc fait le déplacement jusqu'à la campagne où j'habite, un week-end, dans l'espoir de voir ma mine défaite devant leur triomphe minable. Pas de chance. Au moment où ils sont passés, j'étais sorti et ils ont dû laisser l'acte à la mairie, avec avis dans ma boîte aux lettres.

Pour ajouter encore à leur frustration, j'ai payé quelques jours plus tard sans discuter, sans demander de délai, sans employer de moyen dilatoire. Comme si cela m'était indifférent. De toute façon il fallait payer tôt ou tard, car contrairement à une idée reçue, les avocats ne bénéficient d'aucun passe-droit.

Et bien sûr rien ne change avec cette étude. Mes actes estampillés A.J. continuent de s'évanouir dans ce nouveau Triangle des Bermudes. Comme si je n'avais jamais réagi. Comme si ces deux-là savaient qu'ils n'ont rien à craindre. Le mépris absolu.

Laisser faire ? Impensable pour moi. Je reprends contact avec les confrères qui m'avaient avoué subir le même traitement, et leur propose une plainte commune auprès de la Chambre des Huissiers, ou s'ils ne le souhaitent pas, au moins leur témoignage écrit pour que je puisse moi-

---

[12] Le dépôt en mairie est aujourd'hui (2013) remplacé par le retrait à l'étude.

même déposer plainte en m'appuyant sur la multiplicité des victimes.

J'avais surestimé le courage de mes confrères. Personne (à une exception près) ne se souvient avoir eu la moindre difficulté avec ces huissiers. Non, non je t'assure, je n'ai aucun problème, je… ah bon je t'ai dit ça ? Non tu m'as mal compris, j'ai voulu dire qu'ils ont parfois un peu de retard, mais bon…

Une seule accepte de me rédiger une attestation de témoignage, BCP. Elle ne souhaite pas se joindre à moi pour une plainte, mais accepte de m'écrire sur son papier à en-tête pour me dire qu'en effet elle a constaté que plusieurs actes qu'elle a envoyés à l'étude R & S dans le cadre de l'A.J. ne sont jamais arrivés à destination aux dires de ces huissiers, indépendamment des problèmes avec les autres études d'huissier. *(cf. annexe 2)*

Nanti de cette attestation ainsi que des deux lettres de protestation, dont une recommandée, que j'avais adressées sans avoir reçu de réponse à l'étude, j'adresse une lettre de plainte au Président de la Chambre des Huissiers, Me F., en demandant l'ouverture d'une procédure disciplinaire.

Il me téléphone le lendemain. Ma lettre l'a *« beaucoup intéressé »* me dit-il. Et il se met à me dire le plus grand mal de ses deux confrères, donnant des exemples d'autres manquements dont ils se seraient rendus coupables. Il laisse entendre qu'il attendait l'occasion de sévir, et que je la lui procure par ma plainte.

Je ne suis donc pas mécontent, même si je suis un peu choqué qu'il se permette en sa qualité de Président de Chambre, de donner de telles informations à une personne extérieure à sa profession. Je constate que chez eux aussi les règlements de compte ont cours.

Il doit au préalable transmettre ma plainte aux deux mis en cause en leur demandant leurs observations. Soit, j'attends. Quelque temps plus tard, la réponse m'est transmise. Aussi hypocrite que je m'y attendais. Ils n'ont jamais refusé d'instrumenter au titre de l'A.J. et jamais reçu les dossiers que je prétendais leur avoir envoyés. Pas un mot sur le témoignage accablant de ma Consœur, sur leur étrange silence après mes lettres de protestation. Quant à leur intervention à mon domicile un samedi, quoi de plus normal, ils n'ont fait que leur travail.

A ce stade .le président de la Chambre a tous les éléments en main pour engager des poursuites disciplinaires. Les semaines passent, pas de nouvelle. Je rappelle F. , je le relance par écrit. Il me répond (toujours au téléphone, jamais par écrit) : oui, oui, je m'en occupe, cela va être fait.

Au bout de deux ou trois mois, je comprends. Il n'a jamais eu l'intention de faire quoi que ce soit. La seule chose qui l'a intéressé dans cette affaire, c'est de recevoir des informations croustillantes sur les agissements de deux confrères avec lesquels il ne s'entend pas. Il s'en servira dans son intérêt exclusif en cas de besoin. C'est pourquoi il a bien pris soin de ne jamais m'écrire pour me dire qu'il allait engager des poursuites. Il s'est contenté d'accuser réception de ma plainte, puis de me transmettre la réponse de l'étude mise en cause. Le reste fut verbal.

Cependant les agissements frauduleux des deux huissiers ont cessé et j'ai donc atteint mon but, mais je devrai désormais en payer le prix. Je me suis mis à dos tous les huissiers du ressort, corporatisme oblige, y compris leur président qui après avoir savouré ma dénonciation, n'en a retenu que ce qui peut lui être utile. Désormais chaque fois que j'aurai besoin de faire délivrer un acte d'urgence, aucun d'eux ne sera disponible. On exigera que je règle d'avance. On ne fera aucun effort dans l'exécution des jugements que je demanderai. Il y aura quelques exceptions, notamment avec les nouveaux huissiers nommés par la suite. Certains oublieront avec le temps, d'autres non.

Quant à mes confrères, ce n'est guère mieux : ils profitent de mon action mais m'en veulent car je les ai obligés à raser les murs.

<u>Actualisation du 12 10 2010</u>

Bien peu de choses ont changé depuis les évènements ci-dessus décrits en ce qui concerne la délivrance des AFM. Les bâtonniers se succèdent, leur indifférence aussi. J'ai sollicité successivement chacun d'entre eux, en vain. Mes confrères continuent de se plaindre en catimini, sans vouloir rien entreprendre.

# Permanence pénale

### Juin 1992

Aujourd'hui je suis de permanence pénale. Je dois donc pouvoir être joint à mon cabinet à tout moment pour assister toute personne déférée devant la justice après une garde à vue, et qui n'aurait pas d'avocat.

En début d'après-midi, je reçois un appel me demandant de me présenter au tribunal correctionnel où une personne va être jugée selon la procédure de comparution immédiate (ancienne procédure de flagrant délit).

Bien qu'étant en train de travailler, je m'interromps immédiatement et me rends au palais de justice, situé tout près de mon cabinet.

En allant au vestiaire prendre ma robe je croise le substitut de permanence qui m'a fait appeler. Nous nous saluons et il me remercie d'être venu « si vite ». Il m'indique que le dossier se trouve entre les mains des magistrats du tribunal et que je peux le consulter immédiatement.

À ce moment le tribunal ne siège pas : c'est un jour sans audience et on a réuni le tribunal (trois magistrats, une greffière, un substitut du procureur) spécialement pour juger le prévenu qui passe en comparution immédiate.

Tous cinq se trouvent en salle du Conseil derrière la salle d'audience. Je m'y rends tant pour saluer la présidente conformément à l'usage, que pour lui demander le dossier, avant d'aller voir le prévenu dans sa geôle.

Quelle n'est pas ma surprise de trouver la présidente, Mme P., de fort mauvaise humeur, laquelle me signifie sèchement que l'audience va commencer immédiatement et que je ne peux donc consulter le dossier.

Interloqué, je lui demande de s'expliquer. Elle m'indique alors que je suis attendu depuis « près d'une heure » et que j'aurais dû arriver plus tôt.

Même si la raison qu'elle avance était vraie, je n'aurais de toute façon pas accepté une telle réaction : j'aurais pu avoir de bonnes raisons d'être en retard (les magistrats le sont parfois comme tout le monde) et ce ton hiérarchique à mon endroit alors que l'avocat n'est pas le subordonné des magistrats, m'aurait semblé déplacé. En outre le prévenu qui va être jugé n'a pas à faire les frais de l'humeur d'un magistrat.

Mais en l'espèce c'est encore plus inacceptable puisque comme on l'a vu je n'ai pas perdu une minute après l'appel téléphonique alors que j'aurais pu le faire, car après tout la permanence pénale, ce n'est pas le SAMU.

J'explique cela à la présidente, en lui précisant que d'ailleurs le substitut qui m'a fait appeler vient de me remercier pour ma rapidité.

Là, malaise. Elle comprend qu'il y a eu un problème d'organisation au tribunal : on m'a visiblement appelé tardivement.

Se produit alors ce qui se produit presque systématiquement quand un juge est pris en flagrant délit d'erreur : il refuse de le reconnaître car un juge ne se trompe pas. C'est l'autorité de la justice qui est en cause. En outre, la scène se passe devant les autres membres du tribunal et l'autorité personnelle de la présidente est en jeu.

Elle croit alors s'en sortir en me disant péremptoirement : *« de toute façon quand un avocat est de permanence il doit rester au tribunal à la disposition de la justice »* (euphémisme pour ne pas dire *« à notre disposition »*).

Je manque m'étrangler. Quoi ? Certains juges ne nous prendraient-ils pas pour leurs valets ? (je sais bien que c'est hélas le cas). Qu'on se mette à la place d'un avocat contraint de sacrifier une journée entière de travail pour rester au tribunal un jour de permanence pénale (et où ? Nous n'y avons évidemment pas de bureau) , alors qu'on n'aura peut-être pas besoin de lui. Bien entendu aucune obligation de ce genre n'existe Dieu merci, et il s'agit là d'une lubie de la présidente.

Je lui réponds en essayant de garder mon calme (pas facile) que sa conception de la permanence pénale n'engage qu'elle. Elle me dit qu'elle m'accorde cinq minutes pour étudier le dossier, pas plus. Vais-je accepter de voir ainsi bafouer les droits de la défense ?

Je parcours le dossier en coup de vent et bien sûr n'ai pas le temps de rendre visite au prévenu : l'audience commence.

Les magistrats ont une arme : le pouvoir. Les avocats en ont une autre : la parole, quand ils ont le courage de la prendre. Je l'ai prise.

Interrogatoire du prévenu, réquisitions du Parquet. La parole est la défense.

Je me lève et tout de go annonce que je ne suis pas en mesure de jouer mon rôle de défenseur car on ne m'a pas laissé le temps d'étudier le dossier. J'expose qu'après la procédure de flagrant délit, puis celle de la comparution immédiate, le tribunal correctionnel de Melun semble avoir inauguré ce jour une troisième procédure non prévue par le code : la *« défense expresse »*. Je conclus en disant que je ne peux que *« m'en rapporter »*, c'est à dire laisser le tribunal trancher sans rien lui demander, me réservant de faire appel si le jugement était par trop sévère.

Il faut se rappeler que l'audience est publique et qu'il y a en particulier dans la salle la famille du prévenu. La justice est soucieuse de son image. La présidente mal à l'aise sourit (jaune) et m'invite à aller la voir dans son bureau après l'audience *« pour dissiper ce malentendu »*. Tiens ? Tout à l'heure il n'y avait pas de malentendu…

Le jugement est rendu peu après. Il est sévère. Peut-être est-ce sans rapport avec l'incident, peut-être que si, comment savoir ? L'arbitraire fait douter de tout.

Un moment plus tard, je vais rendre visite à la présidente dans son bureau, comme elle m'y a invité. Elle ne sourit déjà plus : le public n'est plus là. Elle reprend son ton autoritaire pour me tenir le même discours qu'avant l'audience. La discussion est tendue et nous nous quittons fraîchement.

## 1994

Ce samedi, je suis de permanence pénale. Je dois donc rester à la disposition de la justice pour assister toute personne qui serait présentée devant le juge d'instruction ou le juge délégué, ou encore si c'est un mineur, devant le juge des enfants.

Je trouve en fin de matinée un message du substitut de permanence m'informant qu'il y aura plusieurs présentations dans l'après-midi, et m'invitant à me rendre au parquet vers 15 h.

A l'heure dite me voilà devant le Palais de Justice…. où je trouve porte close.

Le problème est récurrent lors des permanences de fin de semaine. La porte d'entrée comporte une sonnette, mais celle-ci est reliée à la loge du concierge, lequel est souvent dans les étages pour son service et donc personne ne répond.

L'avocat de permanence (mais aussi parfois le juge de permanence) doit faire le pied de grue devant la porte (qu'on imagine cela en plein hiver) en attendant que le concierge revienne providentiellement, ou bien il faut téléphoner au substitut de permanence qui vient nous ouvrir.

Le fonctionnement de ce petit tribunal en cette circonstance dégage une impression d'amateurisme qui ravirait un caricaturiste, un humoriste. Passons.

Pour téléphoner au substitut, en cette période où le téléphone portable est balbutiant (je n'en n'ai pas), il faut se rendre à la cabine téléphonique devant le tribunal. Laquelle est presque systématiquement squattée par un étranger téléphonant longuement dans son pays, pendant qu'un autre attend son tour.

C'est exactement ce qui se passe ce jour-là. Je fais donc le va et vient entre la porte d'entrée du palais, où je tente à nouveau ma chance, et la cabine où la jovialité de l'usager laisse penser que tout va bien au pays, merci. Une personne supplémentaire a pris la queue en mon absence.

La colère ma gagne. J'ai une profession libérale et suis contraint par la loi d'exercer une mission de service public, de surcroît le week-end, rémunérée symboliquement. Soit. J'ai fait quinze kilomètres de mon domicile au Palais, soit. Et je dois encore supplier qu'on veuille bien me laisser entrer ?

J'ai écrit au bâtonnier pour signaler le problème, comme d'habitude sans réponse. Et comme d'habitude mes confrères, qui vivent la même chose, se taisent.

J'ai décidé la dernière fois que si cela se reproduisait, je me retirerais et n'assumerais pas ma permanence. Le moment serait-il venu ?

Enfin la cabine est libre. Voilà vingt minutes au moins que je suis arrivé au Palais. Je fais le numéro du substitut... et la ligne est occupée. Je me retiens de partir. Encore un effort. Deux ou trois minutes d'attente, nouvel essai : bip, bip, bip, bip... Cette fois ras le bol.

Je me rends à mon cabinet situé à deux pas, et adresse un fax au substitut pour expliquer tout ce qui précède. Je lui rappelle que le problème n'est pas nouveau, et je conclus que je rentre chez moi pour ne pas revenir.

Le lundi matin je trouve une réponse du substitut sur mon télécopieur, datée du samedi après-midi. Il m'explique qu'il n'est pour rien dans la situation dont je me plains (je le savais et ne l'ai jamais mis en cause personnellement), devant assurer seul à la fois la permanence téléphonique avec les services de police et de gendarmerie, l'interrogatoire des personnes déférées, la gestion des problèmes matériels... Et il me demande de venir au palais car il y a plusieurs présentations. Nous sommes donc lundi et j'ignore comment il a résolu le problème de mon absence.

De mon côté j'informe le bâtonnier de cet incident, sans réponse de sa part (évidemment). Mais il en a visiblement parlé et je l'ai moi-même rendu public. C'est la première fois qu'un avocat refuse délibérément d'assumer sa permanence pénale.

Ma fermeté aura payé. Deux ou trois semaines plus tard, j'apprends que le Parquet a fait installer une sonnerie à l'entrée du palais, reliée non plus à la loge du concierge, mais au bureau du substitut de permanence.

Un juge d'instruction que je croise quelques jours plus tard dans le palais, et qui sait que je suis à l'origine de cette amélioration matérielle, m'exprime sa solidarité et me remercie (car les juges de permanence étaient aussi concernés que moi)

Le barreau m'en veut pourtant encore un peu plus : j'ai une nouvelle fois mis en évidence sa passivité.

Le lecteur trouvera peut-être dérisoires ces problèmes d'intendance et leur relation ici. Ce sont pourtant eux qui empoisonnent au quotidien la vie d'un avocat comme de tout intervenant de la justice, jusqu'à menacer à la longue sa dignité. Ceci explique la mauvaise conscience de mes confrères, et leur irritation devant mes initiatives.

### 16 juin 2011

Ces dernières années le déroulement des P.P. s'est un peu organisé. Les effectifs du barreau ayant augmenté, il y a désormais quatre avocats de permanence tous les jours : tribunal correctionnel, juge d'instruction/juge des libertés, juge des enfants, victimes.

Je suis de permanence aujourd'hui au tribunal correctionnel, et le secrétariat de l'Ordre me prévient vers 10 h du matin qu'une comparution immédiate aura lieu à partir de 16 h 30.

C'est un progrès : pour limiter les attentes interminables - l'audience correctionnelle commençant à 13 h 30 - et ne pas immobiliser vainement les avocats assurant la permanence mais aussi l'escorte policière (la comparution immédiate supposant que le prévenu sort de la garde à vue, donc il est détenu), il a été convenu entre le barreau et la présidence du T.G.I. que les comparutions immédiates ne seraient pas prises par le tribunal avant 16 h 30. L'avocat appelé arrive donc à l'avance pour étudier le dossier, rencontrer le prévenu, puis dès qu'un juge au moins a vu lui aussi le dossier, l'affaire est prise dès 16 h 30 en priorité conformément à l'usage : les affaires avec détenu sont toujours jugées avant les autres. Donc si à 16 h30 il y a des affaires avec prévenu libre, elles doivent passer après les comparutions immédiates, même si les parties et leurs avocats étaient là plus tôt.

C'est une journée chargée pour moi. Nous ne prenons pas de rendez-vous les jours où nous sommes de permanence, mais j'ai des dossiers en attente, de nombreuses personnes à rappeler, des recherches juridiques, des démarches à faire... Mais bon, j'honore mes engagements, et suis au Palais à 15 h pour voir le dossier, en espérant ne pas être de retour trop tard à mon cabinet.

Au Parquet on me le donne tout de suite, c'est une copie destinée à l'avocat du prévenu, que je peux conserver. Encore un progrès due à l'insistance du barreau : que de fois n'ai-je dû courir d'un bureau à l'autre pour trouver le dossier en un seul exemplaire, que je devais restituer rapidement afin qu'un juge du tribunal ou le substitut puisse l'étudier à son tour.

C'est une affaire de violences conjugales. Un type qui a mal tourné à la suite d'un grave accident du travail, a plongé dans l'alcool et tabasse sa femme, qui dit-il, lui en fait autant. Comme il est récidiviste le dossier est assez consistant et il me faut plus d'une heure pour le maîtriser. Je descends ensuite au dépôt voir l'intéressé : petit gabarit, bras maigres, tremblement frénétique des mains dû à l'angoisse et sans doute au sevrage alcoolique depuis son placement en garde à vue. Nous nous expliquons, je lui laisse peu d'espoir quant à ses chances de rester en liberté.

En sortant de la cellule deux policiers de l'escorte me demandent l'air las à quelle heure l'affaire va passer. Ils sont arrivés au Palais le matin pour la présentation du prévenu devant le substitut du procureur, et depuis treize heures environ attendent désœuvrés la comparution immédiate. Je leur dis ce que je sais : en principe les C.I. sont prises « à partir » de 16 h 30, donc cela ne devrait pas tarder.

De retour dans la salle d'audience, je m'assois pour peaufiner le dossier pendant les quelques minutes (je le crois) qui nous séparent des débats. Et je constate étonné que les affaires défilent sans que la C.I. soit appelée. Ce sont toutes des affaires avec prévenu libre, donc elles devraient passer après la C.I. conformément à l'accord conclu entre le barreau et la présidence. À 17 h 30 j'interroge l'huissier d'audience : elle ne sait rien. À 18 h 30 elle attire à nouveau l'attention du président sur la C.I. en lui transmettant un nouveau dossier : « oui, oui on va la prendre » répond-il nonchalamment. Et il prend une autre affaire. À 19 h je suis là depuis 4 h et la moutarde commence à me monter au nez devant ce magistrat certes courtois, mais qui dispose à sa guise des avocats et policiers assurant une mission de service public ou d'intérêt général. J'ai l'impression d'être son larbin, et je ne l'accepte pas.

Je sors une feuille blanche et rédige à son intention une lettre expliquant en termes modérés que devant cette attitude méprisante, je me retire. Malgré tout après l'avoir finie je décide d'attendre la fin de l'affaire en cours pour voir si nous allons passer ou non. Et un autre dossier est appelé… Cette fois je pars.

Je range mes affaires, donne ma lettre à la greffière, et quitte la salle d'audience. Il est 19 h 30, j'ai perdu quatre heures et demies.

Dans mon dos j'ai l'impression d'entendre le coup de tonnerre que je viens de provoquer. C'est une réaction sans précédent de la part d'un avocat. Je n'en ignore pas les suites possibles, mais comme d'habitude je n'ai écouté que ma dignité.

Je n'ai aucun souci pour le prévenu que j'ai laissé. Le tribunal peut commettre d'office un avocat présent à l'audience, ou juger l'affaire sans avocat, mais alors la procédure encourt la nullité. Je sais ce qu'il va faire : il va désigner un avocat et renvoyer l'affaire sur le fond à une date ultérieure, ne se prononçant dans l'immédiat que sur le maintien ou non en détention. L'avocat commis n'aura donc pas à étudier tout le dossier comme je l'ai fait.

Évidemment c'est une perte de temps possible pour tout le monde, et une cause d'irritation tant pour le tribunal (je m'en moque) que pour les confrères éventuellement retardés, à fortiori pour celui ou celle qui devra me remplacer au pied levé. Tant pis pour eux, ils paient leur passivité. C'est toujours moi qui prends des risques pour faire respecter notre profession. D'ailleurs il y a à l'audience une consœur membre du Conseil de l'Ordre, une jeune péteuse toute imbue de l'importance (imaginaire) de cette fonction, qui je le sais se sentira obligée d'être volontaire pour me remplacer, et je ne suis pas fâché de lui faire ce pied de nez.

<u>9 janvier 2014</u>

Inutile que je développe : la lettre ci-dessous dit tout.

*Monsieur le Procureur,*

J'étais ce jour de permanence pénale pour les mineurs en remplacement d'un confrère, et vers 19h j'ai dû quitter le Palais alors qu'une comparution devait avoir lieu, à laquelle je n'ai donc pas assisté.

Ce départ inopiné était causé par mon exaspération devant le traitement de l'avocat dans le cadre des permanences pénales, et j'entends m'en expliquer.

Vers 13h30 l'Ordre des avocats m'a informé qu'une ou plusieurs comparutions auraient lieu, sans autre précision. J'ai alors cherché à joindre la permanence du parquet en passant par le standard du palais, car nous ne disposons pas de la ligne directe de ce service. Malgré sept appels entre 13h32 et 14h05 le standard n'a pas répondu.

J'ai appelé à deux reprises le secrétariat commun des Juges pour Enfants : il était sur répondeur et la boîte d'enregistrement était saturée.

J'ai contacté l'ordre des avocats (secteur assisté) pour savoir si on disposait du numéro direct de la permanence parquet, et il me fut répondu par la négative.

Je n'avais donc pas d'autre alternative que d'attendre que l'on me contacte directement, et je suis resté dans mes locaux avec mon téléphone portable constamment à ma portée.

Il n'était pas question pour moi de venir au Palais sans savoir à quelle heure approximative auraient lieu la ou les présentations, car j'ai trop connu la mésaventure de devoir attendre toute une demi-journée. Bien m'en a pris puisque comme le décrit la suite, les deux présentations n'ont commencé que vers 18h.

Vers 16h j'ai la surprise de trouver sur mon téléphone professionnel (et non le portable comme c'est l'usage pour les P.P.) un message datant de 14h30 d'une greffière me confirmant l'information que m'avait donné l'Ordre, mais toujours sans précision sur l'heure et le lieu. Je rappelle aussitôt le numéro qui m'avait été laissé, qui ne répondait pas, à deux moments différents.

Ce n'est que vers 17h que j'ai été appelé sur mon portable par le parquet. Mon interlocutrice était étonnée que je ne sois toujours pas au palais. J'ai alors tenté de lui expliquer ce qui précède, mais après quelques mots elle m'a interrompu : « je n'ai pas le temps, j'ai cinquante appels qui m'attendent, il faut que vous veniez tout de suite ».

Stoïque je me rends aussitôt au Palais où je constate que je suis parfaitement à l'heure, les deux présentations devant avoir lieu d'ici peu.

Pour la seconde devant Mme CHOMET cette dernière n'avait pas encore vu le dossier. Pendant qu'elle l'étudie je me rends à la bibliothèque de l'ordre, et à mon retour vers 19h, je trouve la porte d'accès aux juges des enfants fermée, sans personne pour ouvrir. J'actionne toutes les sonnettes des cabinets, sans résultat. Impossible de téléphoner où que ce soit, n'ayant pas les numéros des juges pour enfants.

Je monte à la permanence parquet où le bureau est ouvert mais vide. Je redescends au premier étage où je trouve la famille du mineur, quelque peu « défavorisée » selon l'euphémisme courant, qui me harcèle de questions et supplications. Impossible de rester, alors que l'interphone reste muet. Hors de question également de me retirer ailleurs pour attendre humblement que l'on veuille bien m'appeler, sans même savoir quand.

J'ai donc décidé de partir à 19h15 et j'assume ce choix. La procédure sera nulle, mais c'est la juste sanction du dysfonctionnement de la justice. L'avocat de permanence n'est pas un planton de service attendant avec humilité que l'on veuille bien le quérir, pour ensuite accourir ventre à terre à seule fin de garantir par sa présence la validité de la procédure. J'ai une plus haute idée de mon statut, et je l'ai toujours défendu.

*Dans le passé j'ai déjà agi de la sorte et cela suscita une prise de conscience salutaire, même si hélas le naturel a repris le dessus après quelques années. Ce rappel ne sera peut-être pas inutile.*

*Je regrette d'avoir fait perdre du temps à Mme CHOMET, qui n'est sans doute pas responsable de cette situation.*

*Veuillez agréer Monsieur le Procureur, l'expression de ma parfaite considération.*

*Copies :*

*Monsieur le Bâtonnier Mme CHAUMET*

Pas de suite, pas de réponse. A-t-on traité le problème ? Je l'ignore.

# PROCÉDURE DISCIPLINAIRE

## LA DISCIPLINE, PAS LA JUSTICE

<u>Octobre 1995</u>

Le clan dirigeant du barreau n'a pas réussi à me soumettre. Il a en a assez de mon indépendance, de ma demande permanente de justice, de mon manque d'obséquiosité. Il ne m'a pas pardonné de l'avoir défié victorieusement devant la Cour d'Appel en 1992-1993. C'est l'heure de solder les comptes.

Quant au barreau on a en ligne de mire un avocat, il suffit d'être patient. Avec le temps il est presque impossible de ne pas trouver un ou plusieurs prétextes à poursuite. Nous faisons un métier où les chausse-trappes sont tellement nombreux qu'on ne voit pas très bien comment échapper un jour ou l'autre au filet qu'on nous tend. D'ailleurs certaines de nos obligations sont impossibles à respecter. Ainsi la plupart des règlements intérieurs des barreaux mentionnent l'obligation pour les avocats d'être ponctuels aux audiences. Tout le monde sait que ce n'est pas toujours possible. Quand nous avons deux, trois audiences à la même heure devant des juridictions différentes, nous sommes bien obligés d'être en retard à une ou plusieurs d'entre elles. N'empêche. Le jour où un bâtonnier, un conseil de l'ordre, veut « se payer » un avocat, on peut parfaitement le poursuivre pour ce motif.

Autre exemple : un usage hérité d'un passé révolu, quand les avocats peu nombreux étaient de petits notables, veut que quand on va plaider une affaire dans un autre barreau, on aille se présenter au bâtonnier au président du tribunal, et le cas échéant au Procureur. Plus personne ne le fait (on ne se présente qu'au confrère adverse), mais cela reste inscrit dans les règlements intérieurs de tous les barreaux.[13] Là encore on peut s'en servir hypocritement en cas de besoin.

Je reçois une convocation devant le Conseil de Discipline pour le 9 octobre 1995. Entre autres prétextes invoqués : j'aurais fait au bâtonnier une réponse « injurieuse » par ce que je lui avais répondu un peu sèchement (comme un gosse qu'on réprimande parce qu'il n'a pas été poli avec une grande personne) ; j'ai un retard dans le versement de ma cotisation (comme bien d'autres avocats qui eux ne sont pas inquiétés) ; j'aurais refusé (en effet) de remplir une mission d'A.J. parce que dans un domaine où la greffière s'obstine à ne pas fournir les AFM sans que le bâtonnier s'en offusque...

C'est le bâtonnier F. qui a pris seul l'initiative de cette procédure disciplinaire, comme malheureusement la loi l'y autorise : la décision peut être prise soit par le Conseil de l'Ordre, soit par le Bâtonnier seul, soit par le Parquet Général. Dans tous les barreaux où un minimum de démocratie existe, le bâtonnier s'interdit d'imposer au Conseil des poursuites contre un avocat. C'est le Conseil qui décide. Pas à Melun..

Jamais dans l'histoire du barreau de Melun on n'avait réuni le Conseil de Discipline, et c'est à moi qu'on va faire

---

[13] Aujourd'hui (2014), dans le Règlement Intérieur National de la profession d'avocat

cet honneur. F. a dit : « c'est moi qui décide ». La majorité du Conseil va se ranger désormais comme un seul homme derrière lui pour m'immoler, puisque ce dernier le veut.

<ins>Une mascarade indigne des principes que défend le barreau.</ins>

Comme c'est le premier Conseil de Discipline de ce barreau, personne ne connaît la procédure à suivre. La date qui m'a été fixée dans la citation est-elle une date de jugement ou s'agit-il d'une audience d'instruction ? On ne peut me le dire.

Finalement quelques jours avant le 9, on me fait savoir officieusement que l'on considère cette audience comme devant instruire l'affaire, et une audience de jugement suivra. Mais alors si l'on veut respecter la séparation entre juridictions d'instruction et de jugement, les mêmes confrères ne devraient pas siéger dans les deux audiences. On me répond que ce sera pourtant le cas. C'est le cafouillage et l'arbitraire le plus total.

Le jour dit, je me présente à 18 h à la Maison de l'Avocat. La salle de réunion, où je vais être sacrifié, est au deuxième étage. Au premier la bibliothèque, au rez-de-chaussée le secrétariat où l'on m'indique que l'usage (que personne ne connaissait mais que le bâtonnier a dû apprendre auprès de ses collègues des barreaux voisins) est de comparaître en robe. Il se trouve que les avocats laissent leur robe au Palais de Justice, à cinq cents mètres de là, où se trouve leur vestiaire. Qu'à cela ne tienne : puisque la Maison de l'Avocat tient des robes à la disposition des confrères de l'extérieur, je demande à en emprunter une. La secrétaire un peu gênée, me répond qu'elles ont toutes été empruntées par les membres du Conseil, qui siège depuis 17 h 30. Tiens, tiens. Cela veut donc dire que beaucoup ignoraient la nécessité de porter la robe dans un conseil de discipline. Il en reste quand même une, mais de modèle femme, et trop petite. Tant pis, je m'en passerai.

Je monte au deuxième étage avec la secrétaire, qui m'annonce. Me voici dans la salle. Ils ont disposé les tables de manière à former un fer à cheval, un « U » dont l'ouverture, face à la porte d'entrée comporte une petite table à mon intention. En face de moi un quatuor formé du bâtonnier en exercice F., et trois anciens bâtonniers : R., I, B. De chaque côté, une rangée de confrères. Au total, 12 avocats-juges. En robe. Tous l'air sévère, emprunté pour les uns, résigné pour les autres, satisfait pour le quatuor que forment le bâtonnier et ses prédécesseurs.

Immédiatement, une image me vient à l'esprit. Celle des tribunaux de l'Inquisition, que j'ai vue dans certains films. Il y a en effet peu de circonstances à ma connaissance, où un homme est jugé par douze personnes (et davantage dans les gros barreaux) en robe solennelle. Les tribunaux ne comportent jamais plus de trois magistrats. En cour d'Assises, il y a neuf jurés en civil et trois juges en robe.

Si le but était d'impressionner l'hérétique, il est atteint. Je ne m'attendais pas à ce spectacle, d'autant que le quatuor en me voyant entrer, affecte de me toiser des pieds à la tête d'un air outré comme si j'étais en bermuda. J'explique que j'ignorais la nécessité de la robe et qu'il n'en reste plus qu'une, trop petite, pour femme. Le président-bâtonnier me dit alors d'un ton impérieux : « tant pis, mettez-là quand même ». Encore sous le coup de la surprise, je fais ce qui ne me ressemble guère : *j'obtempère*.

Juste avant d'arriver au rez-de-chaussée, je me ressaisis. J'aurais dû exiger qu'on me laisse aller chercher ma robe au Palais.

Ils m'auraient attendu 10 mn et j'aurais été psychologiquement en situation de force. Au lieu de quoi, F est en train de me donner la leçon qu'il attendait, à savoir me montrer qu'il est le « chef », et que je ne suis rien. Mais il est trop tard, je ne peux faire marche arrière. Je m'en veux et c'est de mauvaise humeur contre moi-même que j'enfile cette robe trop petite pour que je la boutonne, même si son caractère féminin ne saute pas aux yeux (elle se boutonne en sens inverse de celles des hommes).

C'est dans cet accoutrement ridicule que je me représente dans la salle. Ma colère rentrée, ainsi que le besoin de montrer que je ne suis pas soumis, me donnent un air légèrement agressif (on me le dira plus tard) : deuxième piège dans lequel je suis tombé. Car c'est exactement ce qu'ils cherchent : me faire passer pour un rustre piétinant la moquette de ses bottes fangeuses. Ils vont s'y employer.

Je m'assois (j'allais écrire : « sur la sellette »). Et le quatuor commence son interrogatoire. F lit la convocation, et énumère les faits qui me sont officiellement reprochés, comme un président de tribunal correctionnel le ferait avec un prévenu.

Puis me demande de me justifier. Or on m'a dit qu'il s'agissait d'une audience d'instruction, ils doivent donc seulement chercher à établir la matérialité des faits, et je dois répondre aux questions posées dans ce but. Je n'ai pas à me défendre aujourd'hui, du reste je n'ai rien préparé en ce sens.

Ils ne l'entendent pas ainsi, démontrant une fois de plus leur mépris des principes qu'ils sont censés défendre. Mais ils démontrent aussi leur amateurisme. Car ils réalisent que les faits qui me sont imputés, n'étant que des prétextes, sont extrêmement simples, et ne nécessitaient aucune audience préalable d'instruction. Il aurait suffi à la rigueur de me faire entendre par un rapporteur du Conseil de l'Ordre avant l'audience. Et comme ils ne peuvent pas lever la séance après quelques minutes, ils empiètent sur l'audience de jugement sans aucun état d'âme.

Je le leur fais remarquer, et cela les laisse froids. Bien plus, ils se servent de cette irrégularité pour essayer de me faire sortir de mes gonds. Si seulement je pouvais piquer une vraie colère ! Me montrer comme le primitif qu'ils décrivent, eux qui sont calmes comme la force consciente d'elle-même. Mais je tiens bon, même si ma révolte intérieure est probablement visible. À part le quatuor avec lequel je m'escrime, le reste du Conseil est silencieux.

Au bout d'un moment, voyant qu'ils n'obtiendront pas de moi ce qu'ils veulent ce soir, ils se résignent. Le président-bâtonnier fixe la date de l'audience de jugement, soit le 23 octobre. Pendant que la secrétaire de séance prend des notes, une demi-minute de silence règne. C'est alors qu'une autre image historique me vient brusquement à l'esprit. Devant cette juridiction partiale, cet arbitraire, en présence de ce bâtonnier qui cumule en toute légalité les rôles de victime (il prétend avoir été injurié par moi) de procureur (il a déclenché lui-même les poursuites), de juge d'instruction et de président, dans la tenue ridicule qu'ils m'ont obligé à arborer, je revois les images du procès que les nazis firent en juillet 1944 à ceux qui avaient fomenté un attentat contre Hitler. On les avait obligés à comparaître sans bretelle ni ceinture, en tenant leur pantalon à deux mains, devant un tribunal d'exception dont le président éructait des insultes.

Certes ici, pas d'insultes. Et je ne risque pas ma vie mais ma carrière. Cela suffit-il pour écarter toute comparaison ?

<u>Que faire ?</u>

Vingt heures. Me voilà chez moi. Une douleur à l'estomac causée par la révolte étouffée. Pas faim. Je me couche avec un somnifère.

Le lendemain, après une nuit réparatrice, je fais le point.

Je ne pensais pas que leur manque de scrupule irait jusqu'à me traiter de la sorte. Je n'aurais pas cru qu'un Conseil de l'Ordre du Barreau, formé d'avocats et non des moindres : ceux chargés de veiller au respect de la déontologie, pût à ce point, pour juger un des leurs, mépriser les garanties essentielles de l'individu, mission élémentaire de l'avocat. Et cette procédure a elle-même pour cause mon refus de me coucher devant l'arbitraire. Quel abîme entre l'image qu'on a, que j'avais, des avocats, et cette réalité sordide !

Mais le plus révoltant, c'est que je ne dispose d'aucun recours légal. La décision de me poursuivre en invoquant n'importe quel prétexte ? C'est de la responsabilité du bâtonnier comme on l'a vu, et les décisions du bâtonnier ne sont susceptibles d'aucun recours. Le cumul des fonctions du bâtonnier-victime-procureur-juge d'instruction-président ? Parfaitement légal. La manière indigne dont j'ai été traité pendant les débats ?

D'abord je ne pourrais pas le prouver : on pense bien qu'aucun membre du Conseil ne va témoigner en ma faveur, et bien sûr la secrétaire de séance ne l'a pas noté. En outre, il n'y a pas à proprement parler de violation d'une règle de droit, mais plutôt une indélicatesse du Conseil, autrement dit une violation de la déontologie. Or le juge de la déontologie c'est… le Conseil de l'Ordre.

Je ne pourrai que déférer devant la Cour d'Appel la décision que prendra le Conseil à mon égard. Mais ils savent très bien que je ne le ferai pas, pour des raisons que j'exposerai plus loin.

Je mesure plus que jamais (mais hélas, que de fois je vais le revivre) à quel point l'État de Droit est un leurre.

Quand l'arbitraire existe au sein même de la justice, la crédibilité de l'État de Droit rappelle celle du Titanic.

## Je récuse plusieurs membres du Conseil de l'Ordre

Ces réflexions philosophiques amères, pour justifiées qu'elles soient, ne me font guère avancer. Je pense alors à un recours, qui aurait pu, si je l'avais prévu plus tôt, me dispenser de la présence de F, ainsi que de trois avocats qui n'ont aucune raison de me porter dans leur cœur : C, CM. et B.

Le premier est comme on s'en souvient, l'un des associés du cabinet en face du mien, qui a prétendu m'interdire de m'installer à cet endroit, ce qui nous a conduits devant la Cour d'Appel où lui et le barreau ont succombé. Comment croire à son impartialité ?

La seconde a provoqué de ma part une plainte devant le Bâtonnier il y a quelques mois, car elle avait détourné un client de mon cabinet. Elle ne me porte sûrement pas dans son cœur.

B. m'a écrit et fait écrire par F pour me menacer de poursuites disciplinaires si je continuais d'emprunter des livres à la bibliothèque. Son inimitié à mon endroit est donc patente.

Quant à F, puisqu'il se prétend personnellement lésé par moi, sa partialité est pour le moins prévisible.

Dès lors j'aurais pu dès que j'ai eu connaissance de ma convocation, former contre ces quatre avocats une *récusation*.

Toute personne comparaissant devant un juge et suspectant sa partialité pour des raisons précises (inimitié notoire, procès personnel avec ce juge…) peut le récuser, c'est à dire lui demander de ne pas siéger dans le tribunal saisi. En cas de refus du juge, le dossier est transmis automatiquement à la Cour d'Appel, et c'est elle qui décide si le juge peut siéger ou non.

Une condition de forme cependant : la demande de récusation doit être présentée au juge concerné dès que sa cause en est connue par le demandeur. Autrement dit la plupart du temps, dès qu'il est informé de la procédure, et de la composition du tribunal.

Dans mon cas, je connaissais la composition du Conseil de l'Ordre lorsque j'ai reçu ma convocation. C'est donc tout de suite que j'aurais dû former ma demande de récusation. Je n'y ai pas pensé, d'abord parce que comme mes confrères j'étais un peu dérouté par cette procédure nouvelle pour moi. Ensuite parce que je ne savais pas encore quelle partialité assumée le quatuor allait employer contre moi, ce qui laisse mal augurer du comportement de certains autres.

Je dois essayer de rattraper ce manque de vigilance. Puisqu'il y a une audience d'instruction, qui vient d'avoir lieu, et une audience de jugement, fixée au 23 octobre, à laquelle je suis censé présenter ma défense, ne peut-on pas considérer que la procédure commence vraiment le 23 octobre, l'audience du 9 n'ayant eu qu'un rôle préparatoire ?

Mes recherches de jurisprudence ne donnant rien, je décide de tenter l'expérience. J'envoie un mémoire au bâtonnier pour demander sa récusation et celle des deux confrères nommés plus haut.

En même temps, m'attendant à tout, je rédige un mémoire en défense, pour le cas où ils décideraient de violer la procédure, et voudraient me juger sur le fond. Je l'adresse à tous les membres du Conseil.

Le 23 octobre, dès le début de l'audience la question de la récusation est abordée. Je développe mes raisons, et F me demande de me retirer pour que le Conseil délibère. Cela ne sera pas long. Cinq minutes environ plus tard on me rappelle. Verdict : C a accepté sa récusation, F la refuse, les deux autres demandent un délai. Ils feront savoir quelques jours plus tard qu'ils la refusent aussi.

J'apprécie le geste du premier. CM et B me confirment leur partialité et leur manque de délicatesse. Quant à F dont je n'attendais rien, je ne peux tout de même m'empêcher de ressentir un peu plus de mépris à son endroit.

Il m'indique avec une évidente contrariété que puisqu'on est en présence d'au moins un refus, le sien, le Conseil ne peut statuer sur le fond et doit transmettre le dossier à la Cour d'Appel La procédure est ajournée *sine die*.

## Mes récusations sont rejetées

Pendant cinq mois et demi, le temps que mettra la Cour d'Appel à se prononcer, c'est la « drôle de guerre ». Elle est déclarée, mais il n'y a pas d'opération majeure. De temps à autre une escarmouche épistolaire entre F. et moi. Il cherche à alourdir mon dossier, moi à lui montrer qu'il ne me soumettra pas. Toutes les occasions sont bonnes. Un dysfonctionnement dans un service du Palais de Justice qui lèse les avocats, lesquels ne bronchent pas ?

Comme on en a le devoir, comme je l'ai toujours fait, j'écris au bâtonnier pour lui demander d'intervenir. Il me répond sèchement qu'il ne fera rien (« vous êtes le seul à vous plaindre »), pour me provoquer et me pousser à la faute. Je ne tombe pas dans le piège. Une réclamation complètement loufoque d'un client contre moi ? Il me la transmet avec une évidente jubilation alors qu'il l'aurait classée sans suite pour un autre avocat.

Dès le lendemain du 23 octobre, des amis, dont certains sont membres du Conseil et ont siégé ce jour-là, m'ont téléphoné. Pour m'aider bien sûr. Et l'aide qu'ils me proposent n'a pas varié depuis que je suis au barreau : baisse la tête, demande pardon, ne recommence pas, et nous te soutiendrons.

Tiraillés entre l'amitié qu'ils ont pour moi et l'impossibilité d'approuver ouvertement ma résistance (puisque eux ne résistent pas,) ils m'en veulent de les placer dans une situation inconfortable : s'opposer au clan dirigeant du barreau, ou me laisser condamner. Au fond, sans s'en rendre compte ils me demandent… de les aider à ne pas faire ce choix cornélien. Ma dignité ? La justice ? C'est leur dernier souci.

Le 19 mars 1996, la Cour d'Appel rend son arrêt. Comme je m'y attendais, toutes mes récusations sont rejetées car trop tardives : j'aurais dû les formuler dès l'ouverture de la procédure disciplinaire, le 9 octobre. Je ne peux en vouloir à la Cour d'appliquer la loi. La procédure va donc reprendre son cours.

Mais la lecture de l'arrêt m'apprend que la magouille ordinale a encore frappé, à mon insu.

En page deux, l'arrêt résume la procédure. Après avoir rappelé que j'ai formé ma demande de récusation les 15 et 19 octobre 1995, il indique : « *Vu les notes déposées par. F, B, CM, qui s'opposent à la demande...* ». Or ces notes ne m'ont jamais été transmises par mes adversaires, sans que la Cour le sache. Il y a là une violation flagrante du principe contradictoire, qui est à la base de tout système juridique civilisé. Alors que mes trois adversaires connaissaient mes arguments (contenus dans mon mémoire en récusation) je ne connaissais pas les leurs, et n'ai donc pas pu les combattre.

C'est le même mode opératoire qu'avec le fameux dossier secret de l'affaire Dreyfus, à la différence près qu'ici la Cour n'est pour rien dans cette manipulation.

J'encaisse le choc de ce nouvel acte d'arbitraire de la part des gardiens de la déontologie, puis me ressaisis : l'irrégularité commise peut me servir. Puisqu'il y a eu méconnaissance d'un principe essentiel du droit processuel, je suis certain de pouvoir faire casser l'arrêt de la Cour d'Appel. Je ne vois pas comment la Cour de Cassation pourrait ne pas me donner raison. Le Conseil de l'Ordre serait bafoué, et la procédure disciplinaire suspendue pour plusieurs années. Reprendrait-elle ensuite ?

Mais depuis le 1er janvier 1996 F. a fini son mandat et un nouveau bâtonnier lui a succédé, qui fixe la nouvelle audience. Ce sera le 10 juin 1996.

### Je suis coupable

Cette fois l'ambiance n'a rien de commun avec celle du mois d'octobre précédent. F. ne siège même pas au Conseil, présidé par le Bâtonnier M qui comme je l'ai dit, ne semble pas avoir d'intention malveillante à mon endroit. J'ai pointé les confrères qui me sont hostiles, ceux qui me soutiendront probablement, et ceux dont je suis incertain. La majorité sera étroite, une ou deux voix, pas plus.

Je me berce cependant d'un espoir. Après tout puisque F. qui avait imposé les poursuites à un Conseil réticent n'est plus là, pourquoi s'acharnerait-on ? J'ai renoncé au pourvoi en cassation qui eût été gênant pour le Conseil dans un souci d'apaisement. Ne va-t-on pas en tenir compte et prononcer une décision de relaxe ? Tous savent que cette procédure avait été initiée par F pour me réduire au silence.

Le Bâtonnier me donne la parole, et dans l'esprit conciliant que je viens d'évoquer, j'indique que je m'en rapporte au mémoire en défense que tous les membres du Conseil possèdent (je l'ai adressé aux nouveaux) et qui contient ma réponse à chacun des griefs qui ont officiellement motivé les poursuites disciplinaires.

En ne plaidant pas, je donne un tour moins conflictuel à l'audience. J'explique cependant le vice de procédure qui aurait pu entraîner la cassation, puisque la plupart d'entre eux l'ignorent, et j'annonce que j'ai renoncé au pourvoi. Je termine en demandant ma relaxe. Et j'ai la faiblesse d'y croire.

Le Bâtonnier me demande de me retirer afin que le Conseil délibère. Je descends un étage et m'installe à la bibliothèque déserte où j'essaye de travailler. Mais comment se concentrer en un tel moment ?

Je n'ai pas de crainte quant à la gravité de la décision à venir. Les sanctions prévues par notre statut ne sont qu'au nombre de trois : avertissement, suspension avec ou sans sursis, radiation. Je sais par divers signaux que le clan se contenterait d'un avertissement afin de me réduire au silence. Mais pour moi toute condamnation serait intolérable car je n'ai fait que me battre pour faire respecter ma dignité et celle de ma profession.

Les minutes s'écoulent, et je comprends que si les débats durent, c'est mauvais signe. J'entends des voix masculines, parmi lesquelles je crois reconnaître celle de B.

Au bout de 45 mn environ, j'entends la porte s'ouvrir et des pas dans l'escalier. Un confrère vient me chercher pour entendre la décision du Conseil. En remontant, nous ne nous regardons pas.

Arrivé dans la salle, j'évite le regard des membres du Conseil. Je ne veux pas avoir l'air de chercher anxieusement le résultat sur leur visage. Je m'assois, fixe le bâtonnier qui me fait face, et attends. Mais j'ai déjà compris : le Bâtonnier M. a les traits tirés et l'air de vouloir être ailleurs. Je suis déclaré coupable, et on m'inflige un avertissement.

J'encaisse. Je me lève et salue le Conseil d'un « Bonsoir » sec. Mon dépit n'a échappé à personne. Un autre « bonsoir » me répond en chœur, empressé et consolateur pour les uns, furtif et honteux pour les autres.

J'ai été condamné entre autres pour un « manque de diligence » dans un dossier. En l'occurrence comme je l'ai dit plus haut j'avais refusé d'accepter un dossier d'AJ devant le Tribunal d'Instance parce que le greffe de cette juridiction s'obstine à ne pas délivrer les AFM à l'avocat. Or le cabinet de F. qui m'a poursuivi pour cela, a commis il y a quelques années un manque de diligence réel et grave qui lui a valu d'être condamné en justice. Il avait négligé d'inscrire une hypothèque au profit de son client, qui a ainsi perdu près d'un million de francs *(cf. annexe 8)*. On imagine ce que cela a du coûter à la compagnie d'assurance du barreau. Quand F a engagé sa procédure disciplinaire contre moi, cela faisait à peine un an que la Cour de Cassation avait confirmé sa condamnation. Il n'a jamais été poursuivi disciplinairement bien entendu. Mais il me poursuit ensuite pour… manque de diligence parce que je veux être payé pour le travail que je fais.

### Inutile de faire appel

Le clan a gagné. Il ne sera pas dit que l'arbitraire au barreau puisse être combattu impunément.

Le message qui m'est envoyé est parfaitement limpide. On ne conteste pas le pouvoir du Bâtonnier, quelque usage qu'il en fasse. Les trois « fautes » retenues sont celles qui mettent le plus en cause son autorité. Donner raison à un avocat seul contre un bâtonnier, c'était ouvrir la boîte de Pandore. Un certain ordre social était en cause. Même ceux qui étaient opposés à mon renvoi devant le Conseil (et on a vu qu'ils étaient presque unanimes en ce sens) ont fini par soutenir leur führer devant l'enjeu. Et que pèse alors la justice ?

Si une telle règle s'appliquait dans la société, le fonctionnaire aurait toujours raison contre l'administré, le patron contre le salarié, bref, nous en serions restés à l'Ancien Régime.

Me voici donc marqué au fer rouge. Ma condamnation sera communiquée au Parquet Général et figurera dans mon dossier. Si je voulais changer de Barreau un jour, le nouveau Conseil de l'Ordre examinant mon dossier y trouverait la sanction avec les motifs tels qu'ils figurent froidement au P.V. de l'audience.

Je dois donc ravaler ma révolte, mais je ne peux en rester là.

Je dépose dans la boîte de chaque avocat au Palais, une lettre ouverte au bâtonnier F. qui avait initié cette chasse aux sorcières, pour lui dire qu'à mes yeux cette condamnation est nulle et non avenue et que je continuerai à me dresser contre l'arbitraire d'où qu'il vienne. Aucun avertissement ne m'y fera renoncer.

La plupart de mes confrères découvrent alors la procédure disciplinaire dont je viens de faire l'objet, et qui bien sûr n'est pas publique. Je réponds bien volontiers à leur questions, et beaucoup se montrent compréhensifs à mon égard, mais impuissants.

<u>Actualisation de 2004-2005</u>

La loi vient offrir des garanties à l'avocat poursuivi.

La nature dictatoriale de la procédure disciplinaire ci-dessus décrite était ressentie par d'autres que moi, et les choses bougent. La loi du 11 février 2004 et le décret du 26 mai 2005 viennent enfin apporter quelques garanties qui pour les citoyens existent depuis deux siècles parfois.

Ce ne seront plus les Conseils de l'Ordre qui exerceront la discipline, mais des Conseils Régionaux de Discipline, composés de membres des Conseils de l'Ordre de plusieurs barreaux. Ainsi, moins de rapports personnels entre l'avocat qui comparait et ses confrères qui le jugent, d'où plus grande impartialité.

Il y aura séparation entre celui qui déclenche les poursuites (dans mon cas le bâtonnier F), celui qui instruit le dossier (encore le bâtonnier F), celui qui se dit victime de l'avocat comparant (encore lui) et ceux qui jugent. Autrement dit aucun des trois que je viens de citer (qui était le même dans mon cas), ne pourra siéger au Conseil de Discipline.

La décision finale devra être juridiquement motivée.

Il aura fallu attendre le début du 21è siècle pour que les avocats appliquent au sein de leur profession les principes qu'ils défendent depuis toujours pour leurs clients. Parce qu'au barreau comme partout, la force prime.

Ceux qui exercent le pouvoir (les bâtonniers et les conseils de l'ordre) tiennent à le conserver dans sa plénitude le plus longtemps possible, fût-ce en contradiction avec ce qu'ils sont. Seule la lente et inexorable pression du monde extérieur peut les dépouiller.

Reste à voir ce que cela donnera. Si la future instance disciplinaire est composée essentiellement de bâtonniers, anciens bâtonniers et futurs bâtonniers, l'avocat qui y comparaîtra pour insoumission à l'égard de son bâtonnier est condamné d'avance.

### 7 octobre 2013

Tous les avocats du barreau reçoivent sur leur messagerie électronique une circulaire du Parquet Général adressée aux Ordres d'avocats de la France entière, Outre-Mer compris, pour les informer qu'un avocat dénommé a fait l'objet d'une sanction disciplinaire. Le PG demande aux bâtonniers d'assurer « la diffusion » de cette information, et c'est ainsi que plusieurs fois par an nous apprenons que Me Untel (nom et prénom bien apparents) a été suspendu, radié, privé de « ses droits » (de vote, de se présenter au Conseil de l'Ordre…).

Il s'agit là d'une pratique véritablement ignoble. Pour celui qui en est l'objet, c'est l'humiliation suprême. Non seulement tous les avocats de France sont informés, mais aussi leurs secrétaires, et tous ceux à qui le document peut être retransmis par un simple clic.

Or cela ne sert à rien d'autre qu'à humilier l'avocat(e) en question : l'exemplarité de la mesure supposerait que l'on connaisse la raison de la condamnation, ainsi que les circonstances qui les ont entourées. Le PG ne va pas jusque-là parce qu'il sent bien ce que cela aurait de choquant, mais alors pourquoi cette diffusion partielle qui laisse subsister l'essentiel, savoir un nom traîné dans la boue ?

Surtout cette diffusion est parfaitement abusive juridiquement. Aucun texte ne prescrit au PG de le faire. Le texte qui prévoit l'exécution des sanctions disciplinaires (article 197 Décret du 27/11/1991) dispose seulement : *« Le procureur général assure et surveille l'exécution des peines disciplinaires »*.

S'agit-il d'empêcher un avocat radié ou suspendu de s'inscrire dans un autre barreau ? Mais il suffirait pour cela que chaque Conseil de l'Ordre saisi d'une demande d'inscription consulte un fichier national mis à jour des avocats sanctionnés. Rien de plus facile à mettre en œuvre.

Dès lors cette atteinte à la dignité de l'avocat est parfaitement arbitraire et pourrait être sanctionnée par la justice si l'avocat qui en est victime était décidé à aller jusqu'au bout d'un recours, y compris devant la Cour Européenne des Droits de l'Homme. Mais qui va s'y risquer ? Comme d'habitude le rapport de force joue. L'avocat sanctionné, s'il compte reprendre son exercice professionnel (même si c'est bien difficile après une telle publicité) n'a pas intérêt à irriter le Parquet Général. Et s'il a été radié, il considère que c'est un combat d'arrière-garde. Dans les deux cas il lui faudrait en saisissant la justice, donner encore plus de publicité à la mesure qui le frappe. Le PG le sait et en abuse. Il représente pourtant la Loi avec un grand L.

C'est d'autant plus révoltant quand on connaît comme moi les raisons qui peuvent conduire à une procédure disciplinaire : résistance même courtoise à l'arbitraire du bâtonnier, d'un magistrat, d'un greffier. Impossibilité de régler des sommes exorbitantes qui constituent un véritable racket des organismes sociaux ou du fisc, comme je le décris ailleurs. Bref, contrairement à ce que pourrait croire le citoyen *lambda* lisant une telle circulaire, l'avocat visé n'est pas forcément « malhonnête » au sens populaire du terme.

En outre cette diffusion concerne aussi les avocats qui sont « omis » du tableau. L'omission prévue par la loi n'est pas une sanction. C'est une sorte de retrait provisoire de la profession pour deux raisons : de santé (dans ce cas c'est presque toujours à la demande de l'avocat), financière parce que l'avocat n'est pas à jour de sa cotisation à l'Ordre. Nous avons d'abord reçu pendant des années cette information comme étant une sanction disciplinaire, avant que le P.G. se ravisant, en fasse des circulaires à part intitulées « mesures administratives concernant des avocats ». N'empêche : pourquoi en informer tous les avocats (ce qui n'est nullement prévu par la loi) au mépris de la dignité ou la de la vie privée de l'avocat alors que là encore la tenue d'un fichier national suffirait ?

Choqué par cette pratique, j'ai un jour répondu par un simple clic qui m'a mis en communication avec l'ensemble du barreau outre le secrétariat du Conseil de l'Ordre, pour résumer (en quatre lignes) ce qui précède. Je n'ai eu que deux réponses, l'une approbatrice, l'autre confuse. Les jours suivants, quand je me retrouvais au Palais en présence de mes confrères, pas un n'y faisait allusion. Comme d'habitude ils ne pensent rien.

Jamais je n'accepterais pour moi une telle humiliation. Jamais.

**COUR D'APPEL DE PARIS**
**PARQUET GENERAL**

Paris, le 4 octobre 2013

Le Procureur Général

Objet : Notification de peines disciplinaires sanctionnant des avocats

J'ai l'honneur de vous adresser un état mentionnant l'identité des avocats venant de faire l'objet d'une sanction disciplinaire.

Je vous remercie de bien vouloir en assurer la diffusion.

P/ le Procureur Général

Marie-Noëlle OEILLER
Avocat Général

COUR D'APPEL
34 Quai des orfèvres - 75055 PARIS-Cedex
Tél : 01.44.32.61.75

civil.pg.ca-paris@justice.fr

| Références du Parquet Général | Nom et prénom de l'avocat | Barreau d'inscription | Organisme ayant statué | Date de la décision | Prise d'effet de la décision | Mesure prononcée |
|---|---|---|---|---|---|---|
| 2011/02649 | Me ■ | Créteil | Conseil de discipline des Barreaux du ressort de la Cour d'Appel de Paris | 27/05/13 | 04/07/13 | Interdiction d'exercice de la profession d'avocat pour une durée de 24 mois dont 18 mois avec sursis ainsi que la privations des droits pendant 5 ans |

# L'ENTREPRISE AVOCAT

L'avocat est riche. C'est ce que montrent le cinéma, la télévision, la littérature.

Pourtant le revenu moyen des avocats ne les place pas au-dessus des autres professions indépendantes. Nous avons tous des clients artisans, commerçants, ou d'autres professions indépendantes, qui peuvent avoir un revenu supérieur au nôtre.

L'une des réalités les mieux cachées de France est le quotidien de ces professionnels. Nous devons soigner notre image et donc affichons une sérénité de bon aloi, voire un standing factice à crédit, alors que nous vivons souvent entre angoisse, dépression et révolte impuissante. Certes il y a des moments d'oubli, voire d'euphorie, mais ils sont bien vite recouverts par l'amère réalité des chiffres. Quand tout va bien, un professionnel indépendant travaille entre six et neuf mois par an pour payer toutes ses charges : impôts, taxes, cotisations sociales et professionnelles. Certains disent qu'ils commencent à gagner leur vie au mois d'octobre, jusqu'en décembre. C'est déjà révoltant.

Mais qu'un problème apparaisse, et la fraction qui lui revient se réduit encore. Dans certains cas, son chiffre d'affaires tout entier ne suffit pas à payer l'ensemble, et c'est alors le dépôt de bilan.

Un problème ? Cela peut être une baisse de son chiffre d'affaires dû à la conjoncture, à une maladie, à la perte d'un gros client. Dans ce cas on ne peut plus régler les charges calculées sur le revenu de l'année antérieure voire de l'année précédente. C'est alors que se met en place une logique absurde. Pour dissuader les « mauvais payeurs » (race maudite sans appel par les organismes fiscaux et sociaux), la loi prévoit des sanctions de toutes sortes, même si elles ne portent pas ce nom : majorations, pénalités, frais…. Elle leur dit : vous ne pouvez pas payer tant ? Soit, vous payerez donc davantage. Cohérent n'est-ce pas ?

Sur le principe, il est normal qu'un professionnel qui paye en retard subisse une majoration, faute de quoi l'organisme fiscal, social, professionnel non réglé se verrait contraint par là- même de lui octroyer un prêt gratuit. Si je décide de payer plus tard une charge, je dois supporter une majoration supérieure à celle que me rapporterait le placement de cette somme, ou l'intérêt que je devrais payer pour un prêt du même montant. Rien à redire à cette règle de simple bon sens.

Seulement voilà. Le montant de ces suppléments est tellement élevé que, s'ajoutant à des charges déjà très lourdes, il est difficile, voire impossible d'y faire face. Alors l'absurdité monte encore d'un degré : l'organisme recourt à des moyens de paiement forcé (saisies) qui même si elles n'aboutissent pas génèrent des frais supportés par le débiteur (ainsi s'appelle désormais le professionnel). Au bout du chemin il y a le dépôt de bilan, des vies brisées au propre ou au figuré selon le cas.

Un problème ? Cela peut être aussi un petit chiffre d'affaire même habituel. Par une autre absurdité, le professionnel qui a de petits revenus voire pas de revenu du tout en certaines périodes, doit quand même payer des charges sociales et fiscales qui au-dessous d'un certain niveau, ne baissent plus. Imaginons un salarié au chômage non indemnisé, à qui l'on réclamerait des cotisations de sécurité sociale, d'allocations familiales, une taxe professionnelle etc… On a vu des révolutions pour moins que cela. Mais pour le professionnel indépendant, cela semble normal à tout le monde. Sauf à lui. Il n'est pas imposable, mais doit payer des cotisations d'Urssaf, d'assurance maladie, vieillesse, une taxe professionnelle, une cotisation à son Ordre s'il est professionnel libéral…

La progressivité de ces charges cesse à partir de certains seuils, vers le haut comme vers le bas. Autrement dit on paye un certain pourcentage de son revenu, mais l'assiette (le revenu retenu pour calculer ce pourcentage) comporte un plafond et un plancher. Donc celui qui ne gagne rien ou très peu pendant une certaine période doit payer sur la base de sommes qu'il n'a jamais eues. Ainsi si il gagne 1000 (ou rien du tout) et que la loi décide que le plancher est 3000, il devra payer un pourcentage de 3000. Logique n'est-ce pas ? Avec évidemment les mêmes conséquences que ci-dessus en cas de non-règlement ou de règlement en retard : puisqu'on ne peut pas payer, on devra payer davantage encore. Descartes, où es-tu ?

L'imbécilité de ce système n'échappe pourtant pas à certains esprits sensés. En 2008 un rapport fut remis à Christine Lagarde, Ministre de l'Économie passée au FMI., préconisant que toutes les entreprises soient désormais soumises à un système de prélèvements proportionnels sans limite. Peine perdue : dans la « loi de modernisation de l'économie » du 4 août 2008, cette proposition n'a été retenue que pour certaines petites entreprises marginales, et avec des contreparties défavorables. Les autres continuent de devoir payer ce qu'elles n'ont pas gagné.

Le problème enfin - et c'est souvent le mien -, ce peut être la taxation d'office. Là l'absurde le dispute à l'arbitraire. La situation est la suivante. Un professionnel indépendant doit déclarer ses revenus au fisc et aux organismes sociaux avant une date limite. Il doit pour ce faire remplir un tas de paperasses plus ou moins fastidieuses, ou d'imprimés informatisés. Peu importe qu'il ait ou non du personnel comptable : c'est toujours sur lui que repose la collecte des données.

Or cela prend du temps. Imaginons qu'il laisse passer la date limite. Après un rappel, l'organisme fiscal ou social va le « taxer d'office » c'est-à-dire fixer lui-même le montant qu'il estime avoir été encaissé par le professionnel. Et il a pour ce faire une latitude totale : il fixe le montant qu'il veut. En l'occurrence ce montant est toujours exorbitant parce que le scribouillard qui l'établit ne veut pas perdre de temps à évaluer la vraie situation du professionnel. Il est bien plus simple et rapide de fixer le montant maximal : pas de recherches, de calculs… En outre le scribouillard qui n'a pas la moindre notion de la réalité, pense qu'en faisant ainsi il va faire réagir le professionnel. Or ce dernier n'est pas désinvolte, mais débordé, ou malade, ou déprimé. Donc il va laisser passer le délai qui lui a été imparti (en général un mois) pour contester ce montant, d'autant que cette contestation n'est recevable ou crédible que si la déclaration de revenus l'accompagne.

C'est alors que l'arbitraire atteint le sommet. Une fois le délai de contestation écoulé, c'est fini, plus rien ne peut remettre en cause le montant fixé d'office. Vous avez beau déclarer après ce délai un montant (réel) dix fois inférieur, rien n'y fait, aucun recours, aucune action en justice. En suppliant, vous obtenez parfois une remise partielle, mais on reste très au-dessus de ses revenus réels.

Et c'est ensuite le même parcours que pour les autres cas vus plus haut. Le professionnel ne peut évidemment payer. Donc majorations, pénalités, frais de poursuites, s'ajoutant à un montant initial déjà surréaliste.

Le plus insupportable, c'est qu'ensuite le même rond de cuir qui a fixé ce montant vous dit : « vous devez tant » sans faire la moindre allusion à la taxation d'office, comme si effectivement vous étiez un salaud de riche qui a gagné beaucoup d'argent et doit donc ce montant normal de contributions. Et tous ceux qui ont pour métier ou fonction de vous faire payer ou de faire pression sur vous, vous disent : *« non mais vous vous rendez compte, vous devez tant ! Et vous ne payez rien ! Comment vous, qui êtes avocat… »*. Il faut alors se maîtriser pour ne pas envoyer son poing sur la figure de ce crétin.

Là encore il n'est pas question pour moi dans ce journal de contester le principe de la taxation. Qui peut imaginer ne rien payer en ne déclarant rien ? Mais le racket qu'il constitue est un véritable scandale indigne d'un état de droit.

D'abord le montant taxé devrait être aussi près que possible de la réalité, que l'organisme connaît par les déclarations antérieures. Ensuite il ne devrait pas y avoir de délai pour contester ce montant. Est-il tolérable que la vérité soit enfermée dans un délai ? A la rigueur un délai large, d'au moins un an. Étant entendu qu'une fois le véritable montant retenu, le professionnel paierait un intérêt de retard (réaliste) dont le point de départ serait la date où il aurait dû faire sa première déclaration.

Est-ce trop demander que d'appliquer ces règles de justice et de bon sens ? Oui. Car ce sont là les qualités d'un état de droit.

Donc, nous voici au moment où le professionnel après avoir reçu un commandement de payer, fait l'objet de « voies d'exécution », en clair de saisies.

Il fait alors la connaissance d'un autre univers, que personne n'a jamais sérieusement décrit. Car le « débiteur » (ah ce mot froidement comptable) est généralement ignorant des règles de droit qui s'appliquent aux voies d'exécution. Il est perdu, déprimé, angoissé, terrorisé par le possible passage d'un huissier, une saisie de son compte en banque. Il ne dispose d'aucun instrument de mesure lui permettant de juger la légitimité des moyens qu'on emploie contre lui et pense que c'est inévitable, d'autant que le fisc et ses huissiers le culpabilisent.

Seul un débiteur juriste a une lucidité lui permettant d'apprécier le bien-fondé du droit applicable en la matière, et les abus commis. Mais il n'ose la manifester car il doit soigner son image ; or l'ignorance et les préjugés qu'elle engendre sont tels que faire connaître ses démêlés fiscaux entraîne le discrédit, quand bien même les causes de ces démêlés n'ont rien de honteux.

Ainsi tout le monde se tait, et cela profite doublement au système.

D'une part les règles de droit prévues considèrent souvent le débiteur comme un sous-citoyen, voire un sous-homme. On lui enlève d'abord son bien le plus précieux : sa dignité. La publicité des voies d'exécution et des recours, qui ne s'impose pas, ou pas de cette manière, relève de l'époque de Balzac et Zola.

Puis on lui accorde des voies de recours qui en pratique sont illusoires car coûteuses, lourdes, longues, publiques encore, et souvent ne servent à rien même quand le recours aboutit formellement.

D'autre part le créancier fiscal/social et ses huissiers bénéficient d'un rapport de force tellement écrasant en leur faveur qu'ils ajoutent leur arbitraire à la vulnérabilité du débiteur. Ils violent ouvertement les règles qui leur déplaisent, sachant que le débiteur soit sera découragé d'engager un recours pour les raisons vues plus haut, soit le fera mais sera puni par les inconvénients de ce recours. Après quoi ils commettent une nouvelle irrégularité pour harceler le débiteur jusqu'à épuisement.

Qui sait cela à part ceux qui le vivent et le comprennent ?

### 26 janvier 1995

Discussion à bâtons rompus avec une Juge aux Affaires Familiales (JAF) qui est une ancienne avocate. La juge : *« Quand j'étais avocate, une fois que je déduisais de mes revenus toutes mes charges, je m'apercevais que je gagnais moins que ma secrétaire. En plus quand on est avocat, on se fait engueuler par tout le monde. Au moins maintenant je suis tranquille ».*

### Mars 1999

Mon « confrère » V., avocat pénaliste talentueux habitué des Cours d'Assises, a été jugé par le tribunal de police pour n'avoir pu payer un important arriéré à l'URSSAF. Car dans certains cas, l'impossibilité de payer le racket est un délit. Il en est ainsi pour le fisc et l'URSSAF. J'ignore quelle a été la condamnation.

Les tribunaux débordés n'ont pas le temps de juger rapidement tous les voyous qui terrorisent les honnêtes citoyens, les vrais délinquants. Pour désengorger les prétoires et vider les prisons, on multiplie les mesures d'indulgence en leur faveur. À leur place on juge des artisans, commerçants, architectes, avocats, qui ne peuvent faire face au racket qu'on exige d'eux. Et dire que les naïfs croient qu'on juge les racketteurs.

Deux mois plus tard, j'apprends qu'on lui a saisi tous ses meubles et qu'un commissaire-priseur a été désigné pour les évaluer. Je n'ai pas été informé de la suite.

## 3 Mai 2000

Je reçois la réponse du fisc à mes réclamations quant aux taxations d'office afférentes à la T.V.A. d'Avril à Juin 1999, et aux chiffres d'affaires de 1997 et 1998.

Mes réclamations sont rejetées sans aucune explication. Le scribouillard qui avait procédé à la taxation d'office ne veut pas perdre du temps à annuler son travail ( ?) précédent puis émettre de nouveaux titres de règlement. Trop fatiguant. Et puis les chiffres réels que je fournis sont tellement éloignés de sa taxation qu'il se sentirait ridicule à remplacer les premiers par les seconds. Alors Ubu fait ce qu'il veut : je dois tant parce que ça lui plait, et c'est tout.

Ce qu'on me réclame au titre de la T.V.A. impayée pour trois mois représente **QUATRE FOIS** mon chiffre d'affaires de ces trois mois. Vous avez bien lu : admettons que vous ayez encaissé 10 000 F de recettes pour une période donnée. On vous demande de payer 40 000 F. de T.V.A. (sans compter les autres impôts et taxes calculés sur cette base).

On me dit que je peux former dans les trente jours un recours devant la commission de ceci, la commission de cela.

Encore un temps énorme que je devrais perdre, que je ne consacrerais pas à mon travail. Et au bout du compte je sais que dans le meilleur des cas, on me supprimera une partie seulement des incroyables majorations et pénalités.

Quant au chiffre d'affaires des deux années considérées, il est respectivement le triple et le quadruple des chiffres réels.

Et il faut travailler. Et il faut faire preuve de volonté, de résistance physique et nerveuse, de conviction dans la plaidoirie, d'amabilité avec les clients, alors que l'on est découragé, démotivé, révolté, alors qu'on sait que même en travaillant d'arrache-pied, on n'a pas d'autre perspective jusqu'à fin de sa vie que de vivre chichement, voire dans la misère, pour payer le produit du racket.

### Février 2001

Une information insolite circule dans le barreau, qu'on se raconte avec des airs de conspirateur. Le bâtonnier en exercice, L..J., fait partie des nombreux avocats qui ayant un jour rencontré des difficultés, est racketté par le fisc qui en profite pour lui réclamer des sommes majorées qu'il ne peut payer.

Tout bâtonnier perçoit pendant les deux ans où il exerce son mandat une petite indemnité mensuelle justifiée par le fait que le temps consacré à ses fonctions est perdue pour son cabinet, à moins qu'il ne s'appuie sur un collaborateur, ce qui entraîne pour lui des frais. Actuellement elle est de 15 000 F environ

Or le Trésor, avec sa délicatesse habituelle, a pris l'initiative d'envoyer un avis à tiers détenteur (ATD) à l'Ordre des Avocats pour saisir cette indemnité. Et qui dirige l'Ordre ? Le bâtonnier. C'est donc sur son bureau qu'a atterri l'avis du trésor.

Il se retrouve donc en principe dans l'obligation de devoir en tant que bâtonnier, bloquer l'indemnité que lui verse l'Ordre, et la transmettre au Trésor en règlement de ce qu'il « doit » comme avocat. S'il ne le fait pas c'est l'Ordre qui sera alors débiteur de cette somme auprès du Trésor. C'est une situation kafkaïenne et humiliante pour le bâtonnier, qui illustre de quoi est capable l'administration fiscale. Ensuite cela recommencera chaque mois car on ne voit pas pourquoi le Trésor renoncerait aux indemnités suivantes.

Peu après avoir appris cette nouvelle, un fait est revenu à ma mémoire, prenant tout son sens. Après avoir annoncé sa candidature au bâtonnat, L.J. m'avait demandé mon avis sur une proposition qu'il comptait faire s'il était élu : faire supprimer l'indemnité versée au bâtonnier, afin que l'Ordre fasse des économies. Je le lui avais déconseillé : outre que cela paraîtrait démagogique, il n'y avait pas de raison que le bâtonnier, pour les raisons exposées plus haut, ne soit pas indemnisé. À présent je comprends. Il savait qu'un revenu fixe dont le débiteur (l'Ordre) est connu serait saisi par le fisc, et il préférait y renoncer plutôt que d'être placé dans une situation très gênante devant le barreau. Hélas il n'y a pas échappé.

<u>27 août 2002</u>

Nouvelle manœuvre illégale inutile et coûteuse du Trésor, uniquement destinée à me faire craquer nerveusement.

Je reçois par lettre recommandée un avis m'informant que le Trésor a inscrit un privilège à mon encontre au greffe du Tribunal de Grande Instance.

Voilà de quoi il s'agit.

Quand une personne a plusieurs créanciers et qu'elle ne peut les payer tous, la loi prévoit que certains d'entre eux sont « privilégiés » c'est à dire que si une saisie est pratiquée par plusieurs créanciers, celui qui est privilégié est payé en priorité et les autres le cas échéant ne seront pas réglés.

Le Trésor est le créancier le plus privilégié de tous.

Cependant la loi prévoit que quand le contribuable est *commerçant* ou *personne morale* (société par exemple) ce privilège doit être inscrit au greffe du Tribunal de Commerce ou de Grande Instance, afin que toute personne puisse s'en informer.

Ainsi si une personne x veut s'informer sur la situation financière de y, elle pourra, entre autres recherches, interroger le greffe du tribunal concerné qui lui indiquera le cas échéant que le Trésor a inscrit à telle date son privilège pour une somme donnée.

Naturellement cette inscription engendre comme toujours, des frais. En l'espèce c'est le Trésor qui les avance, et qui les ajoute à la somme qu'elle réclame au contribuable.

En quoi cela me concerne-t-il ? Je ne suis pas commerçant ni membre d'une société professionnelle, et le Trésor le sait parfaitement. Cette inscription de privilège est donc aussi inutile qu'illégale.

Aucune importance. L'essentiel est de me rendre la vie impossible, à mes frais. On veut me signifier qu'on ne m'oublie pas, que je ne vivrai jamais en paix.

De plus, le personnel du greffe qui naturellement connaît mon nom, comme celui de tous les avocats, est ainsi informé de mes démêlés avec le fisc mais sans en connaître la raison et les modalités. Cela fait partie de la stratégie de démolition du fisc : la gêne que je dois ressentir est une arme supplémentaire entre leurs mains.

Bien sûr je pourrais facilement obtenir la main-levée de cette inscription par une action judiciaire. Mais ils savent parfaitement que je ne le ferai pas. Outre qu'il s'agirait d'une nouvelle et importante perte de temps (jusqu'à la prochaine illégalité qui m'obligerait à recommencer), ils se vengeraient de mon audace par les mille moyens dont ils disposent.

Dans ce bel État de Droit qu'est la France, je dois donc me taire.

<u>30 avril 2003</u>

Je reçois les avis d'imposition des années 2000 et 2001 consécutifs à un contrôle fiscal que j'ai subi fin 2002.

Passons sur la nouvelle majoration qui m'est appliquée (40 %) s'ajoutant à toutes celles pratiquées sur les autres impôts et taxes, aux frais, pénalités, etc... contribuant un peu plus à mon naufrage.

C'est la forme que je veux dénoncer. Lorsqu'on fait l'objet d'une taxation d'office, l'avis d'imposition ne figure pas sur le même imprimé que d'habitude, cette grande feuille en deux volets colorés. Il s'agit d'une seule feuille sur fond blanc dont la présentation et les mentions sont tout à fait différentes, et cela saute immédiatement aux yeux. En outre, lorsqu'on vient de faire l'objet d'un contrôle, la feuille comporte bien en évidence en haut et en lettres rouges, la mention « Contrôle fiscal », appliquée d'un coup de tampon impitoyable.

Ainsi, toute personne demandant à voir votre avis d'imposition, et en premier lieu un organisme de crédit, est informée : que vous avez été taxé d'office (donc que vous n'avez pas déclaré vos impôts à temps), et que vous avez fait l'objet d'un contrôle fiscal, ce qui pour beaucoup de gens est un signe de malhonnêteté.

Aucune chance dans ces conditions d'obtenir le plus petit prêt, y compris pour payer vos impôts. Cet imprimé, c'est l'étoile jaune du « mauvais contribuable ». Ce coup de tampon, c'est la mention « juif ».

A-t-on jamais vu administration plus bête, plus contre-productive, plus indifférente aussi à la dignité humaine ?

<u>3 novembre 2003</u>

Encore un cas de suicide pour dette. Je reçois une femme qui était associée avec son compagnon dans le cadre d'une SARL pour exploiter un bar. La SARL avait emprunté une somme pour acheter ce fonds de commerce et tous deux étaient cautions. Les affaires n'ont pas bien marché. Liquidation judiciaire de la société. Poursuite judiciaire contre les deux cautions pour qu'ils paient la dette. Comment l'auraient-ils pu alors qu'ils n'avaient plus de ressource, d'emploi ? Leur maison est saisie : moitié de la dette. Reste l'autre moitié.

Son compagnon, n'en pouvant plus des assignations en justice, des intérêts s'ajoutant aux pénalités qui s'ajoutent aux frais, sans moyen d'existence, ayant tout perdu, se donne la mort.

La femme vient me voir pour me demander s'il existe un moyen d'échapper à cet enfer. Elle me montre le jugement les ayant condamnés tous deux au paiement en leur qualité de caution : il date de 1991. Depuis douze ans, elle vit l'enfer, et les intérêts, pénalités, frais qui s'appliquent depuis, font que le paiement de la moitié grâce à la vente de la maison n'a servi à rien : on en est revenu presque au même niveau qu'au début.

Je ne connais hélas que trop bien la situation : c'est celle que je vis avec le fisc. On paie ce qu'on peut : inutile. Les intérêts-pénalités-frais au bout d'un certain temps vous ramènent au niveau où vous étiez avant ce paiement.

Et le harcèlement des huissiers se poursuit sans fin. Elle en aura pour la vie. Elle est salariée et gagne à peine plus du SMIC. Sa dette étant d'origine professionnelle, elle n'a pas droit au plan de surendettement. N'étant pas commerçante, elle ne peut être placée en liquidation judiciaire.

Je dois l'avertir qu'on va probablement lui saisir son salaire, puisqu'elle n'a aucun patrimoine.

Elle est tellement anxieuse pour son avenir qu'elle me demande si ses enfants après sa mort, seront à leur tour harcelés. Je la rassure sur ce point, pas sur les autres hélas.

Je ne m'y ferai jamais. Une société qui se dit civilisée fait en sorte qu'on n'ait pas d'autre choix que la misère à vie ou le suicide parce qu'on a une dette à l'égard du fisc, d'une banque ou d'un organisme social. Parce qu'une telle dette se nourrit d'elle-même comme un cancer de ses métastases.

## 16 décembre 2003

Nouvel avis à tiers détenteur de la part du Trésor. Une fois de plus ils se sont adressés à deux banques avec lesquelles je n'ai rien à voir, ce qu'ils savent parfaitement : la Banque Populaire, que j'ai quittée en 1989 alors que j'habitais LYON, et le Crédit Lyonnais que j'ai quitté à MELUN en 1994.

De plus les ATD sont envoyés à des agences où je n'ai jamais eu le moindre compte, même quand j'étais client de ces banques : pour la Banque Populaire, à MARNE LA VALLEE où je n'ai jamais mis les pieds dans une banque, et pour le Crédit Lyonnais, à LIMEIL BREVANNE dans le Val de Marne, commune dont j'ignorais même l'existence.

Coût de cette mesure aussi inutile que malveillante : 14 286,30 €, soit le tiers environ du revenu annuel moyen d'un avocat. Ce coût bien sûr m'est facturé en sus de ce qui m'était réclamé jusque-là, ce qui va bien évidemment m'en faciliter le paiement.

En France, « berceau des droits de l'homme », la facture de l'arbitraire n'est pas payée par son auteur mais par sa victime.

### 13 avril 2004

Je me suis rendu ce jour au rendez-vous que j'avais demandé au receveur divisionnaire des impôts. Sur le chemin je regrettais de l'avoir accepté. Je connais d'avance le scénario. D'abord la leçon de morale : vous vous rendez compte, vous nous devez tant et vous ne payez pas. Ensuite les menaces : si vous ne payez pas voilà ce que je vais faire.

C'est exactement ce qui s'est passé. J'ai été accueilli par le receveur lui-même et une femme dont je n'ai pas retenu la fonction mais c'est lui qui a dirigé l'entretien. Lui : caricature du fonctionnaire fiscal, au physique et au moral. Un robot courtois, ferme malgré une allure effacée. La soixantaine, gris de cheveux, de costume et d'esprit. Comme prévu son propos tenait en une question : quand allez-vous payer ?

J'ai argumenté : voilà ce que je gagne, voilà ce qu'on me réclame. Comment voulez-vous que je fasse ? Sa réponse, attendue, en termes choisis : ce n'est pas mon problème, je suis là pour recouvrer. Inutile d'insister : on ne convainc pas une machine, je le savais déjà. Il passe alors aux menaces : si la pression actuelle est inefficace, il déposera une plainte pénale pour fraude fiscale. Il va aussi dès que la loi le permettra, m'assigner en liquidation judiciaire, pour que je sois interdit d'exercice : actuellement les professions libérales échappent à cette procédure, mais cela devrait changer vers la fin de l'année, et il m'a prévenu que je serai son premier « client » (l'expression est de lui).

Il me dit ensuite qu'il enverra à nouveau un inspecteur à mon cabinet pour que lui remette la liste de mes clients afin que l'administration leur envoie des avis à tiers détenteurs, comme on l'avait tenté en 2001. Je lui réponds que je refuserai comme la première fois.

À un moment où la discussion se relâche un peu il m'apprend ce que je savais déjà, à savoir qu'un nombre important d'avocats est dans mon cas vis à vis du fisc. Il me demande candidement pourquoi.

J'essaie de lui expliquer ce qu'il ne peut comprendre : nous avons un travail extrêmement prenant et en outre une bonne partie de notre temps est improductif. De ce fait quand nous sommes débordés nous pouvons être conduits involontairement à remettre au lendemain nos déclarations fiscales afin de pouvoir nous occuper en priorité de notre travail. De lendemain en lendemain, on se retrouve avec une taxation d'office, des pénalités, des frais, et le montant en est tellement énorme qu'on ne peut plus remonter la pente.

En outre il y a des périodes où on n'a pas ou peu de rentrées d'argent. Or même dans ces périodes il faut payer des cotisations, des taxes. Et comme on ne peut pas les payer, elles augmentent, on peut donc encore moins payer.

Je sens que mes explications le laissent de marbre. Il me regarde d'un air idiot.

Enfin au terme de l'entretien il insiste pour que je lui fasse un chèque, de quelque montant que ce soit, même symbolique. Je lui ai remis un règlement ridicule par rapport au total qui m'est réclamé mais on avait l'impression qu'ainsi la terre tournait rond pour lui au moins pour quelques minutes : un service de recouvrement recouvre, il avait donc joué son rôle.

Me voilà prévenu. Je n'ai pas d'issue, je ne dois attendre de l'administration aucune attitude humaine ou simplement sensée.

<u>14 avril 2004</u>

J'apprends que mon « confrère » J., ancien bâtonnier, va être jugé prochainement par le Tribunal de Police parce qu'il ne peut payer l'arriéré de ses cotisations URSSAF, majoré des intérêts, frais, pénalités etc…

<u>26 février 2004</u>

En consultant une revue juridique je constate qu'une nouvelle mesure discriminatoire est prise par le fisc contre les professions indépendantes.

Un décret du 21 janvier 2004 a décidé que les salariés dont les revenus baisseront cette année de plus de 30 % pourront obtenir pour le paiement de leur impôt 2003 un étalement sur 15 mois.

Imaginons un professionnel indépendant qui gagne modestement sa vie, par exemple 1500 € par mois après déduction de toutes ses charges. Cette année ses revenus baissent de 30 % et il ne gagnera plus que 1000 € environ. Non seulement on ne lui accordera aucune facilité, mais comme d'habitude, ses difficultés de paiement conduiront le fisc à lui appliquer majorations de retard, pénalités, frais…

Imaginons maintenant que ce professionnel ait un ami salarié (ingénieur, cadre commercial…) gagnant quatre fois plus que lui soit 6000 € par mois. Cette année son salaire baisse de 30 % et il ne gagnera « plus » que 4200 €. Le fisc bienveillant, lui accordera des délais pour régler, sans aucune majoration.

Voilà un pays de libre entreprise et de justice fiscale. Et que font pendant ce temps les représentants des professions libérales ? Ils participent à des colloques, ils se font imprimer des cartes de visite mentionnant leurs titres : Président de la Chambre, Président de ceci ou de cela.

### 10 juillet 2004

L'Administration délivre un Avis à Tiers Détenteur (ATD) entre les mains de la CARPA en vue de saisir des sommes qui me sont dues. Une fois de plus cela échoue parce qu'en ce moment on ne me doit rien.

Le document mentionne l'ensemble des sommes qui me sont réclamées par le Trésor. Leur examen ferait pâlir Kafka lui-même. Pour l'impôt sur le revenu de 1998, on me réclame une somme égale à **28 fois** celle qui correspond à mes revenus réels de cette année-là. Et cela en toute légalité : aucun recours n'est possible. C'est le jeu normal de la taxation d'office, puis des majorations légales, puis des pénalités, puis des frais de recouvrement incessants depuis des années. En bien sûr cela continuera d'augmenter avec le temps, à l'infini.

Je sais par témoignage de confrères ou de clients que lorsqu'on arrive à négocier avec le fisc, on parvient dans le meilleur des cas à diviser la somme en deux. Dans mon cas on me réclamerait 14 fois l'imposition normale ( même dix, ou huit, qu'est-ce que cela change ?). Et le fisc présente cela comme un cadeau : *« vous vous rendez compte, la moitié ! »*. Et il faudrait remercier humblement.

Le seul effet de cette législation ubuesque est de décourager toute velléité de régler un seul centime : à quoi cela servirait-il ? Autant vouloir vider avec une éponge un navire qui coule.

Combien de personnes en France se doutent que de telles choses sont possibles, et que demain cela peut leur arriver ? Ceux qui le vivent se taisent parce qu'ils doivent protéger leur réputation. Et les autres continuent de penser naïvement que la loi, c'est la justice ; le fisc, c'est la juste contribution de chacun aux dépenses collectives ; ses agents sont d'honnêtes fonctionnaires animés du souci de l'intérêt général.

<u>6 novembre 2004</u>

Je prends connaissance du compte-rendu de la dernière assemblée générale du Conseil National des Barreaux (CNB) qui réunit tous les barreaux de France. Un chiffre attire mon attention, qui a été donné à la tribune par le Président après étude des données fournies par tous les cabinets de France : entre 1992 et 2003 les bénéfices de la profession ont chuté de 30 %. Cela n'empêche pas le public de nous prendre pour des nababs.

<u>12 février 2005</u>

Nouvel Avis à Tiers Détenteur (ATD) du Trésor. Il a été adressé une fois de plus à une société que je ne connais même pas, et qui se trouve à VILLEURBANNE, dans le Rhône. Cette entreprise, avec laquelle je n'ai jamais eu le moindre rapport, a déjà reçu des ATD me concernant et a donc certainement répondu qu'elle ne me connaît pas et ne me doit rien . Qu'à cela ne tienne. Imperturbablement, le Trésor continue de lui envoyer des ATD à mes frais, car bien entendu à chaque fois le coût de l'opération m'est facturée et s'ajoute au montant du racket.

Quel est le but du Trésor ? Simple. Toujours le même. M'empoisonner l'existence par tous les moyens. Ou bien je saisis le Tribunal Administratif pour qu'il supprime les frais indus que cette opération malveillante m'a causé. Dans ce cas, nouvelle perte de temps (il faut toute une procédure judiciaire), nouvelle humiliation devant des magistrats et des confrères que je connais. Naturellement je ne le ferai pas. Ou bien je ne fais rien (ce qui est le cas) et le montant du racket s'est augmenté des frais en question. En outre je suis dénigré auprès de l'entreprise, et même si je ne la connais pas, c'est toujours gênant.

Le crétinisme des fonctionnaires fiscaux leur fait penser que je finirai par craquer et payer (car bien sûr je peux payer la fortune colossale qu'ils me réclament, cela ne fait aucun doute pour eux), et qu'à défaut, ils auront au moins la satisfaction minable de me pourrir la vie.

## 24 février 2005

Je reçois le bulletin de la CNBF (Caisse Nationale des Barreaux Français), la caisse de retraite des avocats.

Il donne en page 6 une série d'informations chiffrées sur les revenus de la profession.

En 1998, dernière statistique établie, les avocats ayant un revenu <u>inférieur</u> à 16 000 F[14] par mois représentaient 42 % de la profession, et dans toutes les tranches d'âge : 42,8 % des hommes appartenant à cette catégorie avaient plus de quarante ans.

---

[14] Soit environ 3000 € en 2015.

Cette tendance va en s'aggravant : entre 1991 et 1998, le revenu médian de la profession a chuté de 18 %.

Encore une information qui dément cruellement notre image publique.

<u>28 février 2005</u>

Sur « France Info » ce matin, cette information : depuis 1997, 360 personnes par an en moyenne ont quitté la France pour des raisons fiscales, et se sont installées dans des pays limitrophes, principalement la Belgique, la Suisse et l'Angleterre. Cela fait au total, jusqu'à la fin 2004, 2880 personnes, probablement de gros contribuables.

Ces personnes ont quitté leur pays à cause du matraquage fiscal, mais je devine aisément quels rapports ils devaient entretenir avec l'administration fiscale. La suspicion de fraude permanente.. Les majorations et pénalités écrasantes à la moindre défaillance, sans compter les taxations d'office arbitraires. La morgue des agents des impôts et autres préposés aux prélèvements obligatoires.

Ils ont choisi un pays où l'on a compris que « trop d'impôt tue l'impôt », et où je suppose que l'arbitraire a moins cours. Un pays qui ne considère pas un non-salarié comme un privilégié suspect à surveiller de près.

Combien cela nous coûte-t-il ? Un minimum d'intelligence politique devrait conduire le gouvernement à s'interroger sur ce phénomène. Mais en France on préfère les principes aux faits. Les symboles aux chiffres. L'ombre de Robespierre n'a pas fini de rôder dans la très jacobine Administration Fiscale (avec un A et un F majuscules s'il vous plaît).

<u>11 avril 2005</u>

Le tribunal correctionnel aujourd'hui jugeait encore un avocat de MELUN pour « fraude fiscale ». Autrement dit un avocat qui comme moi ne pouvait payer le racket que lui imposait le fisc après taxation d'office, majorations de retard, pénalités... Toutefois celui-ci a réussi à payer tout ce qu'on lui réclamait, probablement au prix d'un endettement colossal et en ne payant pas ses impôts et charges courants. Il a eu tort. À quoi sert-il de courir à contre-sens sur un tapis roulant ? Tôt ou tard on tombe épuisé. D'ailleurs cela n'a pas empêché l'Administration de maintenir les poursuites pénales. Son paiement lui a donc seulement permis de gagner du temps. Jusqu'à quand, et pourquoi ?

### 18 avril 2005

Nouvel avis à tiers détenteur du Trésor (ATD). L'arbitraire a encore fait des progrès. J'ai déjà relaté ici comment ces gens-là, pour faire « pression » (mot fétiche chez eux) sur moi, envoient des ATD à des banques dont je ne suis plus client depuis quinze ans, et où je n'ai donc plus le moindre compte, ce qu'ils ne peuvent pas ignorer. J'ai exposé aussi comment ils engagent des voies d'exécution qui sont nulles puisqu'elles ne concernent que les commerçants, comme l'inscription du privilège du Trésor auprès du Tribunal de Grande Instance. Et bien sûr le lecteur sait que les huissiers qui se sont rendus à mon domicile n'ont pas hésité à saisir des biens qu'ils savent insaisissables.

Toutes ces voies d'exécution malveillantes me sont facturées et augmentent un racket déjà vertigineux. Ils savent que je n'engagerai pas de recours parce que je ne peux sacrifier davantage de temps pour me défendre, ni m'humilier en tant qu'avocat par des comparutions permanentes devant la justice.

Aujourd'hui, une nouvelle étape est franchie. L'ATD a été adressé à un organisme de courtage en assurance de

PARIS avec lequel je n'ai jamais rien eu à voir, de près ou de loin. Ils ne me connaissent tout simplement pas. En plus, la copie de l'ATD ne m'a pas été envoyée par LRAR comme la loi l'impose, mais par lettre simple, si bien qu'il suffirait que je prétende ne l'avoir pas reçue pour que cette saisie soit nulle (mais c'est inutile). Ainsi à l'arbitraire s'ajoute l'incompétence. Néanmoins le coût de cette gesticulation restera à mon débit.

Il paraît que nous avons en France la meilleure administration du monde. Je n'ose imaginer ce qu'elle vaut ailleurs.

<u>25 octobre 2005</u>

Nouvelle ATD du Trésor. Une fois de plus, devant l'impossibilité de saisir quoi que ce soit dans mon patrimoine, les ronds-de-cuir ont imaginé de saisir (ou plutôt de faire mine) un compte dans un organisme financier que je ne connais pas (AON Conseil Courtage), dans une ville (ANGOULEME) où je n'ai jamais mis les pieds.

Cet organisme va répondre que je suis inconnu au bataillon, ce que tout le monde sait. Peu importe : le seul but de mes bourreaux, qui estiment que je ne souffre pas assez, est de maintenir la pression sur moi afin que je ne les oublie pas. L'idée que je puisse vivre en paix (car ces imbéciles en sont persuadés) leur est insupportable, et leur impuissance à me faire payer ce que je n'ai pas les fait enrager chaque jour un peu plus.

Coût pour moi de ce coup de pied dans le ventre inutile : 306 €, montant des frais de l'ATD (c'est-à-dire deux lettres recommandées) s'ajoutant au reste du racket.

Il est neuf heures trente et je dois me remettre au travail. Avec quel enthousiasme ?

## 12 décembre 2005

Ignoble. Il n'y a pas d'autre mot pour qualifier ce que je viens de lire dans la presse locale.

Un de mes confrères de MELUN avait les mêmes démêlés que moi avec le fisc. En 2001 et 2002 il n'a pas effectué certaines déclarations, parce qu'il était débordé à la suite d'un certain nombre d'évènements fâcheux de son existence. Divorce. Licenciement d'une secrétaire qui l'avait volé, puis congé de maternité de celle qui lui a succédé. Deux autres secrétaires embauchées tombent enceintes à leur tour : on imagine aisément la perte de temps à chercher, former, surveiller ce personnel, et surtout l'accumulation du retard, la désorganisation qui en résultent. Son comptable, lassé de ce désordre, le quitte à son tour.

Comme il a son cabinet à 50 km de MELUN , il perd un temps fou sur la route. Il travaille de 6 h 30 le matin à 22 h, une semaine de vacances par an. Qu'on songe à son état d'épuisement physique et psychologique. Je sais à quel point dans cet état on a du mal à travailler, ce qui aggrave encore la situation.

Donc, comme moi et comme tous les professionnels libéraux placés dans cette situation, il a donné la priorité au traitement de ses dossiers, et le retard administratif s'est accumulé. La mécanique infernale s'est mise en route. Taxation d'office à un montant certainement très supérieur à ses revenus réels, majorations de retard, pénalités… Il a payé 240 000 € de sanctions ! (inutile de dire que ses ressources sont sans commune mesure avec les miennes, mais tout de même).

Cela n'a pas suffi aux vampires du fisc. Ils l'ont fait citer devant le Tribunal Correctionnel pour « fraude fiscale ». Car comme je l'ai déjà dit, la « fraude » consiste à ne pas pouvoir payer un racket exorbitant après qu'on ait été négligent.

Alors, la justice a montré que tous les rouages de l'État sont solidaires, pour le meilleur et surtout pour le pire.

Qu'on imagine d'abord la scène. Je la vois, sans y avoir été présent. Un avocat, habitué à plaider devant un tribunal, connu des magistrats, des greffières, de ses confrères, comparaît comme un voyou, en audience publique. Peu importe que cela se passe devant un tribunal de son barreau, ou dans un barreau voisin : nous plaidons dans les barreaux limitrophes, et y sommes également connus.

On devine aisément l'humiliation de l'avocat, les nuits d'insomnie, de cauchemar qui ont précédé l'audience, peut-être le traitement anti dépresseur et/ou anxiolytique.

Peut-on au moins compter que les magistrats soient conscients de cet aspect humain de l'affaire ? Oui, mais pour torturer davantage encore le prévenu. L'article de « La République de Seine et Marne » mentionne les propos du Président, du Procureur. Ils ont tout fait pour faire saigner un peu plus la plaie, pour que l'humiliation soit complète.

Et la condamnation pour finir. Six mois d'emprisonnement avec sursis. 15 000 € d'amende, qui s'ajouteront au racket qu'il a déjà payé. Mais le pire est la troisième décision : publication et affichage du jugement. Sous le titre « L'avocat ne payait pas ses impôts », le journal donne ses nom et prénom, son âge, sa qualité de membre du Conseil de l'Ordre. Il ne manque que la photo.

Avec cette publicité supplémentaire imposée, on atteint le sommet du raffinement sadique chez les magistrats. Faut-il qu'ils soient jaloux de notre réussite supposée, faut-il qu'ils soient frustrés de leur situation de petit fonctionnaire, pour se venger d'une manière aussi cruelle dès que l'un d'entre nous leur tombe entre les mains.

Leur message est limpide dans deux directions. Aux avocats ils disent : vous avez une situation brillante, nous sommes obscurs, mais nous avons ce que vous n'aurez jamais : le Pouvoir. À l'opinion publique, qui confond les avocats et les magistrats ils disent : voyez, nous sommes impartiaux, nous ne favorisons pas les gens de justice.

### 4 Juin 2006

« L'express » de cette semaine en page 38. Une publication judiciaire concerne une personne inconnue condamnée pour fraude fiscale. Un placard d'un quart de page donne : ses nom, prénom, date de naissance, adresse, nature des faits commis et de la condamnation (un an d'emprisonnement). Il précise que la justice a ordonné la publication dans « l'Express », « le Figaro » et le Journal Officiel, ainsi que l'affichage pendant deux mois à la mairie du domicile du condamné.

Autrefois on exposait les condamnés sur la place publique, immobilisés par un carcan. En 1832, on a supprimé ce châtiment inhumain parce qu'humiliant.

Sauf pour le fisc, sous une autre forme.

L'article 1741 du Code Général des Impôts oblige le juge qui a condamné une personne pour fraude fiscale à publier la condamnation : au Journal Officiel ; dans un ou plusieurs journaux ; sur le panneau d'affichage de la commune du condamné ; sur la porte extérieure de son domicile professionnel, et dans ces deux derniers cas pendant une durée allant jusqu'à trois mois.

Qu'on se mette un instant à la place de l'individu visé par la publicité que je viens de lire. De sa famille. De ses enfants à l'école, surtout dans les petites communes, où l'affichage municipal a un impact plus fort.

La fraude fiscale est un des rares cas que je connais où une personne physique est ainsi clouée au pilori moderne, et c'est assurément le cas le plus humiliant.

Je ne veux pas savoir quelle est la gravité de la faute commise, ni que la collectivité est victime, ce qui justifierait une exemplarité particulière de la sanction. Le principe d'humanité de la peine ne se divise pas. En outre la « fraude fiscale » a une acception large : le professionnel qui débordé de travail fait des déclarations fiscales en retard, puis ne peut faire face au paiement majoré qu'on lui demande, est souvent considéré comme fraudeur par une administration fiscale bornée.

Le fisc bénéficie déjà d'un maintien de fait de la peine de mort à son profit, parce que dans certains cas il ne laisse pas d'autre choix au contribuable que le suicide. Il viole impunément la loi quand elle le gêne, comme le démontre ce journal. Et en plus il profite de sanctions moyenâgeuses, qui ne peuvent en revanche lui être appliquées : la publication des condamnations du fisc n'existe pas.

<u>Actualisation du 3 janvier 2011</u> Le 10 décembre 2010 le Conseil Constitutionnel a déclaré contraire à la constitution l'article 1741 du CGI comme violant l'article 8 de la Déclaration des Droits de l'Homme. Désormais une telle publication, aussi étendue et automatique n'existe plus, et la personne condamnée pour fraude fiscale est placée sur le même plan que tout condamné au pénal : le juge ***peut*** ordonner la publication, et dans ce cas il détermine librement la nature et la durée de cette publicité. En pratique c'est rare.

Il aura donc fallu la première décennie du 21 è siècle, et la possibilité pour les citoyens de saisir le Conseil Constitutionnel (depuis 2010) pour qu'une forme de traitement inhumain pratiqué par le fisc disparaisse, mais ce qui subsiste est encore attentatoire à la dignité humaine. Au 21è siècle la publication et l'affichage d'une condamnation, même à la demande d'un juge, ne devrait plus exister.

<u>15 décembre 2006</u>

Une source dûment autorisée (centre de gestion agréé) m'informe qu'au Barreau de Paris, 1500 avocats sont actuellement en redressement ou liquidation judiciaire. Mais ce n'est que le début : l'application aux professions libérales des procédures « collectives » (redressement et liquidation) n'est possible que depuis le 1er janvier 2006, et les premières procédures furent engagées au printemps. Avec le temps, cela va être l'hécatombe. À Melun et dans les autres barreaux d'Ile de France, c'est la même chose ou pire.

Et cela ne concerne évidemment pas que le Barreau. J'entends parler de médecins, kinésithérapeutes, architectes etc… qui sont contraints de cesser leur activité alors qu'ils y ont consacré une partie de leur vie, et qu'ils ne peuvent ni ne savent faire autre chose. Des études longues, avec un diplôme obtenu entre 23 et 30 ans. Puis de longues années d'efforts pour se constituer une clientèle. Pas ou peu de loisirs. Une vie de soucis et d'angoisses où la seule satisfaction est la passion du métier. Un jour, pour des raisons diverses (baisse momentanée d'activité, problème de santé, surmenage ayant conduit à négliger des déclarations administratives, ce qui entraîne des taxations d'office très excessives) on ne peut plus faire face au règlement des cotisations sociales, taxes et impôts. Alors la machine à broyer se met en route.

<u>Avril 2008</u>

Je vais au Centre des Impôts (service impôts des entreprises) retirer un imprimé pour ma déclaration de TVA. Au comptoir, plusieurs personnes font la queue et j'attends mon tour. Juste à côté, une petite pièce dont la porte est ouverte (je crois même me rappeler qu'il n'y a pas de porte car il s'agit d'une sorte de bureau préfabriqué en bois) ) et d'où s'échappe très distinctement la conversation qui s'y déroule. Une personne s'exprime à voix basse, et son interlocutrice lui répond d'un ton exaspéré : *« mais enfin monsieur, vous n'avez pas pu régler* (une somme donnée)*, comment allez-vous faire pour régler ce que vous me proposez ? »*.

Et la conversation se poursuit brièvement sur ce ton, humble et confidentiel d'un côté, impérieux et indiscret de l'autre. Gênés, nous faisons mine de ne pas entendre.

Il sort. Du coin de l'œil nous le voyons s'éclipser rapidement en regardant droit devant lui. Il passe devant une affiche placardée sur la paroi même du bureau, qui vante les qualités relationnelles dont fait preuve l'administration fiscale, et les garanties dont bénéficient les contribuables.

### 3 février 2015

Un article dans le Dalloz de ce jour : *« L'Ordre parisien lance sa plate-forme dédiée aux « actions de groupe »*. Une phrase anodine au détour d'un paragraphe nous apprend qu'au barreau de Paris la moitié des avocats gagne **moins de 2500 € par mois**.

Il y a à ce jour environ 27 000 avocats à Paris, premier barreau de France, sur un total de 58 000 environ au niveau national. La croissance de ces nombres est presque exponentielle. En 1982 il y avait 18 000 avocats en France. A Paris, ils étaient 5000 en 1975 et devraient être 35 000 en 2020 d'après les projections en fonction de la croissance actuelle.

## Février 2002

J'apprends que plusieurs barreaux, celui de PARIS et d'autres de province, ont dû mettre en place des prêts de petite importance pour secourir les avocats de plus en plus nombreux qui ne peuvent faire face aux arriérés exorbitants en matière fiscale et sociale.

Ces prêts sont accordés sur les fonds de la CARPA, et du fait des difficultés des avocats, ne sont pratiquement jamais remboursés.

## QUAND L'ACTUALITÉ ILLUSTRE LA VRAIE VIE DES PROFESSIONS INDÉPENDANTES ET/OU PRÉTENDUMENT RICHES

<u>16 mars 2002</u>

Je lis dans le « Nouvel Observateur » de cette semaine un article sur la façon dont le fisc s'acharne sur Françoise Sagan.

Peu importe ce qu'elle a fait. En l'occurrence on l'a condamnée en justice pour avoir dissimulé certains revenus, mais elle le conteste et indique qu'elle va faire appel. Peu me chaut que ce soit vrai ou faux. Admettons que ce soit vrai et qu'elle ait effectivement omis certaines déclarations.

Ce qui m'importe c'est le résultat. Je vois en effet dans son récit l'illustration en beaucoup plus grand de ce que je vis, c'est à dire cette disproportion écrasante entre la faute commise (négligence ou tricherie) et la conséquence.

Cette femme, qui fut riche et qui est toujours célèbre, n'a plus rien. On lui a saisi sa maison, ses meubles, tout ce qu'elle a, et elle vit de la charité de quelques amis *« dont la plupart sont morts »* précise-t-elle.

Parce que je vis le même calvaire en beaucoup plus petit, je sais qu'à la somme que le fisc a imaginé qu'on lui doit, s'ajoutent des frais énormes à titre de sanction, qu'ils s'appellent « frais » ou « majorations de retard », ou « pénalités » ou que sais-je.

Je sais que les agents qui s'occupent d'elle jubilent car *« la loi est la même pour tous »* n'est-ce pas ? Ne voyez pas dans l'exécution de cette mission la moindre volonté de revanche contre quelqu'un de riche ou supposé tel.

Je sais que peut-être elle négocie humblement face à de médiocres fonctionnaires qui n'ont pas le dixième de son talent, une baisse de ces sommes ou un étalement de leur règlement qu'ils ont le droit dans une certaine mesure de lui accorder, si tel est leur bon plaisir.

J'imagine le sentiment de puissance qu'ils ressentent, leur suffisance, leur ton tranchant.

La misère ou le suicide. Tel est le choix qui est laissé à celui qui a une dette fiscale dont le montant est décidé par le fisc lui-même, sous le masque de la loi.

En FRANCE, berceau des droits de l'homme en Europe, le contribuable n'est pas un homme.

### *Actualisation du 26 septembre 2004*

Une dépêche de l'AFP rapporte l'interview d'un ancien compagnon de Françoise SAGAN, morte avant-hier, Massimo GARGIA, qui lui fut lié par une tendre amitié jusqu'aux derniers jours. Voilà ce qu'il dit : *« Françoise n'avait plus un sou dans les dernières années. Absolument rien. Des amis communs l'hébergeaient. Elle avait même dû vendre ses bijoux et les plus beaux cadeaux qu'elle avait reçus dans sa vie. Les droits sur ses derniers livres partaient directement aux impôts ».*

Alors qu'elle n'arrivait pas à vivre, le fisc lui prenait non seulement le montant des impôts qu'elle devait, mais aussi les majorations, pénalités, frais, qui multipliaient par deux, trois, cinq ou plus, ce montant. Racket légal. Silence pudique de la victime, bonne conscience des racketteurs, qui agissent au nom de l'intérêt général, et s'endorment le soir avec la satisfaction du devoir accompli

*Actualisation du 5 décembre 2013.*

Hier soir sur France 2, émission « un jour un destin » consacré à Françoise Sagan. À la fin de sa vie, elle était malade, ruinée par le fisc qui lui prenait absolument tout et elle était hébergée par une amie. En 2002, deux ans avant sa mort, alors qu'elle était déjà dans le dénuement, elle a été condamnée à payer au fisc une somme de plus de 800 000 €. Et je sais par expérience que ce montant est essentiellement constitué par les sanctions : majorations, pénalités, frais.

Elle vivait chez cette amie sans avoir même de quoi prendre un café au bistrot du quartier. Tout cela lui avait enlevé l'envie d'écrire, et elle n'y arrivait plus. Comme je la comprends, moi qui n'arrive pas non plus à travailler pour les mêmes raisons. Alors son addiction à la drogue est devenue encore plus forte, et elle s'est éteinte lentement.

Son fils a tenu à accepter sa succession et paye donc ses dettes fiscales. Aujourd'hui, en 2013, il n'a toujours pas fini de payer.

## 14 septembre 2002

Le Nouvel Observateur de cette semaine publie un article sur les revenus des Français qui comporte un tableau comparatif des professions libérales.

L'avocat, pour le revenu annuel moyen, arrive en septième position derrière les notaires, les experts d'assurances, les experts comptables, les agents d'assurances, les vétérinaires, les géomètres.

En 2000, le bénéfice net des avocats a été en moyenne de 292 170 F soit un peu plus de 24000 F par mois.[15] Guère plus que beaucoup de cadres, de fonctionnaires de catégorie A en fin de carrière, de petits artisans ou commerçants.

Voilà enfin une information sérieuse, mais combien de personnes la connaissent ? À l'exception des notaires, aucune des six professions arrivant avant nous dans le classement ne bénéficie (ou plutôt ne souffre) d'un tel préjugé sur ses revenus, pourtant supérieurs aux nôtres.

◆

## 24 Février 2003

La presse annonce le suicide de Bernard LOISEAU, l'un de nos plus grands chefs cuisiniers. Trois restaurants de prestige à PARIS, et le célèbre « COTE d'OR » chez lui, l'un des restaurants les plus célèbres au monde. Trois étoiles au guide Michelin, trois toques au Gault-Millau. P.D.G. de Loiseau S.A., c'était le seul cuisinier au monde côté en bourse.

Comme il n'a laissé aucune lettre explicative, les commentateurs n'ont trouvé qu'un motif à son geste : il allait perdre une étoile au Michelin et ne l'avait pas supporté.

On peut s'étonner que cette seule perspective puisse mener au suicide un homme qui serait par ailleurs parfaitement épanoui, notamment professionnellement.

---

[15] Note du 20 mars 2013 : 24 000 F = 3600 € valeur année 2000, soit environ 4500 € en 2013.

Mais voilà qu'une fausse note se fait entendre. Sa veuve interrogée à la radio, indique que son mari était épuisé et déprimé en raison de la vie qu'il menait : alors qu'il travaillait comme un damné sans jamais prendre un jour de congé, **il gagnait à peine le SMIC.**

Ainsi cet homme avec son prestige et la richesse qu'on lui supposait, était un galérien smicard. Pourtant on devine que son chiffre d'affaires devait être conséquent. Mais les charges sociales et fiscales lui laissaient à peine de quoi vivre malgré un travail acharné.

Cette information aurait mérité de passer au premier plan. Elle fut presque complètement occultée. Comme d'habitude, les victimes du racket fiscal et para-fiscal n'osent s'en plaindre car la pudeur est la plus forte. Il ne faut pas avoir l'air pauvre. On ne doit pas s'en prendre aux prélèvements fiscaux et sociaux dans un pays où tout travailleur indépendant est supposé privilégié.

La veuve s'est exprimée dans les heures qui ont suivi le décès et sous l'empire de l'émotion. Très vite le voile de la bienséance a recouvert ses propos et la vérité officielle s'est imposée : LOISEAU a été tué par le guide Michelin.

♦

<u>27 Février 2004</u>

Dans le supplément « Ile de France » du Nouvel Observateur de cette semaine, nouvel exemple de la peine de mort silencieuse infligée par le fisc.

La chanteuse DALIDA s'est suicidée en 1987. À l'époque aucune information n'avait filtré sur les raisons possibles de ce geste. Bien sûr on a pensé à des ennuis sentimentaux, aux outrages du temps sur une belle femme refusant de vieillir…

Voici ce qu'on peut lire en page 15 de ce journal qui ne passe pas pour *fantaisiste* : « …*en 1986 Dalida ne va déjà pas bien. Aux lourdeurs du cœur s'ajoutent inopportunément les tracas de l'administration fiscale. Bien décidés à l'aider, ses amis se démènent pour trouver une solution…* »

Et voilà. Encore une fois une personne ayant une image à défendre a été contrainte au suicide parce qu'aucune autre porte de sortie ne lui était laissée par le fisc. Par pudeur, l'entourage ne fait jamais état de ce désespoir financier. Et ceux qui en sont responsables pensent déjà à leur prochain « dossier » (car pour le fisc il n'y pas d'êtres humains, mais des dossiers). Quel est le taux de mortalité fiscale en France ? Quel sociologue se penchera un jour sur cette question ?

◆

### 17 novembre 2004

Dans « Le Monde » d'aujourd'hui, en page 14, un article sur la campagne de « communication » que le Barreau de France a décidé d'engager, avec spots télévisés, messages radio, pages de publicité dans les journaux… On y trouve un bref survol de la profession, avec à la fin, cette phrase : *« sur les 18 000 avocats parisiens, un millier vivent dans une situation très difficile ».* Combien de français le savent ? Un article plus fouillé aurait pu ajouter qu'en province la situation est certes moins grave, mais bien éloignée de l'avocat cossu que dépeint l'image d'Épinal, sauf exceptions. Mais chut… On ne va pas gâcher la campagne de communication.

<u>*Actualisation du 18 novembre 2013*</u> Le barreau de Paris compte aujourd'hui près de 25 000 avocats.

## LIQUIDATION JUDICIAIRE DU RESTAURANT DE MARC MENEAU (TROIS ÉTOILES)

08 janvier 2007 18:30 - AUXERRE (AFP) - La société de Marc Meneau, la toque aux trois étoiles de Saint-Père-sous-Vézelay (Yonne), a été liquidée lundi par le tribunal de commerce d'Auxerre, ouvrant une période d'incertitude pour le restaurant de L'Espérance et ses 70 salariés.

AFP/Archives -

La Société des Domaines de L'Espérance et du Roncemay (SDER), qui comprend le célèbre restaurant et le domaine de loisirs du Roncemay, à Aillant-sur-Tholon (Yonne), avait été assignée par l'Urssaf (Union de recouvrement des cotisations de sécurité sociale et d'allocations familiales) pour non-paiement des charges sociales. Les dettes de la société s'élèvent à plus de 8 millions d'euros, dont près de 600.000 euros dus aux organismes sociaux.

La SDER, qui emploie une centaine de salariés et réalise un chiffre d'affaires annuel de 6 millions d'euros, avait été placée en redressement judiciaire le 26 juin dernier, avec une période d'observation qui avait été prolongée jusqu'à ce jour.

Lors d'une audience le 18 décembre, ses dirigeants avaient présenté un plan de redressement, consistant en une restructuration et un échelonnement de la dette sur dix ans.

Ce plan a été rejeté par le tribunal de commerce, alors que le ministère public avait demandé qu'il soit accepté.

Marc Meneau, qui préside la société, a dix jours pour faire appel de la décision à compter de sa signification par huissier.

Présent lundi pour le prononcé du jugement et accompagné de son épouse et plus proche collaboratrice Françoise, le chef étoilé, effondré, n'a fait aucun commentaire. Le tribunal de commerce a accordé à la société une période de trois mois pour la poursuite de ses activités. Dans l'intervalle, M. Meneau peut trouver un repreneur ou liquider ses actifs.

Son restaurant doit fermer dans les prochains jours pour la période hivernale. Il avait déclaré il y a peu à l'AFP avoir fait « une bonne année, même légèrement meilleure que la précédente ». « Nous essayons de nous adapter à l'évolution de la consommation », avait-il ajouté.

Marc Meneau et l'industriel François Schneider, propriétaire du domaine de loisirs du Roncemay, comptant notamment un golf, un hôtel de luxe et un restaurant, s'étaient associés en 2004 pour créer ce complexe de cuisine et de loisirs.

© 2007 AFP

◆

## PAVAROTTI LAISSE 18 MILLIONS D'EUROS DE DETTES, RÉVÈLE LA PRESSE

*(J'ignore ce qu'est la pression fiscale en Italie, mais c'est un pays dont le système juridique est marqué par l'influence napoléonienne et il serait étonnant qu'on y trouve de grosses différences. En tout cas encore un exemple d'écart entre l'image et la réalité)*

**20 octobre 2007 11:23 - ROME (AFP)** - Loin de la fortune espérée par ses ayants droit l'héritage du ténor italien Luciano Pavarotti, décédé le 6 septembre, est constitué surtout de dettes pour un montant cumulé de 18 millions d'euros, écrit samedi le quotidien italien La Repubblica.

Les comptes du chanteur ont révélé un passif de 11 millions d'euros auxquels s'ajoutent des emprunts pour sept millions d'euros, écrit le journal.

« Le fait que le maestro ait eu des dettes n'est un secret pour personne, a expliqué Giorgio Bernini, l'avocat de la seconde épouse de Pavarotti: au cours des dernières années il avait dû réduire son activité artistique, son hospitalisation a été longue et les soins très coûteux, notamment aux États-Unis ».

Selon la Repubblica la seconde épouse du chanteur et mère de sa fille Alice, Nicoletta Montovani, peut cependant compter sur un +trust+ établi par un ultime testament en date du 29 juillet dernier et lui léguant en exclusivité ses biens américains (trois appartements et des tableaux) pour un montant estimé de 15 millions d'euros.

En revanche les trois filles issues du premier mariage n'héritent que d'une villa à Pesaro sur la côte adriatique et d'un appartement à Monte-Carlo qu'elles devront en outre partager avec la veuve.

« Du patrimoine (de Pavarotti) reste désormais essentiellement des dettes » et « il est fort possible que ce méli-mélo de testaments ne finisse dans l'enceinte d'un tribunal », écrit la República. Auparavant la fortune de Luciano Pavarotti était estimée entre 30 et 200 millions d'euros par la presse italienne.

Le ténor a été emporté par un cancer à l'âge de 71 ans dans sa ville natale de Modène.

♦

## Il se suicide en laissant une note : « Pardonnez-moi de n'avoir pas pu sauver l'entreprise »

– LePost 26 DECEMBRE 2008

Le patron des chantiers navals Gamelin, Joël Gamelin, s'est suicidé hier, mercredi, sur son lieu de travail à La Rochelle.

Un seul mot laissé sur un tableau à l'intention de ses salariés : « Pardonnez-moi de n'avoir pas pu sauver l'entreprise ».

L'entreprise Gamelin avait été placée en redressement judiciaire début décembre. Le chef de l'entreprise ne l'aurait pas supporté.

Joël Gamelin était âgé de 55 ans. Il avait 3 enfants.

Il avait lui-même fondée cette entreprise il y a 25 ans, en 1983. L'entreprise spécialisée dans la construction et la réparation navale compte 120 salariés

Le 5 décembre, l'entreprise Gamelin a été placée en redressement judiciaire par le tribunal de commerce de La Rochelle. Accablé par tant et trop de pressions, le chef d'entreprise a ainsi mis fin à ses jours.

Et ce patron était parti de pratiquement rien, lisez plutôt son parcours :

« Un ouvrier chaudronnier hautement qualifié qui s'était fait à la force du poignet, après être passé par le chantier Simbad, près de Dompierre-sur-Mer. Il y avait déployé toute son adresse pour former les tôles d'aluminium. L'alu, c'était la signature Gamelin. Celle qui de 1987 à aujourd'hui a donné naissance à plus de 150 navires civils, de 11 à 37 mètres : voiliers de luxe, coureurs des mers, ateliers mytilicoles, navires de servitudes, jusqu'aux navires à passagers qui, ces dernières années représentaient 80 % de l'activité du chantier rochelais.

Le prochain projet visait la réalisation d'un bac de l'île d'Aix, projet reporté pour des raisons administratives et techniques », nous dit le journal du Sud-Ouest.

« Un homme qui avait monté son entreprise, recruté du personnel, qui se battait comme un lion », a dit de lui le député-maire de La Rochelle, Maxime Bono, cité par Sur Ouest.

Le lion est mort ce mardi et sa disparition laisse le pays de La Rochelle et le milieu maritime en état de choc....

Le gouvernement n'avait eu pourtant de cesse de nous le répéter : les banques doivent aider les entreprises françaises pour faire face aux difficultés actuelles rencontrées lors de cette crise mondiale...

Et que dire aux salariés ? Une période d'observation de six mois devait laisser le temps à Joël Gamelin d'apurer une situation caractérisée par un passif de 2,3 millions, pour un actif de 28 600 euros.

Le fleuron de notre pays, la construction navale , un vrai savoir-faire à la française, alors quoi de ce gouvernement, de ses promesses, qu'en est-il aujourd'hui ? Combien faudra-t-il d'entreprises mises sur le carreau, jetée en pâture aux repreneurs à un euro, aux liquidateurs judiciaires, pour que ce gouvernement se remonte les manches et se jette à fond dans le sauvetage du savoir-faire à la française ????

À chaque entreprise qui ferme, ou menacée de liquidations, c'est un peu de notre savoir- faire qui fout le camp et sans doute moins de chance de voir revenir les beaux jours du plein emploi d'antan !!!

◆

## Comment la France a tué mon envie d'entreprendre

**Eco 89**

Par Alexandre Denjean | Consultant | 05/12/2010 | 12H59

J'ai actuellement 34 ans et je me considère comme un vétéran de la guerre contre l'administration. Je vais vous raconter les deux pires années de ma vie.

Ayant appris à faire des sites internet en autodidacte, je décide en 2008 de créer une entreprise pour développer cette activité, car je souhaite aussi que les sites web de ma ville soient moins affreux. Pour un webdesigner, ces sites font en effet « mal aux yeux ».

Un ami retraité de la fonction publique (impôts) m'indique que fiscalement, le plus intéressant pour moi est de créer ma micro-entreprise. Je me renseigne également à la chambre de commerce et d'industrie de la ville de Sète, où l'on m'explique que je devrai payer l'Urssaf, mais sous forme de forfait trimestriel. On ne m'a jamais parlé d'autres charges supplémentaires.

## L'image idyllique du statut d'auto-entrepreneur

Durant l'année, tout ce passe plutôt bien. J'achète pour 5 000 euros de licences et je débute mon activité. Je me rends toutefois rapidement compte que je n'ai pas la patience nécessaire avec les clients que je qualifierais de pénibles (ceux qui ne sont jamais contents et qui, au final, essayent de vous arnaquer).

Mes premières cotisations tombent et, sans aucun problème, je paye avec un fond de caisse au minimum mais suffisant pour tenir un an.

En décembre, j'entends parler du statut d'auto-entrepreneur avec le portrait idyllique que nous en a tracé le gouvernement. Me servant principalement de cette entreprise comme d'un apport supplémentaire par rapport à mon principal travail de salarié, je me dis que cela me conviens parfaitement. Du coup, en janvier 2009, je m'inscris. Les problèmes commencent, ainsi qu'une bataille administrative sans fin...

Dès les premier mois, je suis surpris car je ne reçois aucun courrier de confirmation ; pourtant mon inscription avait marché car le site web m'avait indiqué que j'étais inscrit. J'avais correctement rentré mon numéro Siret et fait toutes les démarches. Connaissant l'efficacité de notre belle bureaucratie, je me dis que ça ne va pas être rapide... Je continue donc à facturer mes clients sans me poser de questions supplémentaires.

## Accumulation de charges

Quelques mois plus tard, je reçois une lettre d'une caisse pour les professions libérales et artisanales. Ne fabriquant pas de chaises, je me dis qu'il y a un problème. D'autant plus que la somme demandée dépasse les 1 500 euros, ce qui n'est pas prévu dans ma trésorerie. Je les contacte donc et ils m'indiquent que je suis sous les statut libéral et non auto-entrepreneur !

Ils se montrent néanmoins à l'écoute et réalisent que je suis de bonne foi. J'apprends aussi qu'il y a eu un problème lors de l'inscription de centaines de futurs auto-entrepreneurs en janvier 2009. Ma chance habituelle ayant encore frappé, je comprends que je fais partie du lot.

Ensemble, nous remplissons un dossier de contestation et quelques jour plus tard, je reçois une lettre de confirmation m'affirmant que je suis bien revenu au stade de la micro-entreprise. Fou que j'ai été de les croire…

En septembre 2009, je reçois un courrier de leur part et de l'Urssaf disant que je dois au total plus de 3 000 euros. Je prends peur et je décide en toute hâte de fermer l'entreprise avant que la situation n'empire. Je fais donc les démarches administratives afin que tout soit réglé le plus vite possible, les courriers étant envoyé en recommandé bien sûr. Toujours pas de nouvelles, je m'inquiète et commence à ressentir sur ma santé les effets du stress, je suis obligé de prendre un arrêt maladie d'un mois pour dépression en fin 2009.

## Opacité des organismes sociaux

Début 2010, tout s'enchaîne : je reçois encore une lettre de cet organisme, des lettres de commandement de payer de l'Urssaf et une lettre de la Cipav [Caisse interprofessionnelle de prévoyance et d'assurance vieillesse, une caisse de retraite pour professions libérales, ndlr] qui me demande de payer plus de 400 euros de charges.

Panique à bord, d'autant plus qu'il m'est impossible de contacter la Cipav : les deux seules fois où j'ai réussi à les avoir, on m'a raccroché au nez en me disant que j'étais un incompétent et que je ne pouvais avoir raison. Impossible pour nous, pauvres entrepreneurs honnêtes, de faire valoir notre droit.

En février 2010, je débute un diplôme universitaire dans le droit social. Les intervenants nous content les mérites des organismes sociaux, moi je rigole et leur prouve que c'est du grand n'importe quoi. Même les professeurs de droit sont choqués et l'un d'entre eux se charge du dossier. Grâce à lui, tout s'arrange durant un temps.

Mais il ressort que l'Urssaf n'a jamais reçu le moindre de mes courriers. Pour eux, je suis toujours en régime micro alors que pour la Cipav, je suis en libéral. Devant ma bonne foi et les preuves dont je dispose, un accord est trouvé avec l'Urssaf et mon entreprise est signalée comme fermée le 31 décembre 2009, soit six mois plus tard.

On me confirme que les autres organismes sociaux seront informés de ce qu'il s'est passé et que désormais, je n'ai plus rien à faire et que je serai remboursé du trop-perçu. Là aussi, je fais les démarches nécessaires, mais ce qui suit me fait encore halluciner.

### Mon compte bancaire est bloqué

Je reçois un courrier me disant que sur l'année 2008 (je ne sais toujours pas pourquoi cette année-là) je dois être remboursé de 648 euros. Enfin une bonne nouvelle, mais de courte durée… En effet, le remboursement ne venant pas, je décide de les appeler tous les jours afin d'obtenir une réponse. J'apprends en juillet que ne toucherai finalement que 298 euros car les charges de 2009 ont été retenues. Ensuite, on me demande de payer environ 50 euros ; finalement, je ne serai remboursé que de 248 euros. C'est toujours ça de pris, maigre consolation pour la galère que je viens de traverser.

Surprise en novembre 2010 : je reçois une lettre d'huissier m'informant que je dois payer sans délai la somme de 428,57 euros à la Cipav. De plus, je reçois une lettre du Trésor public qui me demande de payer 502 euros pour l'année 2009. Le Trésor public, fidèle à sa réputation, fait une demande de saisie deux semaine plus tard alors que je suis en train d'être conseillé par un juriste spécialisé par la question. Mon compte bancaire est bloqué.

Je panique et je ne vois pas de solution à ce problème. Nous sommes le 30 novembre 2010, et je pense au suicide en me disant que sauter du quatrième étage serait la solution pour arrêter enfin ce cauchemar. Mais une amie me sauve en parlant avec moi durant une heure. Il va donc falloir que je trouve un autre travail pour rembourser un de mes proches qui fait l'avance. Concernant la Cipav, j'ai adressé un courrier de contestation et au moment où j'écris ces mots, j'attends la réponse.

### Deux dépressions, du stress et une envie de suicide

En conclusion, ce système a tué mon envie d'entreprendre. J'ai passé plus de 90% de mon temps à me battre contre des gratte-papiers totalement incompétents. Mon entreprise a été fermée mais avec un déficit de caisse de - 1 600 euros. Je n'étais certes pas très patient avec les clients difficiles, mais l'administration ne m'a pas laissé le temps d'apprendre le métier de commercial.

Si un jour je dois remonter une entreprise, ce ne sera certainement pas en France. Je vais essayer de trouver une formation diplômante en informatique et je pense quitter le pays après ça. Au total, j'ai connu deux dépressions, des crises de stress à la limite de l'ulcère, et une envie de suicide.

Mon entreprise avait un statut hybride : moitié micro-entreprise, moitié libéral-artisan. Je conseille à ceux ou celles qui veulent se lancer dans l'aventure de bien y réfléchir à deux fois avant. Quant à moi, cette aventure a été un vrai cauchemar, tout ça parce que j'ai voulu faire les choses honnêtement et payer les impôts que je devais au nom de la solidarité nationale. Solidarité que je n'ai jamais connu cela dit en passant…

◆

**CE PÈRE DE FAMILLE S'EST TIRÉ UNE BALLE DANS LA TÊTE APRÈS AVOIR LAISSÉ UN MOT À L'ACCUEIL DU CENTRE DE CRÉTEIL. IL DEVAIT 26 000 € AU FISC.**

*Le* Parisien ELSA MARNETTE (avec F.H. et A.V.) | Publié le 27.01.2012, 08h32

**CRÉTEIL (VAL-DE-MARNE), HIER.** Les policiers ont mis en place un cordon de sécurité devant le centre des impôts où un homme de 55 ans s'est donné la mort.

### (LP/ELSA MARNETTE.)

*(Le suicide seul ne sert à rien. Cet homme n'est pas le premier à le faire, quelques jours plus tard personne ne s'en souvient. Pour susciter une prise de conscience il faut faire un grand bruit)*

« Tous les jours, il recevait des recommandés, des courriers des impôts, il semblait criblé de dettes. » Dans cet immeuble cossu et tranquille de l'avenue du Général-Leclerc à Maisons- Alfort (Val-de-Marne), une voisine revoit les va-et-vient réguliers du facteur. Un peu plus tôt dans l'après-midi, hier vers 14h30, cet architecte de 55 ans s'est rendu au centre des impôts de Créteil et, dans la cour du bâtiment, s'est tiré une balle dans la tête avec un revolver calibre 38 chargé de six balles.

Il avait auparavant laissé un mot à une employée de l'accueil : « Vous avez voulu ma peau, vous l'avez. »

### Il ne travaillait plus depuis des années

Selon des sources concordantes, l'homme, marié et père de deux adolescents, devait près de 26000 € au Trésor public. Le centre des impôts, qui abrite la Direction départementale des finances publiques, a fermé ses portes pour la journée et une cellule psychologique y a été mise en place. En fin d'après-midi, les employés sortaient au goutte-à-goutte du périmètre mis en place par la police : certains n'avaient « rien vu, rien entendu »; d'autres, comme Florence, venue faire une formation, avaient été mis au courant une heure après le drame. « On a souvent des gens agités qui se présentent à l'accueil, mais on n'avait jamais vu un tel drame. Apparemment, il a demandé à voir une employée en particulier, mais il n'a pas attendu longtemps. Il devait être vraiment désespéré. »

« Je l'ai aperçu de loin et j'ai entendu une forte détonation », décrit Kevin, agent au service du courrier. Mes collègues de l'accueil sont choqués, voire traumatisés. » Une enquête « aux fins de recherche des causes de la mort » a été ouverte.

Des voisins de l'architecte-urbaniste qui s'est donné la mort, habitant de longue date non loin de chez lui, assurent qu'il ne travaillait plus depuis des années : « Pendant une période, il partait en province la semaine et revenait le week-end. Mais ça fait longtemps qu'il n'a plus de travail. Je le rencontrais souvent dans la journée. Il emmenait son fils au judo et s'occupait de l'intendance d'une partie de l'immeuble : dès qu'on avait un souci, on allait le voir. » Ce voisin décrit un homme gai lors de son emménagement dans les lieux il y a presque vingt ans, devenu triste au fil des ans, mais qui ne se laissait toutefois pas aller. Son adresse personnelle était aussi celle de son entreprise d'ingénierie et de bureau d'études. « Christian n'était pas bien, on essayait de l'aider. J'avais rendez-vous avec lui cet après-midi. J'ai attendu une heure et demie et puis je suis parti », affirme ce proche, dévasté par le drame.

Le Parisien

◆

### 3 mai 2012

La télé (FR 3) diffuse un film relatant l'histoire de Sœur Sourire.

Sœur Sourire était une religieuse belge non conformiste qui en 1963 était devenue chanteuse et avait connu un succès planétaire avec sa chanson « Dominique ». Je me souviens de cet air qui passait sur les radios alors que j'étais enfant, mais j'ignorais tout de la suite.

Désintéressée de par ses vœux religieux, l'auteur-interprète avait accepté que les bénéfices de ses disques aillent à la maison de disques et à son couvent. Elle ne savait pas qu'en Belgique comme chez nous, le fisc a ses raisons que la raison ignore.

En 1966 elle quitte les ordres et essaie de poursuivre une carrière de chanteuse sans y parvenir. Elle vivra alors modestement des droits de ses disques, de quelques écrits, de cours de guitare. Et voilà le fisc qui se manifeste pour lui réclamer les contributions qu'elle aurait dû payer sur les sommes importantes du début de sa carrière, notamment pour « Dominique », alors qu'elle n'avait pas touché un sou, comme on l'a vu. Elle a beau l'expliquer, rien n'y fait, et les intérêts, majorations et autres pénalités rendent le montant réclamé monstrueux.

Harcelée par les huissiers, saisie de tous côtés, elle sombre dans la dépression, ainsi que l'amie avec qui elle vivait. Comme souvent, la dépression les conduit toutes deux vers l'alcool et la drogue. En 1985 au bout du rouleau, elles se suicident ensemble.

Cette histoire aurait dû faire le tour du monde, susciter partout l'indignation et mettre le gouvernement belge en accusation. Le film racontant son histoire aurait dû connaitre la publicité et le succès que mérite ce scandale. Mais non. Le fisc est un bourreau silencieux qui tue dans l'ignorance ou l'indifférence de la multitude, car n'est-ce pas, si on doit beaucoup d'argent c'est qu'on en a beaucoup gagné. Alors moi qui suis ouvrier, petit employé, chômeur, je ne vais pas plaindre ces gens-là. Qu'importe que l'on vous réclame l'impôt sur des sommes que vous n'avez pas touchées, outre les augmentations et sanctions diverses qui rendent le total irréel ? Et si par votre négligence ou toute autre raison vous vous êtes placé en situation de devoir en impôts dix fois ce que vous avez gagné, à cause de lois fiscales dignes de l'absolutisme royal, où est le problème ?

◆

## À GRAVIGNY, DÉBORDÉ PAR LES CHARGES SOCIALES, UN PLOMBIER JETTE L'ÉPONGE[16]

Par Catherine Lecompte Publié le 26/02/2013 | 18:28,

C'est l'histoire d'un homme pressé, même débordé. Un plombier de Gravigny qui, malgré un carnet de commandes plein jusqu'en juillet prochain, s'apprête à se séparer de ses deux salariés et vendre sa petite entreprise.

---

[16] http://haute-normandie.france3.fr/2013/02/26/gravigny-un-plombier-trop-endette-veut-jeter-l-eponge-207135.html

L'homme doit à l'État quelque **27 000 euros.** Une somme dont il doit s'acquitter dans les deux semaines.

Elle correspond au paiement de ses charges sociales, des charges dont il dénonce l'ampleur et que sa banque refuse de financer.

Une situation préoccupante qui, selon la **CAPEB**, ressemble actuellement à celle de beaucoup d'artisans.

### La détresse d'un plombier de Gravigny

Dans l'Eure, à Gravigny, un plombier dénonce un abus de charges sociales qui le pousse à fermer boutique.

♦

## UN SUICIDE D'AGRICULTEUR TOUS LES DEUX JOURS EN FRANCE

Par LEXPRESS.fr, publié le 10/10/2013 à 16:48

Depuis trois ans, près de 500 agriculteurs ont mis fin à leurs jours. Le secteur est particulièrement affecté par des difficultés financières.

Le bonheur est-il toujours dans le pré? Près de **500 suicides** ont été enregistrés chez les agriculteurs en trois ans, un tous les deux jours, en particulier chez les éleveurs confrontés à de **graves difficultés financières**, selon la première étude exhaustive sur le sujet, qui fait de cette population l'une des plus exposées.

### Troisième cause de décès dans le milieu agricole

Le suicide est la troisième cause de décès dans le monde agricole après les cancers et les maladies cardiovasculaires selon l'Institut de veille sanitaire (InVS) qui publie jeudi les « premiers résultats » de ses travaux, commandés par le ministère de l'Agriculture en mars 2011. »La présente étude confirme clairement un excès de mortalité par suicide chez les exploitants agricoles masculins de 20% supérieur à celui de la population générale française », insiste l'InVS.

Au total, 417 hommes et 68 femmes sont passés à l'acte entre 2007 et 2009, avec une surmortalité particulièrement marquée chez les **éleveurs** de bovins âgés de 45 à 64 ans. Parmi eux, « les hommes âgés de 45 à 54 ans et ceux de 55 à 64 ans ont un risque de décéder par suicide respectivement de 31% et 47% plus élevé que la population générale », précise l'Institut.

Le taux de mortalité par suicide atteint 32,5 pour 100.000 en 2007 et 35,9 pour 100.000 en 2009, dépassant celui enregistré chez les ouvriers (31,8 pour 100.000), pourtant de loin le plus élevé chez les salariés tous secteurs confondus (24,7 pour 100.000).

## Des difficultés financières

L'étude souligne un pic de mortalité en 2008 (146 hommes et 27 femmes) et que « la répartition des suicides observés par secteur n'est pas totalement superposable à celles des effectifs » : ainsi en 2008, le secteur bovin-lait représente environ 20% de la population étudiée et près de 25% des suicides enregistrés. Cette même année, l'élevage bovin a présenté la surmortalité par suicide « la plus élevée » - de 56% pour le lait et de 127% pour la viande - supérieure au reste de la population.

Pour l'Institut, ce sont bien les difficultés financières de la profession d'exploitant agricole et notamment des éleveurs, dans un secteur pénalisé par les coûts de production comme le lait mais aussi la viande, qui sont en cause : « Ces observations coïncident avec la temporalité des problèmes financiers rencontrés dans ces secteurs sur la période d'étude », précise l'InVS.

Les deux secteurs, du lait et de la viande, « ont été particulièrement affectés par les difficultés financières en 2008 et 2009 », relèvent les auteurs, qui citent la rupture de l'accord liant les producteurs de lait aux acteurs économiques : « les producteurs de lait ont dû faire face à des difficultés auxquelles ils n'étaient pas préparés ».[17]

♦

## Chaque année, 45 médecins se suicident ![18]

Le Point.fr- Publié le 24/02/2014 à 15:56

Ils travaillent parfois 70 heures par semaine, sont les premières victimes du burn-out et ont un taux de suicide plus important que le reste de la population.

### Par ANNE JEANBLANC

---

[17] http://www.lexpress.fr/actualite/societe/un-suicide-d-agriculteur-tous-les- deux-jours-en-france_1289914.html#o5j3mceysrudbtTq.99

[18] http://www.lepoint.fr/editos-du-point/anne-jeanblanc/chaque-annee-45-medecins-se-suicident-24-02- 2014-1795283_57.php#xtor=EPR-6-[Newsletter-Matinale]-20140225

Même si ce problème est encore souvent ignoré par les personnes n'appartenant pas au milieu médical, la fatigue, voire le burn-out, et les risques de suicide des médecins commencent à être abordés par les responsables de la santé. Et pour accompagner (amplifier) ce mouvement, des membres de l'Union française pour une médecine libre (UFML) n'ont pas hésité à venir devant le **ministère de la Santé** la semaine dernière avec une corde autour du cou à la place du stéthoscope. Dans le même temps, le tout nouveau *Dictionnaire des risques psychosociaux* consacre plusieurs paragraphes à ce phénomène.

Les chiffres énoncés par Jérôme Marty, le patron de l'UFML, sont impressionnants : on compte actuellement 14 % de décès dus au suicide chez les soignants, contre 6 % dans la population générale. Pour lui, ce phénomène est principalement lié à la réduction des effectifs dans les hôpitaux et à la diminution des installations de médecins. Conséquence : une augmentation de la charge de travail. Beaucoup de blouses blanches consultent 60 heures par semaine et certains vont jusqu'à 70 heures. Si on y ajoute la lourdeur des contraintes administratives et les exigences croissantes des patients, la pression est vraiment très forte.

## Ils se suicident plus que les salariés de France Télécom !

De plus, les médecins sont rarement suivis eux-mêmes par un « toubib ». Ils se retrouvent donc seuls face à des problèmes et ont parfois honte d'être malades. Finalement, certains craquent et passent à l'acte. Chaque année, 45 praticiens se suicident en France : c'est plus que les policiers ou les salariés de France Télécom. Mais le phénomène n'est pas très récent. Une enquête menée en 2001 par l'Union régionale des médecins libéraux (URML)[19] de Bourgogne avait déjà révélé la présence de signes caractéristiques de grande fatigue professionnelle chez de nombreux praticiens alors interrogés : 50 % se plaignaient d'épuisement émotionnel et 41 % d'une diminution de l'accomplissement personnel.

« Apparu en 1992 pour désigner une forme particulière de burn-out affectant les professionnels de santé, notamment les infirmières en soins palliatifs et en oncologie, le terme *fatigue compassionnelle* a ensuite été adopté par divers métiers du *care* », peut-on lire dans le *Dictionnaire des risques psychosociaux*. Pour les auteurs, le burn-out s'installe de façon relativement lente, alors que la fatigue compassionnelle peut survenir soudainement. Elle s'accompagne d'un sentiment d'impuissance, de confusion et d'une sensation d'isolement, voire d'abandon de la part des soutiens institutionnels.

Quant à la fatigue émotionnelle, le même ouvrage précise qu'elle a été repérée dès les années 1960 sur des populations bien précises : les médecins urgentistes, les infirmières, les sapeurs-pompiers et les policiers. Elle a été rapidement identifiée comme la composante majeure du burn-out. Mais pour les spécialistes, ce type de problème n'est pas une fatalité. Il peut être combattu par un travail conjoint de la part de l'individu et de l'entreprise. Ce qui n'est évident ni dans les hôpitaux ni pour les médecins qui exercent seuls dans leur cabinet.

◆

---

[19] Sous la direction de Philippe Zawieja et Franck Guarnieri, éditions du Seuil, 884 pages, 49 euros

## Dieudonné : le fisc lui réclame plus de 880 000 euros !

*10/10/2012*

*Par* Public.fr /

Espérait-il vraiment que l'administration fiscale le laisserait tranquille et l'oublierait ? Souvent sous les feux des projecteurs avec ses sketches controversés, Dieudonné l'est à nouveau aujourd'hui mais pour une toute autre raison. Le fisc lui réclame plus de 887 000 euros... Les raisons de cette demande salée, le non-paiement de certains de ses impôts ces 15 dernières années, une information révélée par le groupe Centre France.

Afin de récupérer cette fameuse somme, la justice a ordonné la vente forcée aux enchères publiques d'un ensemble immobilier lui appartenant, situé près de Dreux, selon un avis d'enchères publiques porté à la connaissance de l'AFP. Selon cette même source, la vente immobilière, dont la mise à prix a été arrêtée à 500.000 euros, aura lieu le 18 octobre au Tribunal de grande instance de Chartres.

Incapable de rembourser ces 887 000 euros, l'humoriste a été décrit « en situation financière très délicate, du fait de la multiplication des annulations de ces spectacle » par l'un de ses porte-paroles. Dieudonné, qui n'est par exemple pas le bienvenu à Nice en avril prochain pour l'un de ses shows, n'aurait pas payé l'intégralité de ses impôts fonciers, contributions sociales et taxes foncières depuis 1997, selon plusieurs jugements datant de février et juin 2012.

On en connaît un qui doit beaucoup moins rire en ce moment ... O.M.

◆

## LE FISC RÉCLAME PLUS D'UN MILLION D'EUROS À « MÉDIAPART »[20]

*Pure Médias 29 janvier 2013*

*(Peu importe la raison de ce redressement, et peu importe ce qu'on pense de ce journal. L'affaire a un aspect politique qui va probablement aboutir à un règlement amiable. Ce qui compte c'est l'illustration du racket fiscal : dans la somme énorme qui est réclamée, il y a une pénalité de 40 % ! Et elle s'ajoute à l'intérêt annuel. Le fisc réclame cela tout d'un coup comme si c'était une bagatelle ; en outre vu le problème en cause, les années suivantes sont aussi concernées ce qui porte le redressement potentiel, comme le dit Plenel, à 6 millions d'€. S'ils ne payent pas ils vont faire connaissance aussi avec les frais de recouvrement et tout le reste.)*

« Qui veut tuer Médiapart ? ». Telle est la question posée dans une tribune publiée vendredi sur son blog par Edwy Plenel. Le patron du journal d'investigation en ligne a annoncé avoir reçu de la part de Bercy une notification de redressement fiscal pour les années 2008, 2009 et 2010. Selon Edwy Plenel, le fisc réclame « plus d'un million d'euros » à Médiapart pour ne pas s'être acquitté de la TVA à laquelle le journal est normalement assujetti. Ce million d'euros comprend notamment une pénalité de 40% pour « manquement délibéré », et des intérêts de 4,8% par an.

Bercy entendrait également annuler le crédit impôt recherche accordé au journal. À en croire Edwy Plenel, la

---

[20] http://fr.news.yahoo.com/fisc-r%C3%A9clame-plus-dun-million-deuros-m%C3%A9diapart-071110922.html

note pourrait grimper à 6 millions d'euros si le redressement fiscal était étendu à l'activité des années 2011, 2012 et 2013. « Ce contrôle, imposé d'en haut et fait dans l'urgence, est donc bien destiné à tuer Mediapart au moment même où il s'apprêtait à consolider son indépendance économique » a dénoncé Edwy Plenel sur son blog.

Rappelons que le contentieux fiscal entre Bercy et Médiapart porte sur la TVA dont doivent s'acquitter les pure players, ces sites d'information uniquement disponibles sur internet. Plusieurs d'entre eux, dont Médiapart, estiment depuis plusieurs années qu'ils devraient payer le même taux de TVA que la presse papier, soit 2,1%. Or, en tant qu'éditeurs en ligne, ils doivent pour l'instant s'acquitter d'une TVA à 19,6%. Un taux discriminatoire selon eux qu'ils ont décidé publiquement de ne pas respecter en ne payant qu'une TVA réduite à 2,1%.

## Février 2013

Le Paris-Match du 28 février publie (p. 65) l'interview de la sœur de Thierry Le Luron, au sujet du livre qu'elle vient de lui consacrer sous le titre « La vie est si courte après tout ». Elle y décrit l'inquiétude de leur mère pour le célèbre comique : *« elle craignait pour sa santé, l'imaginait entouré de pique-assiettes – il y en avait –* **et poursuivi par le fisc, ce qui n'était pas faux** *».*

◆

*(Voilà le résultat du racket fiscal. Au lieu du consentement à l'impôt, un fantasme de contournement pour 38 % des professions indépendantes ; et encore c'est le genre de sondage où certains n'osent pas répondre franchement, même dans l'anonymat)*

# Un quart des Français tentés de frauder le fisc[21]

Le Point.fr - Publié le 17/11/2013 à 12:20

**44 % des personnes interrogées affirment par ailleurs avoir déjà réglé en liquide un service pour éviter la TVA ou les charges sociales.**

Un quart (25 %) des Français avouent que s'ils en avaient l'occasion, ils seraient tentés de frauder le fisc en omettant de déclarer une partie de leurs revenus, selon un sondage paru dimanche. Dans le détail, la proportion de personnes interrogées se disant tentées par la fraude monte à 29 % pour les plus de 50 ans, 31 % chez les sympathisants de droite, **38 % pour les professions indépendantes**, et 41 % chez les sympathisants du Front national.

À l'inverse, le pourcentage de personnes interrogées qui rejettent l'idée de frauder, qui est de 73% toutes catégories confondues, monte à 74 % dans les « catégories populaires », 76 % pour les personnes les plus diplômées, et 84 % pour les sympathisants de gauche.

44 % des personnes interrogées affirment par ailleurs avoir déjà réglé en liquide un service du type garde d'enfants, jardinage ou réparations automobiles, pour éviter la TVA ou les charges sociales. La proportion atteint 58 % chez les ménages les plus aisés, ou 52 % chez les personnes âgées de 65 ans et plus.

---

[21] http://www.lepoint.fr/societe/un-quart-des-francais-tentes-de-frauder-le-fisc-17-11-2013-1757953_23.php#xtor=EPR-6-[Newsletter-Mi-journee]-20131117

Cette enquête est publiée sur fond de débat en France sur le « consentement à l'impôt », qu'il s'agisse de celui des particuliers ou de celui des entrepreneurs. Ce sondage RTL/Harris Interactive, réalisé pour l'émission *Capital* sur M6, est issu de deux enquêtes simultanées réalisées du 7 au 12 novembre, l'une auprès de 2 134 personnes représentant le « grand public », l'autre auprès de 200 personnes exerçant des professions indépendantes (méthode des quotas).

◆

<u>10 août 2013</u>

Reportage télévisé sur France 5 : « Le chemin de croix des pharmaciens », cette profession libérale elle aussi considérée comme privilégiée. On y voit entre autres un praticien qui a une magnifique pharmacie, spacieuse, avec un matériel ultra moderne qui lui a coûté 200 000 €. Il travaille beaucoup, fait un bon chiffre d'affaires. Mais combien gagne-t-il une fois déduites toutes ses charges ? *« A 53 ans,* dit-il, *je n'ai jamais gagné plus de 2000 € par mois. »*

◆

*(Aux États Unis la pression fiscale n'est pas ce qu'elle est en Europe. Les avocats n'ont pas du tout le même statut que chez nous. Mais là-bas aussi l'image d'Épinal est parfois démentie par la réalité.)*

### FAILLITE RECORD D'UN CABINET D'AVOCATS AUX ÉTATS-UNIS

L'Expansion.com avec AFP - publié le 29/05/2012 à 10:56

**En difficulté à cause de la récession, le cabinet d'avocats américain Dewey Lebœuf a déposé le bilan.**

**C'est la plus grosse faillite jamais intervenue dans ce secteur, selon le New York Times.**

Le cabinet d'avocats américain Dewey Lebœuf a annoncé lundi soir qu'il avait déposé le bilan et qu'il préparait sa liquidation, dans ce qui, selon le New York Times, est la plus grosse faillite jamais intervenue aux États-Unis pour un cabinet d'avocats. « À la différence de la plupart des procédures sous le chapitre 11 (de la loi sur les faillites), ce dépôt de bilan ne prépare pas un redressement, mais plutôt un arrêt ordonné des affaires, suivi de la liquidation », a indiqué la firme dans un communiqué, précisant que le dossier avait été déposé le jour-même, férié aux États-Unis, au tribunal des faillites à Manhattan.

« Les besoins de tous les clients de la firme continuent à être servis, principalement par d'anciens associés de Dewey & Lebœuf qui ont rejoint d'autres cabinets ces derniers mois ». Sur son site internet, Dewey Lebœuf indique que, « avec plus de 1.100 avocats dans 26 bureaux couvrant les principaux marchés financiers autour du monde, (il est) l'un des plus gros cabinets d'avocats à New York et l'un des plus grands cabinets américains à Londres ». Selon le New York Times, le cabinet avait une histoire remontant à un siècle. Dans sa forme actuelle il était issu de la fusion en 2007 des cabinets Dewey Ballantine et Lebœuf, Lamb, Greene & MacRae, et avait employé jusqu'à 2.500 personnes, dont 1.400 avocats, dans ses bureaux répartis de Boston à Pékin en passant par Paris et Bruxelles.

La firme, qui compte parmi ses clients certaines des plus grandes entreprises américaines, comme le fabricant d'ordinateurs Dell et l'éditeur de logiciels Oracle, ainsi que le japonais Panasonic et la banque russe Sberbank, travaillait aussi avec des clients saoudiens et azerbaïdjanais, entre autres. Mais elle avait été frappée par la récession quelque mois à peine après sa formation. Victime d'un fort endettement, bien loin de restreindre son train de vie, elle avait continué de rémunérer très généreusement ses avocats et associés, allant même jusqu'à offrir des ponts d'or à des stars du barreau pour les convaincre de la rejoindre. Les difficultés s'accumulant, les deux tiers des 320 associés étaient partis depuis le début de l'année, selon le Wall Street Journal, tandis que se multipliaient les informations de plus en plus alarmantes sur les difficultés du cabinet à rémunérer ses employés.

Dans son communiqué, Dewey Lebœuf a indiqué qu'il comptait garder environ 90 employés pour gérer de façon ordonnée le processus de liquidation, sous réserve de l'approbation du tribunal des faillites. De nombreux bureaux ont déjà été fermés et d'autres devraient l'être prochainement.

◆

## L'URSSAF RÉCLAME UNE ARDOISE DE 3,8 MILLIONS D'EUROS À BERNARD TAPIE[22]

Le Point.fr- Publié le 27/01/2014 à 15:05

La dette remonte à l'époque de l'OM. L'homme d'affaires s'était porté caution solidaire du club qui avait déposé le bilan. Puis il avait fait faillite lui-même.

L'Urssaf des Bouches-du-Rhône réclame une créance de plus de 3,8 millions d'euros à l'homme d'affaires Bernard Tapie pour une dette qui remonte à l'époque où il présidait

---

[22] http://www.lepoint.fr/societe/l-urssaf-reclame-une-ardoise-de-3-8-millions-d-euros-a-bernard-tapie-27-01-2014-1784839_23.php

l'OM. Bernard Tapie s'était porté en 1993 caution solidaire du club de football auprès de l'Urssaf et la somme avait été réclamée par l'organisme social lors de la mise en redressement judiciaire de l'OM, deux ans plus tard. Mais l'homme d'affaires et ses sociétés ont également été mises en liquidation judiciaire en 1995, rendant la créance caduque.

L'arbitrage rendu en 2008 en faveur de Bernard Tapie dans son contentieux avec le Crédit lyonnais et les 403 millions obtenus par l'homme d'affaires de la part du Consortium de réalisation (CDR) l'ont rendu de nouveau solvable.

### Une « erreur matérielle »

L'affaire était étudiée lundi matin par le tribunal de commerce de Marseille. L'Urssaf a fait valoir une créance prévisionnelle de 3 828 371 euros et 7 centimes, mais ne l'a pas confirmé dans le délai réglementaire d'un an auprès du mandataire nommé en 2010 par le tribunal de commerce de Paris. Une erreur pointée du doigt par l'avocat de Bernard Tapie, Vincent Pinatel, pour demander « l'irrecevabilité de la dette ».

« Dans la mesure où la créance de l'Urssaf est éteinte, la caution saute », a-t-il dit au nom de l'homme d'affaires, qui n'était pas présent à l'audience. L'avocat de l'Urssaf, Fabien Perez, a reconnu une « erreur matérielle », mais a accusé Bernard Tapie de vouloir « échapper au règlement de sa dette ». Le procureur a pour sa part demandé au tribunal d'apprécier la juste nature de la créance. « Sur les 3,8 millions d'euros, il y en a 1,2 million qui n'est pas contestable », a-t-il affirmé.

Le tribunal a mis sa décision en délibéré au 24 février.

♦

## GÉRARD LANVIN N'A PAS PU PRENDRE SA RETRAITE À CAUSE DES IMPÔTS[23]

Par *Jonathan Murciano* 18/4/2014

Gérard Lanvin avait promis en 2010 que sa carrière sur grand écran prendrait fin à l'âge de 60 ans. Quatre ans plus tard, l'acteur français de 63 ans écume toujours les plateaux de cinéma. Il sera bientôt à l'affiche de *96 heures*, un film de Frédéric Schoendoerffer, aux côtés de Niels Arestrup et Sylvie Testud. Jeudi soir, il était l'invité du *Grand Journal de Canal +* et il a été « cuisiné » par Antoine de Caunes, qui n'a pas oublié de lui rappeler sa petite phrase sur sa retraite. Alors pourquoi Gérard Lanvin est-il toujours à l'affiche comme en fin d'année dernière avec le flop *Angélique*, qui n'a pas su trouver son public ?

« On risque de vous voir encore longtemps sur les écrans »

Pour le sexagénaire, l'explication est toute simple et les responsables connus : « *Que les impôts ont augmenté.* » Cette réponse équivaut à un cri du cœur et qui a permis au présentateur de la chaîne cryptée de faire un bon mot : « *On risque de vous voir encore longtemps sur les écrans.* » Ce n'est pas la première fois que Gérard Lanvin dénonce les impôts trop élevés en France. Il s'était déjà insurgé en 2013 contre la fameuse taxe sur les hauts revenus. Un an et demi après, sa colère n'est pas redescendue et son regard noir en disait long.

---

[23] https://fr.news.yahoo.com/gérard-lanvin-n-pu-prendre-retraite-à-cause-151045700.html

Dans les colonnes du quotidien régional *La Provence*, le comédien, qui sera également à l'affiche de Colt 45 et de Bon rétablissement cette année, avait déjà pointé du doigt cet étouffement fiscal avec des mots crus : « *Les dirigeants méprisent les acteurs. Les impôts, je suis d'accord pour les payer mais pas pour qu'on me prenne pour une pu… ! Moi, même à 75% je ne risque rien. J'ai une maison comme tout le monde mais c'est tout.* » L'une des grandes gueules du cinéma français n'a pas fini de dire ce qu'il pense !

◆

## NOUS SOMMES TOUS DES HARCELÉS FISCAUX[24]

Boulevard Voltaire

Encore un petit avis à tiers détenteur (ATD), après quelques commandements de payer. La dernière fois, c'était une erreur pure et simple. Une erreur de 20.000 euros. J'ai dû payer un avocat pour la faire annuler et des pénalités à ma banque. Elle a été levée, sans procès, donc sans dommages et intérêts. Sans lettre d'excuse – sans aucune lettre d'ailleurs –, sans rien.

Le niveau de pression fiscale est une chose, il va s'aggraver avec les trois prochaines années de gouvernement socialiste. Mais la manière dont les services fiscaux récupèrent les sommes dues, même lorsqu'elles sont

---

[24] http://www.bvoltaire.fr/pierredelacoste/sommes-harceles-fiscaux,100885?utm_source=La+Gazette+de+Boulevard+Voltaire&utm_campaign=7ec9469abd-
RSS_EMAIL_CAMPAIGN&utm_medium=email&utm_term=0_71d6b02183-7ec9469abd-30492909&mc_cid=7ec9469abd&mc_eid=31c2bcb1bc

exigibles légalement, est une autre source de stress, de complication, parfois d'injustice et de mal-être familial.

Ce ne sont plus des hommes qui envoient les redressements fiscaux, ce sont des ordinateurs. J'avais prévu cette évolution dans mon livre *L'Hyper-République* consacré à l'administration électronique (Berger-Levrault, 2003). Que disais-je ? L'État devient « une cash machine ». Il se modernise, mais vers l'extérieur, notamment dans sa politique de recouvrement de ce qu'il estime être son dû. En revanche, en interne, il reste opaque. Le contribuable devient un homme de verre, mais l'administration reste impénétrable, avec son jargon incompréhensible, son organisation kafkaïenne, ses doublons, ses erreurs…

Les fonctionnaires, dont le salaire est inclus dans le coût du recouvrement, donc dans l'impôt, dorment à côté des ordinateurs qui travaillent pour eux. De temps à autre, le fonctionnaire se réveille et lance une procédure. L'ordinateur va alors puiser, dans la masse considérable d'informations brutes dont il dispose, le « big data » administratif. En quelques instants, les logiciels fabriquent un document amalgamant et juxtaposant toutes les informations concernant un contribuable. L'imprimante tourne. Le fonctionnaire signe sans lire. Un énorme courrier part par la poste.

Quelques jours plus tard, c'est au contribuable de tenter de comprendre des dizaines de feuillets illisibles. À lui de faire la preuve de sa bonne foi, de se battre, non pas contre des interlocuteurs humains mais contre une implacable logique informatique. Tous les échanges de courriers qui sont effectués sont visiblement standardisés et pré-remplis.

L'ordinateur a réponse à tout, il complique, fait jouer les délais, multiplie les courriers qui sont autant d'actes de procédure.

S'il commet une seule erreur, l'humain est perdu. Par exemple, s'il souffre d'un handicap visuel (c'est mon cas) et qu'il se trompe de case dans un formulaire. L'ordinateur, lui, recommence inlassablement jusqu'à ce qu'il ait trouvé la faille. Il se moque des montants. Il effectuera le même travail, rapide, froid, insensible, pour 1 euro ou 1 million d'euros.

Son temps ne compte pour rien, donc le temps travaille pour lui.

Que fait l'humain ? Il se bat dans un rapport fondamentalement déséquilibré, puisque son temps à lui est compté, que son argent est son moyen de vivre. Un jour ou l'autre, fatalement, il va accepter une injustice, baisser les bras, parce qu'il n'a ni le temps ni les moyens de se battre pour une somme que le monstre tatillon lui réclame avec une insistance mécanique qui devient insupportable.

Céder, c'est ce que je j'ai fait pour mon dernier ATD. Sur les quelques milliers d'euros saisis, il y avait par exemple quelques centaines d'euros d'impôt sur le revenu qui s'appliquaient à des charges sociales déjà payées. De l'impôt sur des charges. Mais comment faire comprendre cela à un ordinateur ? J'ai payé.

◆

# APRÈS L'AFFAIRE THÉVENOUD, LE COMING-OUT DES « PHOBIQUES ADMINISTRATIFS »[25]

**M le magazine du Monde | 21.09.2014 à 12h35 • Mis à jour le 21.09.2014 à 14h25 | Par Laure Mentzel**

Thomas Thévenoud n'est resté que neuf jours secrétaire d'État chargé du commerce extérieur. A défaut de bilan, sa formule choc, « phobie administrative », fait florès sur les réseaux sociaux. | Remy de la Mauviniere/AP/SIPA

L'expression est devenue le dernier statut Facebook à la mode. « *Phobie administrative »* ! Pour quelques-uns, l'expression de l'éphémère ministre Thomas Thévenoud a été libératrice. Enfin un mot sur leur mal ! Enfin un diagnostic ! « *Il est devenu notre idole, notre martyr »*, sourit une réalisatrice de documentaires. Le même phénomène s'était produit il y a quelques années, à la sortie du livre *La Procrastination*, de John Perry.

Comme on « procrastine » au lieu de flemmarder, on est désormais « phobique administratif » plutôt que mauvais payeur et ennemi de la paperasse. Au bureau, chez son psy, autour du rôti, on raconte enfin ce qu'on a toujours tu. Les contraventions accumulées au fond de la boîte à gants, les avis de passage du facteur égarés au fond d'une poche, les lettres de la banque jamais ouvertes dans une chemise à élastiques... Cadre dans une entreprise prospère, une pimpante mère de deux adolescents, très en retard dans le règlement de ses impôts, avoue monter tous les soirs ses

---

[25] http://www.lemonde.fr/le-magazine/article/2014/09/21/apres-l-affaire-thevenoud-le-coming-out-des-phobiques-administratifs_4489471_1616923.html#xtor=AL-32280515

escaliers le ventre noué, tant elle redoute de trouver sa porte barrée de scellés ou forcée par un huissier.

## « ENVAHI »

Un éditeur parisien avoue que ce *« magma d'enveloppes fermées »* qui gît au fond de son appartement commence à le dégoûter. « *Je me sens envahi.* » « *Je n'ouvre mon courrier qu'une fois tous les six mois, pourquoi je le ferais avant ? Je sais ce qu'il y a dedans »*, explique de son côté, impassible, un intermittent. Deux fois par an, menacé de radiation par les Assedic, il passe enfin le week-end terré chez lui, « *tapisse son salon »* de formulaires imprimés et n'en sort que son courrier trié, fier, soulagé. Pas toujours suffisant.

Car l'étape fatale est parfois juste celle de l'enveloppe à poster. *« Concierge de luxe »*, Fabrice Séco le sait bien, et envoie lui-même les courriers qu'il rédige pour ses clients. Parmi tous les services qu'il propose, des petites courses domestiques à l'organisation de vacances au bout du monde, l'aide aux tâches administratives est devenue son activité principale. Tout commence en général par un coup de téléphone désespéré : impayés, menace de saisie imminente. Le concierge se déplace, excave les problèmes de leurs enveloppes, rédige des courriers et les poste en recommandé.

Dettes à échelonner, mais aussi abonnements jamais résiliés, agios exponentiels et remboursements de Sécu. Des sommes parfois considérables. En fait, il faut avoir les moyens d'être « phobique administratif »... On le remercie souvent d'un *« Vous m'avez sauvé la vie »* assorti de quelques sanglots et d'un autre rendez-vous. Ses clients, réalisateurs, scénaristes, écrivains, gagnent bien leur vie mais ont *« un stress, une appréhension... oui, une phobie »* à gérer leur vie.

## « ANGOISSE INTÉRIEURE »

Ces jours derniers, les psychiatres interrogés se sont souvent élevés contre l'expression du député. Impossible de se revendiquer phobique à moins d'être un grand dépressif lourdement traité. Ce n'est pas l'avis du professeur Paul Denis, psychiatre et psychanalyste, considéré par ses pairs comme le spécialiste des phobies. « *La phobie est une peur irrationnelle, mais aussi le symptôme d'un trouble plus général, la projection d'une angoisse intérieure* », explique l'auteur du « Que sais-je ? » intitulé *Les Phobies*.

On peut être phobique des animaux, de la foule, d'une partie de son corps... Pourquoi pas de la contrainte ? Dans la prochaine réédition de son livre, il se promet d'ajouter quelques lignes. Et cherche un mot pour ce mal de la rentrée. Pourquoi pas « phorophobie » - du grec *phoros* (« tribut », « impôt ») - pour cette phobie administrative ? En prenant un nom savant, l'angoisse de la paperasse vient de gagner ses lettres de noblesse.

◆

Le Parisien 18 janvier 2015

## Daniel Guichard, le chanteur anar au camping-car[26]

**A 66 ans, Daniel Guichard, en concert aujourd'hui au Grand Rex à Paris, embarque pour une tournée de trois mois à bord d'une maison roulante de 10 m de long dans laquelle il nous a reçus.**

---

[26] http://www.leparisien.fr/musique/videos-daniel-guichard-le-chanteur-anar-au-camping-car-18-01-2015-4456671.php

Éric Bureau | 18 Janv. 2015, 07h20 | MAJ : 18 Janv. 2015, 07h21

*(Extrait)*

Comme eux, il a eu « des réussites et des tartes dans la gueule ». « Pendant sept mois et demi, c'est moi qui démarchais les hypermarchés pour installer mes disques dans les rayons, raconte-t-il. À 8 heures, j'étais à l'entrée avec les représentants de lessives et de papier toilette. » Comme beaucoup de chanteurs, il a connu les accidents graves.

« Forcément, quand on fait plus de 100 000 km par an, on prend des risques. J'ai failli y passer 3 ou 4 fois. »

Mais ce n'est rien à côté des contrôles fiscaux. « Ils m'ont cloué au mur. Si certaines personnes ne m'avaient pas aidé, je ne serais peut-être plus là. J'ai un copain qui s'est suicidé à cause de ça. J'ai compris douze ans plus tard, par une indiscrétion, que je payais d'avoir été président du comité de soutien d'un candidat à la mairie de Béziers. Un gaulliste sympa qui n'a même pas été élu. Mais toutes ces saloperies m'ont rendu zen. Cela fait longtemps que je n'ai plus le melon. » Ses enfants le pressent d'écrire un livre de mémoires où il raconterait ses premiers concerts en Chine en 1979, Radio Bocal, sa radio pirate 100 % chanson française qu'il a mené de 1981 à 1988 en réaction à la vague anglophone dans les radios, et puis ses amis, ses amours, ses emmerdes, comme le chante son idole **Charles Aznavour**.

♦

## AVEC L'URSSAF, RENDRE SERVICE PEUT COÛTER CHER[27]

### C'est une histoire de fou, une aberration administrative comme la France en a le secret

20 février 2015

**Éloïse Gloria** Journaliste

C'est une histoire de fou, une aberration administrative comme la France en a le secret. Martine, 65 ans, est gérante d'un troquet dans un village de l'Artois. Son conjoint Dominique, âgé de 70 ans, lui donne souvent un coup de main bénévole pour servir au bar pendant qu'elle prépare les repas en cuisine. Manque de bol, se pointent un beau jour deux contrôleurs zélés de l'URSSAF qui ne voient là rien de moins que… du travail dissimulé.

S'ensuit une procédure kafkaïenne, qui laisse pantois l'avocat de la défense : *« Monsieur est là à midi, oui, car c'est chez lui ! Il ne va pas rester en haut. À l'étage, il n'y a que leur chambre. Il est là, et si deux tables de six arrivent, il se lève, il aide, il va servir une bière ! Je ferais pareil ! »* D'autant plus que les clients, pour la plupart des habitués depuis vingt ans, sont devenus des amis du couple. Ils viennent jouer aux cartes, au billard ou aux fléchettes.

---

[27] http://www.bvoltaire.fr/eloisegloria/avec-lurssaf-rendre-service-peut-couter-cher,159905?utm

Avec la meilleure volonté du monde, comment Martine aurait-elle bien pu embaucher Dominique dans un établissement dont le bénéfice annuel plafonne à 700 euros ? Le substitut du procureur n'en a cure et requiert une amende de 800 euros, tandis que l'URSSAF n'hésite pas à réclamer un redressement de 4.000 euros. Mais le tribunal correctionnel, probablement motivé par l'absurdité du dossier, prononce la relaxe. Affaire classée ? Que nenni : le parquet a fait appel ! Tous les prétextes semblent bons pour renflouer les caisses vides de l'État.

Personne ne contestera la nécessité de traquer la fraude sociale, que la Cour des comptes chiffre à plus de vingt milliards d'euros par an (soit un quasi-doublement en une huitaine d'années). Le travail au noir constitue le premier motif de redressement de l'URSSAF : 291 millions d'euros en 2013, portant sur 79 % des 8.073 contrôles effectués. Mais ce n'est quand même pas le fruit du hasard si le phénomène a explosé ces derniers temps en France, où rien n'est fait pour lutter contre la précarisation et stimuler l'embauche : charges patronales et paperasserie asphyxiantes, réduction des avantages des chèques emploi service, suppression des heures supplémentaires défiscalisées, durcissement du régime des auto-entrepreneurs…

Résultat de cette politique sans queue ni tête : 14 % des entreprises ont recours au travail non déclaré. Les secteurs du BTP, de l'hôtellerie et de la restauration sont les plus touchés. De là à pénaliser un septuagénaire juste parce qu'il rend service à sa compagne, on franchit les limites du grand n'importe quoi. Un bistrot de village n'est pas un Starbucks. C'est un lieu de vie et d'échange qui transcende les simples activités lucratives. La désertification rurale est sans doute l'une des mutations les plus tristes de notre époque. Ceux qui résistent et qui jettent leurs dernières forces pour assurer la survie d'un petit commerce doivent être soutenus coûte que coûte, et non éreintés par des bureaucrates standardisés.

# ANNEXES

## I

**Ordre des Avocats
au Barreau de Melun**

*Le Bâtonnier*

MELUN, le 23 JUILLET 1992

Maître SCIPILLITI

Mon Cher Confrère,

Avant de lire votre lettre adressée à Madame le Président, je dois vous rappeler à l'ordre.

En effet, vous êtes Avocat et c'est d'abord à votre Bâtonnier que vous deviez vous adresser, c'est à lui qu'il appartenait soit d'intervenir directement, soit de vous laisser le soin de le faire.

En agissant comme vous l'avez fait, vous avez donc méconnu cette règle professionnelle élémentaire.

Il me faudra donc en référer à nos Confrères au prochain Conseil de l'Ordre.

Votre bien dévoué.

Jean MALPEL
Bâtonnier de l'Ordre

# JOSEPH SCIPILLITI

# II

Avoué au Barreau de Melun

Maître SCIPILLITI Joseph
13, rue des Fossés

77000 M E L U N

MELUN, LE 19 JANVIER 1995

Nos références
BCB/CS

Mon Cher Confrère,

Pour faire suite à l'entretien que nous avons eu relatif aux problèmes que nous sommes amenés à rencontrer dans le cadre des dossiers d'aide juridictionnelle, je vous confirme que, d'une façon générale, j'ai été moi-même confrontée à certaines difficultés avec les huissiers eux-mêmes désignés au titre de l'aide juridictionnelle, et ce tant au niveau de MELUN que d'autres départements.

Tout d'abord, il est exact qu'à chaque fois que je suis amenée à faire appel à un huissier désigné à ce titre, je suis dans l'obligation de lui transmettre en même temps copie de sa désignation, alors qu'en principe, chaque huissier désigné au titre de l'aide juridictionnelle doit avoir reçu préalablement sa désignation.

Ceci est un problème mineur.

Ceci étant, fait plus grave, j'ai été confrontée à quelques difficultés relatives à l'exécution des dossiers relevant de l'aide juridictionnelle, ces dossiers manifestement recevant un sort différent des autres dossiers, en l'étude de certains huissiers, et notamment de la SCP ███████.

Ainsi, dans un dossier bien précis (███████ c/ ███████) j'avais transmis à la SCP ███████, le 18 JUILLET 1994, la grosse d'un arrêt rendu par la COUR D'APPEL de PARIS, en demandant à cette étude de bien vouloir poursuivre l'exécution de cette décision, après l'avoir préalablement signifiée à la partie adverse.

Je n'ai reçu aucune nouvelle de cette étude jusqu'à ce que je les appelle, le 17 AOUT 1994, pour leur demander où en était ce dossier.

A ma grande surprise, il m'a d'abord été répondu qu'il n'avait pas reçu ma correspondance, ce qui n'a pas manqué de m'inquiéter dans la mesure où il s'agissait de la transmission d'une grosse, document important.

Ceci étant, après que je lui ai précisé qu'il s'agissait d'un dossier d'aide juridictionnelle, il m'a confirmé qu'effectivement il avait reçu ce dossier, mais qu'il l'avait mis en attente dans la mesure où il savait pas s'il s'agissait d'un dossier d'aide juridictionnelle totale ou partielle ...

Ce n'est donc qu'à la suite de notre entretien téléphonique et d'une télécopie que je lui passais le même jour, que la SCP ▮▮▮▮▮▮▮▮▮▮ a enfin fait les diligences dans ce dossier.

Voilà donc un exemple bien précis et récent que je vous soumets, qui m'a confortée dans l'idée que les dossiers d'aide juridictionnelle ne suivaient pas le même sort que les autres dossiers, ce qui me paraît en l'état inacceptable vis-à-vis de nos clients.

Restant à votre entière disposition, je vous prie de me croire,

Votre bien dévoué Confrère.

# III

R.G. 92/022904

ARRET du 24 MARS 1993

Cf. SCIPILLITI Joseph-

AUDIENCE SOLENNELLE -
-DEONTOLOGIE -

COUR D'APPEL DE PARIS -

-PARTIES EN CAUSE :

 Monsieur **SCIPILLITI Joseph** demeurant 13 Rue des Fossés.77000. MELUN , Avocat au Barreau de Melun
 -appelant, comparant
 assisté de Me KSENTINE Avocat à Melun

ET: Le CONSEIL de l'ORDRE du Barreau de MELUN représenté par son Bâtonnier Me Jean MALPEL -

-COMPOSITION DE LA COUR (lors des débats et du délibéré):

Madame E Z R A T T Y , Premier Président ,
Monsieur CANIVET , Président (1ª A)
Madame AUBERT , Président (3ª A)
Monsieur GUERIN , Conseiller (1ª A)
Madame NERONDAT , Conseiller (3ª A)

GREFFIER: Mle LONTMORY , Greffier Divisionnaire-

MINISTERE PUBLIC (auquel le dossier a été communiqué) :
représenté par Monsieur Bernard DELAFAYE , Avocat Général -

DEBATS: A l'audience du 24 Février 1993 **tenue publiquement** (à la demande de M. SCIPILLITI)

ONT ETE ENTENDUS:
-Monsieur le Conseiller GUERIN en son rapport;
-Me KSENTINE en sa plaidoirie;
-Me MALPEL , Bâtonnier , représentant le Conseil de l'Ordre du Barreau de Melun en ses observations;
-Monsieur l'AVOCAT GENERAL en ses conclusions orales;
-Monsieur SCIPILLITI ayant eu la parole en dernier ;

ARRET: -contradictoire-

Le 14 mai 1992, M° SCIPILITTI, avocat inscrit au Barreau de Melun, a informé son bâtonnier de son changement de domiciliation professionnelle.

Le membre du Conseil de l'Ordre désigné pour faire rapport sur cette nouvelle installation a alors relevé que les locaux choisis étaient situés sur le même palier que ceux d'une SCP d'avocats, précédemment installée depuis six ans, qui s'opposait à l'ouverture d'un nouveau cabinet d'avocat dans le même immeuble.

Par délibération du 18 juin 1992, le Conseil de l'Ordre a alors enjoint à M° SCIPILITTI de changer de domiciliation en l'invitant à se conformer aux dispositions du règlement intérieur du Barreau de Melun en vigueur depuis 1979 qui précisait en son article 1er "qu'un avocat ne peut établir son cabinet dans le même immeuble qu'un de ses confrères sans l'accord de ce dernier ou à défaut du Conseil de l'Ordre".

Cette injonction lui ayant été notifiée le 13 juillet, M° SCIPILITTI a, par lettre adressée au bâtonnier le 17 juillet suivant, sollicité son annulation en contestant la légalité des dispositions invoquées pour la justifier.

Le Conseil de l'Ordre ayant rejeté cette réclamation par une nouvelle délibération du 29 juillet dont il a reçu notification le 6 août, M° SCIPILITTI a saisi le 2 septembre la Cour d'un recours contre la décision du 18 juin lui enjoignant de changer de domicile professionnel et demandé le même jour au Conseil de l'Ordre d'annuler d'une part la délibération ayant adopté les dispositions précitées de l'ancien règlement intérieur, d'autre part la délibération du Conseil de l'Ordre en date du 2 juillet ayant maintenu une disposition analogue dans l'article 29 du nouveau règlement intérieur.

Cette demande ayant été rejetée le 2 octobre 1992, M° SCIPILITTI l'a soumise à la Cour par un nouveau recours formé le 30 octobre dont il sollicite la jonction avec le précédent.

Il fait essentiellement valoir au soutien de sa demande d'annulation des trois délibérations critiquées que le caractère libéral de la profession d'avocat implique la libre concurrence et donc la liberté d'implantation géographique.

Le Conseil de l'Ordre soutient pour sa part que M° SCIPILITTI doit être déclaré irrecevable en son recours contre une disposition du règlement intérieur de 1979 qui lui était applicable du fait de son inscription au Barreau, ainsi qu'en son recours contre la délibération du 18 juin 1992 prise en application de l'article 1 de ce règlement en vigueur lors de son changement de domicile.

Par ailleurs, tout en admettant la recevabilité du recours formé contre les dispositions de l'article 29 du règlement intérieur adopté le 2 juillet 1992, il estime que celles-ci se trouvent justifiées au regard des règles de délicatesse devant régir les rapports entre avocats, qu'elles sont de nature à éviter les conflits entre avocats ayant une même adresse et à écarter toute suspicion de collusion entre ces avocats dans les litiges opposant leurs clients respectifs.

Le Ministère Public a présenté des observations orales tendant à l'annulation partielle de ces dispositions, tout en estimant justifiée l'injonction délivrée au requérant au regard des règles d'honneur, de loyauté et de délicatesse devant régir la profession d'avocat.

\*　　\*

\*

### SUR CE, LA COUR

Considérant que les recours formés par M° SCIPILITTI le 2 septembre 1992 contre la décision lui enjoignant de changer de domicile professionnel et le 30 octobre suivant contre les délibérations ayant adopté les dispositions du règlement intérieur limitant la liberté de choix de ce domicile présentent un lien de connexité évident et qu'il convient, dans l'intérêt d'une bonne administration de la justice, d'ordonner leur jonction et de statuer à leur sujet par un seul arrêt ;

#### Sur la recevabilité

Considérant que M° SCIPILITTI, ayant reçu notification le 13 juillet 1992 de la décision en date du 18 juin précédent lui enjoignant de changer de domicile professionnel, a pu régulièrement dans un premier temps, conformément aux dispositions de l'article 15 du décret du 27 novembre 1991, demander au Conseil de l'Ordre de rapporter cette injonction, puis à la suite du rejet de sa demande par arrêté du 29 juillet 1992 dont il a reçu notification le 6 août saisir la Cour le 2 septembre suivant dans le délai prescrit par l'article 16 du décret susvisé ;

Que son premier recours doit donc être déclaré recevable ;

Considérant par ailleurs que M° SCIPILITTI se trouve également recevable à déférer à la Cour, comme l'article 19 de la loi du 31 décembre 1971 lui en donne la possibilité, les dispositions du règlement intérieur qu'il estime de nature à léser ses intérêts professionnels, dès lors qu'il a, comme le lui commande l'article 15 du décret du 27 novembre 1991, préalablement soumis sa réclamation au Conseil de l'Ordre qui l'a rejetée le 2 octobre 1992 ;

Considérant enfin que si sa demande d'annulation de l'ancien règlement intérieur se trouve dorénavant sans objet, dès lors que ce règlement a été remplacé par celui qui a été adopté le 2 juillet 1992, M° SCIPILITTI est néanmoins recevable à contester la validité des dispositions en vigueur lors de l'injonction qui lui a été faite le 18 juin précédent ;

### Au Fond

Considérant que pour enjoindre à M° SCIPILITTI de changer de domiciliation, la décision déférée relève qu'une société civile professionnelle d'avocats s'opposait à son installation dans le même immeuble, à la même adresse et sur le même palier et qu'il n'a pas sollicité du Conseil de l'Ordre l'autorisation prescrite par le règlement intérieur applicable lors du transfert de son cabinet ;

Considérant qu'aux termes de l'article 1er alinéa 3 de ce règlement adopté par le Conseil de l'Ordre du Barreau de Melun le 18 septembre 1979, "un avocat ne peut établir son cabinet dans le même immeuble qu'un de ses confrères sans l'accord de ce dernier, ou, à défaut, du Conseil de l'Ordre; de même il lui est interdit de s'installer dans l'immeuble précédemment occupé par le cabinet d'un de ses confrères, moins de trois ans après le départ de ce dernier et sous réserve des autorisations ci-dessus" ;

Considérant que ces dispositions ont été reprises à l'article 29 du nouveau règlement intérieur dans les termes suivants:
"Toutefois, un avocat ne peut établir son cabinet dans le même immeuble qu'un de ses confrères y exerçant depuis plus de trois ans, sans l'accord de ce dernier, ou, à défaut, du Conseil de l'Ordre.
"De même, il est interdit de s'installer dans l'immeuble précédemment occupé par le cabinet de l'un de ses confrères, moins de trois ans après son départ, et sous réserve d'une dérogation accordée par le Conseil de l'Ordre.";

Considérant que si le Conseil de l'Ordre tient de l'article 17 de la loi du 31 décembre 1971 la mission de maintenir notamment les principes de probité et de confraternité sur lesquels repose la profession d'avocat et d'exercer la surveillance que l'honneur et l'intérêt de ses membres rendent nécessaire, il ne saurait de manière générale et absolue porter atteinte au principe de la liberté d'installation inhérent à l'exercice de toute activité libérale ;

Considérant qu'il s'ensuit que les dispositions du deuxième alinéa de l'article 29 interdisant à un avocat de s'installer dans un immeuble précédemment occupé par l'un de ses confrères moins de trois ans après

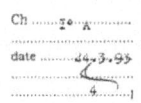

son départ doivent être annulées comme étant contraires à ce principe, étant observé que les manoeuvres déloyales tendant à capter la clientèle d'un avocat à la suite de son déménagement pourraient bien évidemment donner lieu à des poursuites disciplinaires ;

Considérant par ailleurs que s'il entre dans la mission du Conseil de l'Ordre ci-dessus rappelée de contrôler les modalités de l'installation de plusieurs avocats dans un même immeuble et s'il apparaît à ce titre légitime qu'il se soit réservé au premier alinéa de l'article 29 précité la faculté d'autoriser ou de refuser l'ouverture d'un nouveau cabinet en cas d'opposition de l'avocat antérieurement installé, son refus ne saurait être discrétionnaire et ne peut être fondé que sur les risques de confusion susceptibles de préjudicier tant aux intérêts des avocats en cause qu'à ceux de leurs clientèles respectives ;

Or considérant qu'en l'espèce la décision déférée se borne à constater que M° SCIPILITTI avait transféré son cabinet dans le même immeuble et au même étage qu'une société d'avocats antérieurement installée sans préciser les éléments permettant à la Cour d'apprécier concrètement en quoi le fonctionnement de cette société pouvait s'en trouver perturbé, ni comment la clientèle risquait d'être induite en erreur ;

Qu'il convient en conséquence de prononcer son annulation pour insuffisance de motifs ;

### PAR CES MOTIFS

Joint les recours successivement formés par M°SCIPILITTI les 2 septembre et 30 octobre 1992 ;

Le déclare recevable en ces deux recours ;

Annule l'arrêté du Conseil de l'Ordre du Barreau de Melun en date du 18 juin 1992 lui enjoignant de changer de domicile professionnel;

Annule les dispositions du deuxième alinéa de l'article 29 du nouveau règlement intérieur de ce Barreau adopté le 2 juillet 1992 ;

Dit que les dépens du présent recours seront supportés par le Conseil de l'Ordre.

PRONONCE EN CHAMBRE DU CONSEIL DE LA COUR D'APPEL DE PARIS, STATUANT EN AUDIENCE SOLENNELLE, LE 24 MARS 1993 PAR MADAME EZRATTY, PREMIER PRESIDENT, QUI A SIGNE LA MINUTE AVEC MADEMOISELLE MONTMORY, GREFFIER DIVISIONNAIRE .

## IV

**Ordre des Avocats
au Barreau de Melun**

Le Bâtonnier

MELUN, le 26 NOVEMBRE 1993

Maitre SCIPILLITI Joseph
PERSONNELLE

Mon Cher Confrère,

J'ai fait part au Conseil de l'Ordre des termes de votre lettre du 8 Novembre 1993 et de ceux de la lettre de Madame Françoise MARTRES Président du Tribunal d'Instance de MELUN du 19 Novembre 1993.

Le Conseil de l'Ordre que vous mettez en cause dans votre lettre, a estimé nécessaire de vous entendre.

Je vous demande donc de vous trouver le:

**VENDREDI 17 DECEMBRE 1993 A 17 HEURES PRECISES DANS LES LOCAUX DE L'ORDRE 8, Rue Louviot à MELUN.**

Votre bien dévoué.

Jean MALPEL
Bâtonnier de l'Ordre

Secrétariat de l'Ordre - 8 rue Louviot - 77000 MELUN - Tél 64 39 17 25 - Télécopie 64 39 54 03

## V

- 4 -

Maitre SCIPILLITI souhaite qu'il soit acté que son confrère Maitre T████ vient de le tutoyer ; Maitre SCIPILLITI souhaite faire remarquer qu'avant le début du présent interrogatoire, son confrère l'a déjà tutoyé , en s'approchant de son visage, d'un air menaçant, en lui disant "je te tutois si j'ai envie de te tutoyer" ceci s'étant déroulé dans le relais détenu, devant les trois policiers, composant l'escorte ;

Maitre T████ indique que Maitre SCIPILLITI est entré dans le local détenu, en expliquant que Mme Nathalie B████ nuisait aux intérêts de son père, et qu'il lui avait fait remarquer en le tutoyant qu'il trouvait inadmissible qu'il n'est pas fait immédiatement appel de l'ordonnance de placement en détention provisoire ;

Le mis en examen : poour moi, la déclaration de Mme B████ rejoint ce que j'ai dit ; il est possible que le "bou" que je lui ai fait sur le nombril lui ai fait mal à cause des opérations et que ce soit pour cela qu'elle ait appelée sa grand mère ;

SI : Cela c'est passé il y a environ trois ans au cours des vacances qui ont précédées l'année sabatique ; pendant l'année sabatique, ils sont venus souvent à la maison et jamais, je n'ai pu la prendre dans mes bras ; je n'avais pas digéré le fait qu'elle ait fait un scandale pour si peu de choses ;

Mentionnons que Maitre SCIPLILLITI s'abstente de notre cabinet à 15 H 50 ;

Maitre T████ souhaite que Mr B████ ne s'explique pas ce jour concernant les cinq faits prescrits concernant Valérie T████, Melissa H████, Stéphanie V████, Stéphanie A████, Mélinda A████R ; Mr B████ s'expliquera ultérieurement sur les faits prescrits ;

Mentionnons le retour de Maitre SCIPILLITI à 15 H 55

Maitre T████ indique que Mr B████ demande immédiatement et dans ce procès verbal sa mise en liberté ;

Mr B████ : c'est vrai que j'aimerai bien sortir ;

Lecture faite persiste et signe avec Nous et le Greffier

# VI

TRIBUNAL DE GRANDE INSTANCE
DE MELUN

Cabinet de Mme Isabelle S███

Juge d'Instruction

Je soussignée Isabelle S███, Juge d'Instruction au Tribunal de Grande instance de MELUN, atteste par la présente avoir assisté aux faits suivants :

J'ai procédé le 18 Mai 2000 à 15 heures à mon cabinet, à l'interrogatoire d'une personne mise en examen ;

Cette personne avait dans un premier temps choisi Maitre SCIPILLITI pour assurer sa défense, puis, entre la convocation et l'audition, la SCP T███-P███ ;

Maitre SCIPILLITI, Maitre T███, et Maitre P███ étaient donc tous trois présents lors de l'audition ;

Dès le début de celle ci, j'ai pu constater que Maitre T███ faisait preuve d'une certaine agressivité à l'égard de Maitre SCIPILLITI, se manifestant notamment par :

- le tutoiement systématique malgré les demandes répétées de Maitre SCIPILLITI, tendant à l'emploi du vouvoiement ;
- des reproches vehements quant à la manière dont il avait géré le dossier jusqu'alors, trouvant "scandaleux qu'un avocat n'ait pas fait appel de l'ordonnance de placement en détention provisoire" ;
- des propos blessants sur les "avocats de banlieue", censés ne pas être à la hauteur ;

Pendant ce temps là, son associée Maitre P███ ne cessait de pouffer de rire ;

Certains de ces incidents ont été actés dans mon procès verbal d'audition, à la demande de chacun des avocats ;

Fait à MELUN le 30 Juin 2000

Isabelle S███ Juge d'Instruction

Remis à Maitre SCIPILLITI pour valoir ce que de droit ;

JOSEPH SCIPILLITI

# VII

Maître Joseph SCIPILLITI
Avocat
8 rue Claude Monnet
77000 LA ROCHETTE

Votre référence : RCP Barreau de Paris
Notre référence : F14-035403 – ODA / SCIPILLITI
Date : 24 juin 2014

Maître,

Je reviens vers vous en qualité d'assureur Responsabilité Civile Professionnelle du Barreau de Paris.

Je vous informe avoir été saisie de la réclamation que vous formuliez le 6 mars 2014 à Monsieur Le Bâtonnier du Barreau de Paris suite aux évènements du 21 février dernier.

J'ai pris note que votre affaire a été appelée tardivement pour ne se finir qu'à 21 h, et que vous n'avez pu récupérer les effets personnels que vous aviez laissé au vestiaire compte tenu de la fermeture de celui-ci.

Zurich France
Zurich Insurance Plc
112, avenue de Wagram
75808 Paris cedex 17
France

Tél. standard +33 (0)1 43 18 75 00
Fax standard +33 (0)1 43 18 76 00
http://www.zurich.com

01.43.18.74.52
01.43.18.76.02
cecile.toffart@zurich.com

Vous sollicitez en conséquence l'indemnisation de divers postes de préjudices.

Comme vous l'a indiqué le secrétaire général de l'Ordre dans son courrier du 21 mars, la signalétique est très claire, tant sur les horaires de fermeture que sur l'impossibilité d'ouvrir le vestiaire après la fermeture.
En conséquence, il n'apparaît pas que la responsabilité de l'Ordre des avocats au Barreau de Paris puisse être utilement recherchée dans cette affaire.

Néanmoins, à titre exceptionnel compte tenu des circonstances de cette affaire, je vous fais part de mon accord pour la prise en charge des frais de serrurerie engagés à votre adresse et vous ayant permis d'accéder à votre logement.
Cette offre est ferme et définitive et ne saurait valoir reconnaissance de responsabilité.

Je joins à cet effet une lettre d'acceptation.
Je procéderai au règlement des fonds dès réception de la lettre d'acceptation dûment signée par vos soins.

Dans l'attente de votre retour,

Je vous prie d'agréer, Maître, mes salutations distinguées.

Cécile TOFFART
Zurich France
Sinistres RC

Actualisé le 9 août 2002

Cour de Cassation

Chambre civile 1

Audience publique du 8 juin 1994                Rejet

N° de pourvoi : 92-16910

Inédit titré

Président : M. FOURET conseiller

## RÉPUBLIQUE FRANCAISE

## AU NOM DU PEUPLE FRANÇAIS

AU NOM DU PEUPLE FRANCAIS

LA COUR DE CASSATION, PREMIERE CHAMBRE CIVILE, a rendu l'arrêt suivant :

Sur le pourvoi formé par la société civile professionnelle d'avocats ▬▬▬ dont le siège est 16, rue Saint-Louis à Melun (Seine-et-Marne), représentée par M. ▬▬▬ avocat associé, M. F▬▬▬, avocat associé, et M. ▬▬▬, avocat associé, en cassation d'un arrêt rendu le 27 mars 1992 par la cour d'appel de Paris (1re Chambre, Section B), au profit :

1) de la société Richard Nissan, société anonyme dont le siège est ZAC Parc Pissaloup, avenue Jean d'Alembert à Trappes (Yvelines),

2) de M. Michel Reynaud, demeurant 5, rue Pierre Bertin à Versailles (Yvelines), défendeurs à la cassation ;

La demanderesse invoque, à l'appui de son pourvoi, les deux moyens de cassation annexés au présent arrêt ;

LA COUR, en l'audience publique du 27 avril 1994, où étaient présents : M. Fouret, conseiller le plus ancien faisant fonctions de président, Mme Lescure, conseiller rapporteur, M. Pinochet, Mme Delaroche, M. Sargos, Mme Marc, conseillers, M. Laurent-Atthalin, conseiller référendaire, M. Lupi, avocat général, Mlle Ydrac, greffier de chambre ;

Sur le rapport de Mme le conseiller Lescure, les observations de la SCP Boré et Xavier, avocat de la SCP d'avocats ▬▬▬ de la SCP Ancel et Couturier-Heller, avocat de la société Richard Nissan, de Me Baraduc-Bénabent, avocat de M. Reynaud, les conclusions de M. Lupi, avocat général, et après en avoir délibéré conformément à la loi ;

Attendu, selon les énonciations des juges du fond, que la société Richard Nissan, créancière de la société MDA pour la somme de 1 245 777,63 francs, a chargé M. Reynaud, avocat au barreau de Versailles, de recouvrer sa créance contre sa débitrice, mise en liquidation des biens, et contre son gérant, M. Roulant, qui s'était porté caution ; qu'en janvier 1987, M. Reynaud a demandé à la SCP ▬▬, avocat au barreau de Melun, de faire toutes diligences pour inscrire une hypothèque judiciaire provisoire sur un immeuble appartenant à M. Roulant ; que l'immeuble a été vendu en octobre 1987 sans que cette hypothèque ait été inscrite ; qu'entre-temps, diverses autres inscriptions avaient été prises ; que, n'ayant pu obtenir le remboursement de sa créance, la société Richard Nissan a assigné la SCP ▬▬ en réparation de son préjudice ; que celle-ci a appelé en garantie M. Reynaud ; Sur le premier moyen :

Attendu que la SCP ▬▬ fait grief à l'arrêt attaqué (Paris, 27 mars 1992) de l'avoir condamnée à payer à la société Richard Nissan la somme de 996 966,23 francs avec intérêts au taux légal, alors, selon le moyen, que la perte d'une chance ne peut donner lieu à réparation intégrale du dommage qui en est résulté, le juge devant tenir compte de l'aléa affectant la chance perdue ; qu'en la condamnant à réparer l'entier dommage subi par la société Richard Nissan, la cour d'appel a violé l'article 1382 du Code civil ;

Mais attendu qu'après avoir relevé que, si l'hypothèque requise avait été inscrite en temps utile, la société Richard Nissan n'aurait été primée que par la BNP, colloquée pour la somme de 103 033,67 francs, la cour d'appel a souverainement estimé que, l'immeuble ayant été vendu 1 100 000 francs, le préjudice subi par la cliente de la SCP ▬▬ était égal à la différence entre ces deux sommes ; qu'elle a ainsi légalement justifié sa décision sans encourir le grief du moyen ;

Sur le second moyen :

Attendu qu'il est encore fait grief à l'arrêt attaqué d'avoir débouté la SCP ▆▆▆▆▆ de son appel en garantie contre M. Reynaud, alors, selon le moyen, que cet avocat qui, en qualité de mandataire, s'était substitué un tiers, devait contrôler que ce dernier avait bien procédé à l'inscription d'hypothèque provisoire qui lui avait été confiée et que cette inscription avait été suivie d'une assignation au fond de nature à permettre une inscription définitive de la sûreté ; qu'en se bornant à énoncer que M. Reynaud n'avait commis aucune faute en remettant les pièces nécessaires à l'exécution du mandat et qu'il s'était enquis de la suite donnée au dossier pour en informer sa cliente, sans constater qu'il avait contrôlé la bonne exécution du mandat, la cour d'appel a privé sa décision de base légale au regard des articles 1994 et 1382 du Code civil ;

Mais attendu qu'après avoir relevé que la société Richard Nissan n'avait pas formé d'action en responsabilité contre M. Reynaud, la cour d'appel énonce que l'action en garantie de la SCP ▆▆▆▆▆ contre cet avocat doit être appréciée en fonction de leurs obligations réciproques fondées sur leurs relations personnelles d'avocat postulant et de "dominus litis" ; qu'ayant constaté que M. Reynaud avait donné à la SCP des instructions suffisantes et lui avait remis les pièces nécessaires à la bonne exécution de sa mission, elle a pu en déduire que cet avocat n'avait pas manqué aux obligations qu'il avait contractées à son égard ; qu'elle a ainsi légalement justifié sa décision ;

Et attendu que le pourvoi revêt un caractère abusif ; PAR CES MOTIFS :

REJETTE le pourvoi ;

Condamne la SCP ▬▬▬▬▬ à une amende civile de dix mille francs, envers le Trésor public ; la condamne, envers la société Richard Nissan et M. Reynaud, aux dépens et aux frais d'exécution du présent arrêt ;

La condamne à payer à M. Reynaud la somme de dix mille francs et à la société Richard Nissan celle de onze mille huit cent soixante francs au titre de l'article 700 du nouveau Code de procédure civile ;

Ainsi fait et jugé par la Cour de Cassation, Première chambre civile, et prononcé par M. le président en son audience publique du huit juin mil neuf cent quatre-vingt-quatorze.

---

Décision attaquée : Cour d'appel de Paris 1992-03-27

Titrages et résumés (sur le 2e moyen) AVOCAT - Responsabilité - Mission de recouvrer une créance - Avocat dominus litis - Mandat donné à un confrère postulant d'un autre barreau de prendre une hypothèque provisoire sur un bien du débiteur - Omission du postulant - Action en garantie du postulant contre l'avocat dominus litis - Absence de manquement de ce dernier à ses obligations.